新 광둥어

新 광동어

이 영 규 편저

學古房

머리말

  오늘날 우리는 수교 이후 최근 이십여 년 동안 중국과의 활발한 교류를 통해 중국을 잘 안다고 말하는 사람들을 많이 만날 수 있다. 이는 아마도 여행의 자유화와 경제적인 윤택함으로 인해 마음만 먹으면 비교적 쉽게 중국을 방문할 수 있게 되었기 때문일 것이다. 또 한편으로는 중국인 역시 개혁개방으로 인한 경제발전에 힘입어 비교적 쉽게 한국을 방문할 수 있게 되었다고 볼 수 있다. 현대는 문자 그대로 국제화시대라고 말할 수 있다. 그래서 사람들은 영어, 중국어, 일본어뿐만 아니라 프랑스어, 스페인어, 아랍어, 심지어 지리적으로 비교적 가깝지만 과거에 비교적 소홀히 여겼던 지역의 언어인 러시아어, 베트남어, 인도네시아어, 태국어, 캄보디아어, 미얀마어 등을 배우기도 한다. 이러한 외국어들을 배우는 사람들은 모두 나름대로의 목적하는 바가 있으므로 국제화시대의 일원으로 당연히 존중되어야 할 것이다. 이들 외국어 가운데 한국인이 가장 많이 배우고 또 중요하게 생각하는 언어가 영어, 중국어, 일본어라는 사실은 재론의 여지가 없다. 그런데 여기서 우리가 주목할 것은 중국어이다. 중국은 오랜 역사를 가진 인구 14억의 큰 국토를 가진 나라로서 미국처럼 이민으로 시작된 나라가 아니므로 오히려 오랜 역사에 큰 국토를 가진 인구 12억을 자랑하는 인도와 언어적 측면에서 흡사한 면모를 지니고 있다. 인도에는 힌디어 외에도 벵갈어, 구자라트어 등 같은 힌두족임에도 불구하고 서로 안 통하는 많은 언어들이 존재한다. 중국 역시 객가어, 민남어, 광동어, 상해어 등 같은 한족임에도 불구하고 서로 안 통하는 언어들이 있다. 주목할 것은 중국의 경우 이들은 모두 일종의 중국어 방언인데 전통적으로 가장 강세방언의 위치에 있었던 북경관화는 규범화 작업을 통해 이미 중국을 대표하는 보통화로 승격되었다는 사실이다. 그리고 북경관화를 제외한 나머지 방언에서 가장 강세방언이라고 볼 수 있는 것은 바로 광동어라고 말할 수 있다. 그래서 해외에서도 중국어를 말할 줄 안다고 하면 보통화냐 아니면 광동어냐 라는 질문을 받게 되는 것이다. 광동어는 동남아뿐만 아니라 미국인, 캐나다인, 호주인들에게도 잘 알려져 있다. 한 세대 이전에 해외에 나가 경제적으로 큰 부를 쌓은 중국인은 대부분 광동성과 복건성 출신이다. 실제로 이들 화교, 화인 가운데 광동성 출신은 70% 이상을 차지한다. 광동어는 예로부터 廣東白話, 廣西白話 등으로 지칭되었다. 이는 광동어가 전통적으로 광동, 광서 양 지역 언어의 대표였음을 의미한다. 여기에 홍콩, 마카오의 경제발전도 해외 중국인의 광동어 습득에 일조했다고 볼 수 있다. 따라서 광동인을 비롯하여 광동성 출신의 객가인과 조주인은 물론 복건성, 절강성 등 기타지역 출신들도 광동어를 아는 자가 적지 않게 된 것이다.

현재 중국 광동성은 인구가 약 1억이며, 홍콩, 마카오를 제외한 중국 총생산량의 칠분의 일을 점하는 경제적으로 가장 선진적인 省이 되었다. 광동성은 중국의 다른 지역과 마찬가지로 보통화가 잘 보급되어 있다. 그럼에도 광동인은 중국인의 긍지를 갖고 활발하게 광동어를 구사하고 있는 것이다. 일반적으로 보통화와 광동어의 차이는 프랑스어와 이태리어의 차이처럼 서로 못 알아듣는 것으로 알려져 있다. 오늘날 외국인과 중화권은 물론 대륙의 중국인들 사이에서도 광동인, 홍콩인 및 해외 중국인과의 교류를 위해 광동어를 배우는 인구는 해가 갈수록 늘고 있는 추세에 있다. 이러한 현실에서 필자는 한국의 국익 도모와 국제교류를 위해 보통화와 광동어를 포함한 한 단계 발전된 실질적인 중국어 교육이

절실히 요구되는 시점에 이르렀다고 생각한다.

졸저 최신광동어교본은 중국 사람이 아닌 한국 사람을 대상으로 한 광동어 교재이다. 이 책은 국내 최초로 기초편, 초급편, 중급편I, 중급편II, 고급편 등으로 구분한 광동어 교재로서 기초에서부터 고급에 이르기까지 한 권으로 독파할 수 있다. 중국어의 일종인 광동어를 빠른 시간 내에 습득할 수 있기를 희망하는 분들에게 조금이나마 도움이 될 수 있기를 바라마지 않는다.

끝으로 편저과정에서 주로 참고한 광동어 관련 저자의 서적은 다음과 같다. ≪今日粤語≫(上,下冊), 鄭定歐 主編 ; ≪廣州話·普通話≫, 許尙威 等 編著 ; ≪廣州話·普通話對照400句≫, 陳慧英 等 編著 ; ≪商務粤語900句≫, 黃小婭 編著 ; ≪實用粤語敎程≫, 鄧少君 編著 ; ≪現代交際粤語≫, 伍尙光, 編著 ; (以上 중국 출판) ≪Cantonese≫, Hugh Baker & Ho Pui-kei, UK ; ≪A Practical Cantonese-English Dictionary≫, Sidney Lau, Hongkong ; ≪The Right Word in Cantonese≫, Kwan Choi Wah, Hongkong.

2016년 3월 28일
편저자

목 차

CHAPTER ❶ 基礎篇   *1*

CHAPTER **4** 中級篇 Ⅱ　　　　　　　　　　　　　　　　　*205*

基礎篇

聲母

脣　音	p-	p‘-	m-	f-
	(ba	pa	ma	fa)
舌尖音	t-	t‘-	n-	l-
	(da	ta	na	la)
舌根音	k-	k‘-	ŋ-	
	(ga	ka	nga)	
舌根圓脣音	kw-	k‘w-		w-
	(gwa	kwa)		(wa)
舌葉音	ʧ-	ʧ‘	ʃ-	j-
	(za	cha	sa)	(ya)
喉　音	h-			
	(ha)			

韻母

單韻母	-a	-ɛ	-œ	-ɔ	-i	-u	-y
	(a	e	oe	o	i	u	yu)
複韻母	-ai	-ɐi	-ei	-ɔi	-ui		
	(aai	ai	ei	oi	ui)		
	-au	-ɐu	-ɵy	-ou	-iu		
	(aau	au	oey	ou	iu)		
鼻音韻母	-am	-ɐm	-im				
	(aam	am	im)				
	-an	-ɐn	-ɵn	-ɔn	-in	-un	-yn
	(aan	an	oen	on	in	un	yun)
	-aŋ	-ɐŋ	-ɛŋ	-œŋ	-ɔŋ	-ɪŋ	-ʊŋ
	(aang	ang	eng	oeng	ong	ing	ung)
	m	ŋ					
	(m)	(ng)					
入聲韻母	-ap	-ɐp	-ip				
	(aap	ap	ip)				
	-at	-ɐt	-ɵt	-ɔt	-it	-ut	-yt
	(aat	at	oet	ot	it	ut	yut)
	-ak	-ɐk	-ɛk	-œk	-ɔk	-ɪk	-ʊk
	(aak	ak	ek	oek	ok	ik	uk)

第1聲	第2聲	第3聲	第4聲	第5聲	第6聲	第7聲	第8聲	第9聲
陰平	陰上	陰去	陽平	陽上	陽去	上陰入	下陰入	陽入
夫	虎	褲	扶	婦	付	則	責	宅
fu	fu	fu	fu	fu	fu	tʃɛk	tʃak	tʃak
fu¹	fu²	fu³	fu⁴	fu⁵	fu⁶	zak$^{1(7)}$	zaak$^{3(8)}$	zaak$^{6(9)}$
53	35	33	21/11	13	22	5	3	2
55								

• •

聲母

雙脣音	ba pa ma : 발음할 때 두 입술이 맞닿음.*
脣齒音	fa : 발음할 때 윗니가 아래 입술에 닿음.
舌尖音	da ta na la : 혀끝이 잇몸 위쪽에 닿음.
舌根音	ga ka nga* : 혀의 안쪽이 입천장의 안쪽 부분과 접촉하며 나는 소리. [ng-]는 비음임.
舌根圓脣音	gwa kwa : 舌根圓脣音은 입술을 둥글게 하고 발음하는 舌根音이다. wa* (半母音)는 마찰음.
舌葉音	za cha sa : 普通話의 舌面音과 舌尖前音의 중간쯤에 혓바닥이 닿음.* ya* (半母音)는 마찰음.
喉 音	ha : 발음할 때 기류가 후두부분과 접함.

*脣音은 雙脣音(重脣音)과 脣齒音으로 구분함.
*설근鼻音 nga[ŋ-]는 설근음의 일종으로 연구개음임.
*半母音 wa[w-]는 모음이 아니고 원순음 입모양의 마찰성을 가진 음임.
*半母音 ya[j-] 역시 모음이 아니고 설엽음 입모양의 마찰성을 가진 음임.
*舌葉音은 치경음의 일종으로서 혀끝이 아닌 혓바닥의 앞부분이 닿음.

韻母

單韻母	a	e	oe	o	I	u	yu
	아	애	[œ]	[ɔ]	이	우	[y]
複韻母	aai	ai	ei	oi	ui	aau	au
	아이	[ɐi]	에이	[ɔi]	우이	아우	[ɐu]
	oey	ou	iu				
	[θy]	오우	이우				

鼻音韻母

aam	am	im	aan	an	oen	on
암	[ɐm]	임	안	[ɐn]	[θn]	[ɔn]
in	un	yun	aang	ang	eng	oeng
인	운	[yn]	앙	[ɐŋ]	앵	[œŋ]
ong	ing	ung	m	ng		
[ɔŋ]	[ɪŋ]	[ʊŋ]	음	응		

入聲韻母

aap	ap	ip	aat	at	oet	ot
압	[ɐp]	입	앋	[ɐt]	[θt]	[ɔt]
it	ut	yut	aak	ak	ek	oek
잍	욷	[yt]	악	[ɐk]	액	[œk]
ok	ik	uk				
[ɔk]	[ɪk]	[ʊk]				

廣東語의 韻母는 단독음절의 비음운모 및 長短音, 圓脣音등이 발달되어있는 한편 普通話에 흔히 있는 介音이 없다. 위 운모표에서 한글 표기가 안 된 것은 국어에 없는 음이다.*

單韻母에서 oe[œ]는 애[ɛ]에 대한 圓脣音, o[ɔ]는 영어 but의 [ʌ]에 대한 圓脣音이며 yu[y]는 이[i]에 대한 圓脣音임.

6 新 광동어

複韻母 ai[ɐi], au[ɐu]의 [ɐ]*는 短音으로 단독 음절의 성립이 불가능한 音으로서 혀의 위치는 중앙이며 前舌모음 애[a]와 흡사하게 들리지만 입이 덜 벌어진다. [ɵ]는 에[e]처럼 입이 벌어진 상태에서 혀가 중앙에 위치한 원순음이다. 따라서 oey[ɵy]를 발음할 때는 yu[y]와 함께 원순음으로 발음한다.

鼻音韻母 am[ɐm] an[ɐn] ang[ɐŋ]의 [ɐ] 역시 꼬리자음이 있어야만 단독 음절 성립이 가능하다. oen[ɵn]은 상술한 바와 같이 혀가 중앙에 위치한 원순음인 [ɵ]와 [-n]이 함께 발음한다. 주목할 점은 oen[ɵn]의 [ɵ]는 oeng[œŋ]의 oe[œ]의 變體音이라는 사실이다. 다시 말하면 兩者 모두 원순음이라는 공통점이 있지만 [œ]는 前舌모음이고 變體音[ɵ]는 中舌모음이면서 短音에 해당된다. 그리고 ing[ɪŋ]은 잉[iŋ]과 엥[eŋ]의 중간에 해당되는 음이고 ung[ʊŋ]은 웅[uŋ]과 옹[oŋ]의 중간에 해당되는 음이다.

入聲韻母 ap[ɐp] at[ɐt] ak[ɐk] 역시 단음 [ɐ]는 꼬리자음 [-p, -t, -k] 등과 함께 한 음절을 이룸. 그리고 入聲韻尾의 특성상 영어와 달리 끝부분에 파열음현상이 나타나지 않음. oek[œk]은 前舌모음 애[ɛ]에 대한 圓脣音인 [œ]와 [-k]의 결합이며 oet[ɵt]은 이와 달리 에[e]처럼 입이 벌어진 상태로 中舌모음을 유지한 원순음 [ɵ]가 [-t]와 함께 발음한 것임. 주목할 점은 ing[ɪŋ]과 ung[ʊŋ]의 관계 에서처럼 ik[ɪk]이 익[ik]과 엑[ek]의 중간에 해당되는 음이고 uk[ʊk]이 욱[uk]과 옥[ok]의 중간에 해당되는 음이라는 사실이다.

*國語에 없는 聲母와 韻母를 한글로 유사하게 표현하면 다음과 같다.
聲母 : fa[f-]파 nga[ŋ-]응아 gwa[kw]과 kwa[k'w-]콰 za[ʧ-]자 cha[ʧ']차 sa[ʃ-]사
韻母 : oe[œ]왜 o[ɔ]오어 yu[y]위 ai[ɐi]아이 oi[ɔi]오어이 au[ɐu]아우 oey[ɵy]워위 am[ɐm]암 an[ɐn]안 oen[ɵn]원 on[ɔn]오언 yun[yn]윈 ang[ɐŋ]앙 oeng[œŋ]왱

ong[ɔŋ]오엉 ing[ɪŋ]엥 ung[ʊŋ]웅 ap[ɐp]압 at[ɐt]앋 oet[œt]욀 et[ɡt]오얻 yut[yt]윋
ak[ɐk]악 oek[œk]왝 ok[ɔk]오억 ik[ɪk]엑 uk[ʊk]옥
半母音 : wa[w–]와 ya[j–]야

*複韻母의 ai[ɐi] au[ɐu], 鼻音韻母의 am[ɐm] an[ɐn] ang[ɐŋ], 그리고 入聲韻母의
ap[ɐp] at[ɐt] ak[ɐk] 에서 [ɐ]는 短音으로서 이들 음은 aai[ai] aau[au] aam[am]
aan[an] aang[aŋ] aap[ap] aat[at] aak[ak] 등과 각각 대칭을 이룬다. 학술적으로
이것을 가리켜 長短音의 대립현상이라고 부르는데 실제적으로는 [ɐ]가 단음이기 때
문에 [a]가 상대적으로 장음으로 지칭되고 있다.

聲調

第1聲	第2聲	第3聲	第4聲	第5聲	第6聲	第7聲	第8聲	第9聲
陰平	陰上	陰去	陽平	陽上	陽去	上陰入	下陰入	陽入
夫	虎	褲	扶	婦	付	則	責	宅
fu	fu	fu	fu	fu	fu	tʃek	tʃak	tʃak
fu^1	fu^2	fu^3	fu^4	fu^5	fu^6	zak^1	$zaak^3$	$zaak^6$

陰平聲은 高降調(53) 또는 高平調(55)　　上陰入聲은 高平調(5)

陰上聲은 高昇調(35)

陰去聲은 中平調(33)　　　　　　　　　下陰入聲은 中平調(3)

陽平聲은 低降調(21/11)

陽上聲은 低昇調(13)

陽去聲은 低平調(22)　　　　　　　　　陽入聲은 低平調(2)

　　일반적으로 廣東語의 성조는 9성으로 간주된다. 이는 中國語의 古

代聲調인 平聲, 上聲, 去聲, 入聲의 四聲이 각각 陰陽으로 양분되어 八聲이 되었기 때문에 명명된 것이다. 그런데 陰入과 陽入으로 된 入聲에서 長短音현상과 관련하여 陰入만 上陰入과 下陰入으로 다시 분류되었으므로 九聲이 된 것이다. 일반적으로 陰調에 속하는 平, 上, 去가 각각 1성, 2성, 3성에 해당되고 陽調에 속하는 平, 上, 去는 각각 4성, 5성, 6성, 그리고 上陰入, 下陰入, 陽入은 각각 7성, 8성, 9성에 해당된다. 그러나 엄밀히 말하면 "九聲調, 七調値"라고 볼 수 있다. 왜냐하면 성조의 높낮이(調値)를 볼 때 陰去聲(3성)이 下陰入聲(8성)과 같으며 陽去聲(6성)이 陽入聲(9성)과 같고 또 陰平聲이 高降調와 高平調로 구분된 가운데 上陰入(7성) 역시 陰平聲(1성)의 高平調와 같기 때문이다. 이 책에서 표기법상 1성의 高降調와 高平調를 각각 구분하지 않고 1성으로 표기한 이유는 口語化된 어휘가 많은 명사의 경우는 高平調가 적지 않은 편이지만 동사, 형용사를 비롯한 다른 품사에서는 여전히 高降調가 많아 특별히 구분해서 표기하지 않아도 혼동될 가능성이 크지 않다고 보기 때문이다*. 4성의 21調는 1성 53調의 대칭으로 보아 31調로 보는 사람도 있다. 그리고 連讀할 때에는 11調로 발음하는 경향이 현저하다. 따라서 상황에 따라 21調도 되고 11調도 되는 것으로 볼 수 있다.

* 高降調(53)와 高平調(55)를 한데 묶어 陰平(第1聲)의 調値로 간주하면 九聲調, 六調値로 볼 수 있음.

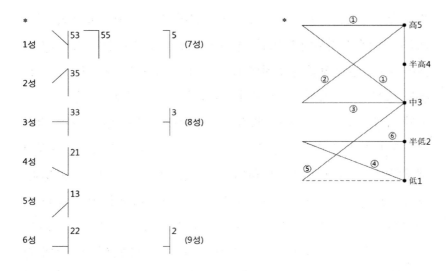

* 좌측은 중국학자 Chao의 五度制를 채택한 IPA 성조표기법에 의거
  한 광동어 성조표기
* 五度制에 의한 성조도표. 점선부분은 4성에서 부수적으로 나타날
  수 있는 11調임.

IPA	HK	Yale	SL	CPA	YKL
ʧ	dz	j	j	j, z	z
ʧʻ	ts	ch	ch	q, c	ch
ʃ	s	s	s	x, s	s
kw	gw	gw	gw	gu	gw
kʻw	kw	kw	kw	ku	kw
ai	aai	aai	aai	ai	aai
au	aau	aau	aau	ao	aau
ei	ei	ei	ei	éi	ei
ɐi	ai	ai	ai	ei	ai
ɐu	au	au	au	eu	au
ɐp	ap	ap	ap	eb	ap
ɔ	o	o	oh	o	o
ou	ou	ou	o	ou	ou
œ	oe	eu	euh	ê	oe
ɵy	oey	eui	ui	êu	oey
ɵn	oen	eun	un	ên	oen
œŋ	oeng	eung	eung	êng	oeng
ɵt	oet	eut	ut	êd	oet
ɔk	ok	ok	ok	og	ok
ut	ut	ut	oo	ud	ut
ʊk	uk	uk	uk	ug	uk
y	y	yu	ue	ü	yu
yn	yn	yun	uen	ün	yun
yt	yt	yut	uet	üd	yut

Yale	ā à	àh	āt	sī sì	sìh	sīk
	á	áh	aat	sí	síh	sek
	a	ah	aht	si	sih	sihk
HK	1	4	7	si^1	si^4	sik^7
	2	5	8	si^2	si^5	sek^8
	3	6	9	si^3	si^6	sik^9
SL	1°1	4	1°	$si^{1°}si^1$	si^4	$sik^{1°}$
	2	5	3	si^2	si^5	sek^3
	3	6	6	si^3	si^6	sik^6
CPA	1	4	1	xi^1	xi^4	xig^1
	2	5	3	xi^2	xi^5	$ség^3$
	3	6	6	xi^3	xi^6	xig^6
YKL	1	4	1	si^1	si^4	sik^1
	2	5	3	si^2	si^5	sek^3
	3	6	6	si^3	si^6	sik^6

*

IPA ： 국제음성기호 (International Phonetic Alphabet)
Yale ： 예일 대학교 (Yale University)
HK ： 홍콩 교육청 (Hongkong Education Department)
SL ： 홍콩 광동어 전문가 시드니 라우 (Sidney Lau)
　　　SL에서 1°은 고평조(55 / 5), 1은 고강조(53) 임.
CPA ： 漢語拼音方案(Chinese Phonetic Alphabet) 廣州話 표기법
YKL ： 이 책의 광동어 표기법. YKL은 저자의 이름을 가리킴.

我 ngo⁵

佢 koey⁵

你哋 nei⁵dei⁶

先生 sin¹saang¹

師奶 si¹naai¹*

姑娘 gu¹noeng⁴

書友 syu¹yau²*

醫生 yi¹saang¹

細蚊仔 sai³man¹zai²

女仔 noey⁵zai²

後生仔 hau⁶saang¹zai²

男人 naam⁴yan²*

西人 sai¹yan⁴

老豆 lou⁵dau⁶

老母 lou⁵mou²*

家姐 ga¹ze¹*

亞哥 a³go¹

細妹 sai³mui²*

老婆 lou⁵po⁴

女 noey²*

亞嫲 a³ma⁴

亞婆 a³po⁴

你 nei⁵

我哋 ngo⁵dei⁶

佢哋 koey⁵dei⁶

小姐 siu²ze²

大姑 daai⁶gu¹

老友記 lou⁵yau⁵gei³

學生 hok⁶saang¹

細佬哥 sai³lou²go¹

男仔 naam⁴zai²

伙記 fo²gei³

後生女 hau⁶saang¹noey²*

女人 noey⁵yan²*

唐人 tong⁴yan⁴

爸爸 ba⁴ba¹

媽媽 ma⁴ma¹

大佬 daai⁶lou²

細佬 sai³lou²

老公 lou⁵gung¹

仔 zai²

亞爺 a³ye⁴

亞公 a³gung¹

孫 syun¹

孫女 syun¹noey²＊　外孫 ngoi⁶syun¹

外孫女 ngoi⁶syun¹noey²＊　亞伯 a³baak³

伯娘 baak³noeng⁴　亞叔 a³suk¹

亞嬸 a³sam²　侄 zat⁶

侄女 zat⁶noey²＊　堂兄弟 tong⁴hing¹dai⁶

堂姐妹 tong⁴ze²mui⁶　堂姊妹 tong⁴zi²mui⁶

姑母 gu¹mou⁵　姑姐 gu¹ze¹＊

姑丈 gu¹zoeng²＊　表兄弟 biu²hing¹dai⁶

表姐妹 biu²ze²mui⁶　舅父 kau⁵fu²＊

妗母 kam⁵mou⁵　姨媽 yi⁴ma¹

姨母 yi⁴mou⁵　姨姐 yi⁴ze²＊

亞姨 a³yi¹＊　姨丈 yi⁴zoeng²＊

外甥 ngoi⁶sang¹　外甥女 ngoi⁶sang¹noey²＊

家公 ga¹gung¹　家婆 ga¹po²＊

어휘 및 문법 (1)

我 나

佢 그

你哋 너희

先生 선생

師奶 부인

姑娘 처녀

書友 학우

醫生 의사

細蚊仔 아이

女仔 소녀

後生仔 젊은이(남)

男人 남자

西人 서양인

老豆 부친

老母 모친

家姐 언니, 누나

亞哥 오빠, 형

細妹 여동생

老婆 아내

女 딸

亞嫲 조모

亞婆 외조모

你 너

我哋 우리

佢哋 그들

小姐 아가씨

大姑 여사, 부인

老友記 친한 친구

學生 학생

細佬哥 어린이

男仔 소년

伙記 점원

後生女 젊은이(녀)

女人 여자

唐人 중국인

爸爸 아빠

媽媽 엄마

大佬 형, 오빠

細佬 동생

老公 남편

仔 아들

亞爺 조부

亞公 외조부

孫 손자

孫女 손녀　　　　　　外孫 외손자
外孫女 외손녀　　　　亞伯 백부
伯娘 백모　　　　　　亞叔 숙부
亞嬸 숙모　　　　　　侄 조카
侄女 조카딸　　　　　堂兄弟 사촌형제
堂姐妹 사촌자매　　　堂姉妹 사촌자매
姑母 고모　　　　　　姑姐 작은 고모
姑丈 고모부　　　　　表兄弟 외사촌형제
表姐妹 외사촌자매　　舅父 외삼촌
妗母 외숙모　　　　　姨媽 이모
姨母 이모　　　　　　姨姐 작은 이모
亞姨 이모　　　　　　姨丈 이모부
外甥 외조카　　　　　外甥女 외조카딸
家公 시아버지　　　　家婆 시어머니

　　廣東語는 爸爸, 媽媽와 같은 1성字로 된 중첩어를 각각 ba^4ba^1, ma^4ma^1 로 읽는 連讀變調가 있으나 그 수는 많지 않다. 대부분의 變調는 1성이나 2성의 調値와 유사한 형태소변조가 있다. 變調는 주로 뒤쪽 음절에 있는데 전자는 高平變調, 후자는 高昇變調라고 한다. 師奶$si^1naai^{1(5)}$, 家姐$ga^1ze^{1(2)}$ 등이 高平변조이며 書友$syu^1yau^{2(5)}$, 後生女 $hau^6saang^1noey^{2(5)}$, 男人$naam^4yan^{2(4)}$, 老母$lou^5mou^{2(5)}$, 細妹$sai^3mui^{2(6)}$ 등은 高昇변조이다. 高昇변조가 숫 적으로 많다. 이러한 變調는 주로 구두어화 된 말이나 단음절의 명사에서 나타난다.

新抱 san^{1}pou^5 大佰爺 daai^{6}baak^{3}ye^4

叔仔 suk^{1}zai^2 大姑奶 daai^{6}gu^{1}naai^1

姑仔 gu^{1}zai^2 外父 ngoi^{6}fu^{2*}

外母 ngoi^{6}mou^{2*} 女婿 noey^{5}sai^3

舅爺 kau^{5}ye^4 舅仔 kau^{5}zai^2

大姨 daai^{6}yi^{1*} 姨仔 yi^{1}zai^2

一 yat^1 二 yi^6

三 saam^1 四 sei^3

五 ng^5 六 luk^6

七 chat^1 八 baat^3

九 gau^2 十 sap^6

十一 sap^{6}yat^1 二十 yi^{6}sap^6

廿一 ya^{6}yat^1 廿九 ya^{6}gau^2

三十 saam^{1}sap^6 五十 ng^{5}sap^6

一百 yat^{1}baak^3 一千 yat^{1}chin^1

一萬 yat^{1}maan^6

第一 dai^{6}yat^1 第二 dai^{6}yi^6

第三 dai^{6}saam^1 第四 dai^{6}sei^3

第五 dai^{6}ng^5 第六 dai^{6}luk^6

第七 dai^{6}chat^1 第八 dai^{6}baat^3

第九 dai^{6}gau^2 第十 dai^{6}sap^6

禮拜(日)lai^{5}baai^3(yat^6)   禮拜一 lai^{5}baai^{3}yat^1

禮拜二 lai^{5}baai^{3}yi^6 禮拜三 lai^{5}baai^{3}saam^1

禮拜四 lai^{5}baai^{3}sei^3 禮拜五 lai^{5}baai^{3}ng^5

禮拜六 lai^{5}baai^{3}luk^6 一個禮拜 yat^{1}go^3 lai^{5}baai^3

上個禮拜 soeng^{6}go^3 lai^{5}baai^3 呢個禮拜 nei^{1}go^3 lai^{5}baai^3

下個禮拜 ha^{6}go^3 lai^{5}baai^3 每個禮拜 mui^{5}go^3 lai^{5}baai^3

正月 zing^{3}yut^6 二月 yi^{6}yut^6

三月 saam^{1}yut^6 四月 sei^{3}yut^6

五月 ng^{5}yut^6 六月 luk^{6}yut^6

七月 chat^{1}yut^6 八月 baat^{3}yut^6

九月 gau^{2}yut^6 十月 sap^{6}yut^6

十一月 sap^{6}yat^{1}yut^6 十二月 sap^{6}yi^{6}yut^6

一個月 yat^{1}go^{3}yut^6 上個月 soeng^{6}go^{3}yut^6

呢個月 nei^{1}go^{3}yut^6 下個月 ha^{6}go^{3}yut^6

每個月 mui^{5}go^{3}yut^6 春天 choen^{1}tin^1

夏天 ha^{6}tin^1 秋天 chau^{1}tin^1

冬天 dung^{1}tin^1 四季 sei^{3}gwai^3

一秒鐘 yat^{1}miu^{2}zung^1 一分鐘 yat^{1}fan^{1}zung^1

一個字 yat^{1}go^{3}zi^6 一個骨 yat^{1}go^{3}gwat^1

半點鐘 bun^{3}dim^{2}zung^1

新抱 며느리　　　　　　　　大佰爺 시아주버님

叔仔 삼촌　　　　　　　　　大姑奶 시누이(大)

姑仔 시누이(小)　　　　　　外父 장인

外母 장모　　　　　　　　　女婿 사위

舅爺 큰 처남　　　　　　　　舅仔 작은 처남

大姨 처형　　　　　　　　　姨仔 처제

一 yat^1　　　　　　　　　二 yi^6

三 saam^1　　　　　　　　四 sei^3

五 ng^5　　　　　　　　　六 luk^6

七 chat^1　　　　　　　　八 baat^3

九 gau^2　　　　　　　　　十 sap^6

十一 sap^{6}yat^1　　　　　　二十 yi^{6}sap^6

廿一 ya^{6}yat^1　　　　　　廿九 ya^{6}gau^2

三十 saam^{1}sap^6　　　　　五十 ng^{5}sap^6

一百 yat^{1}baak^3　　　　　一千 yat^{1}chin^1

一萬 yat^{1}maan^6　　　　　第一 dai^{6}yat^1

第二 dai^{6}yi^6　　　　　　第三 dai^{6}saam^1

第四 dai^{6}sei^3　　　　　　第五 dai^{6}ng^5

第六 dai^{6}luk^6　　　　　　第七 dai^{6}chat^1

第八 dai^{6}baat^3　　　　　第九 dai^{6}gau^2

第十 dai^{6}sap^6

禮拜(日) 일요일　　　　　　禮拜一 월요일

禮拜二 화요일	禮拜三 수요일
禮拜四 목요일	禮拜五 금요일
禮拜六 토요일	一個禮拜 일주일
上個禮拜 지난주	呢個禮拜 이번주
下個禮拜 다음주	每個禮拜 매주일
正月 $zing^3yut^6$	二月 yi^6yut^6
三月 $saam^1yut^6$	四月 sei^3yut^6
五月 ng^5yut^6	六月 luk^6yut^6
七月 $chat^1yut^6$	八月 $baat^3yut^6$
九月 gau^2yut^6	十月 sap^6yut^6
十一月 $sap^6yat^1yut^6$	十二月 $sap^6yi^6yut^6$
一個月 $yat^1go^3yut^6$ 한달	上個月 $soeng^6go^3yut^6$ 지난달
呢個月 $nei^1go^3yut^6$ 이번달	下個月 $ha^6go^3yut^6$ 다음달
每個月 $mui^5go^3yut^6$ 매달	
春天 $choen^1tin^1$	夏天 ha^6tin^1
秋天 $chau^1tin^1$	冬天 $dung^1tin^1$
四季 사계절	一秒鐘 일초
一分鐘 일분	一個字 오분
一個骨 십오분	半點鐘 삼십분

형태소변조는 품사나 어휘적 의미 및 䢖lip¹(승강기), 咭kat¹(카드), 的士dik¹si²⁽⁶⁾(택시) 등과 같은 외래音譯語를 나타내기도 한다. 共時的으로 볼 때 女noey²(딸), 臺toi²(탁자), 房fong²(방) 등은 고승변조인 상태에서 명사 단어로 활동한다. 그리고 본래 성조인 臺toi⁴와 房fong⁴은 단어의 구성성분 역할을 한다. 그러나 女noey²의 경우는 조금 다

르다. 본래 성조인 女noey⁵는 단지 단어의 구성성분으로 여성을 뜻하고 있을 뿐 딸의 의미는 갖고 있지 않다.

新抱 san¹pou⁵는 본래 新婦를 뜻한다. 婦는 文讀音이 fu⁵ 白讀音이 pou⁵이다. 백독음으로 말하며 '며느리'로 통용되므로 抱자를 假借한 것이다.

위 숫자에서 21과 29를 뜻하는 卄一 ya⁶yat¹, 卄九 ya⁶gau² 등의 실제 발음은 ya⁶ a⁶ yat¹, ya⁶ a⁶ gau²이다. 참고로 31은 卅一 sa¹yat¹(sa¹ a⁶ yat¹)이다.

三個骨 $saam^1 go^3 gwat^1$ 一點鐘 $yat^1 dim^2 zung^1$

十二點鐘 $sap^6 yi^6 dim^2 zung^1$ 朝頭早 $ziu^1 tau^4 zou^2$

琴日朝 $kam^4 yat^6 ziu^1$ 尋日朝 $cham^4 yat^6 ziu^1$

今朝 $gam^1 ziu^1$ 聽朝 $teng^1 ziu^1$

上晝 $soeng^6 zau^3$ 晏晝 $ngan^3 zau^3$

下晝 $ha^6 zau^3$ 半日 $bun^3 yat^6$

一日 $yat^1 yat^6$ 前日 $chin^4 yat^6$

琴日 $kam^4 yat^6$ 今日 $gam^1 yat^6$

聽日 $teng^1 yat^6$ 後日 $hau^6 yat^6$

夜晚 $ye^6 maan^5$ 一晚 $yat^1 maan^5$

前晚 $chin^4 maan^5$ 琴晚 $kam^4 maan^5$

今晚 $gam^1 maan^5$ 聽晚 $teng^1 maan^5$

後晚 $hau^6 maan^5$ 半夜 $bun^3 ye^6$

半年 $bun^3 nin^4$ 一年 $yat^1 nin^4$

年初一 $nin^4 cho^1 yat^1$ 年卅晚 $nin^4 sa^1 maan^5$

前年 $chin^4 nin^{2*}$ 舊年 $gau^6 nin^{2*}$

今年 $gam^1 nin^{2*}$ 出年 $choet^1 nin^{2*}$

初一 $cho^1 yat^1$ 十五 $sap^6 ng^5$

三十 $saam^1 sap^6$ 一號 $yat^1 hou^6$

十號 $sap^6 hou^6$ 二十號 $yi^6 sap^6 hou^6$

三十一號 saam¹sap⁶yat¹hou⁶	銀紙 ngan⁴zi²
大銀 daai⁶ngan²*	銀仔 ngan²zai²
一蚊 yat¹man¹	毫子 hou⁴zi²
斗零 dau²ling²	仙士 sin¹si²*
支票 zi¹piu³	禮券 lai⁵gyun³
匯單 wui⁶daan¹	收條 sau¹tiu⁴
找續 zau²zuk⁶	簽名 chim¹meng²*
士擔 si⁶daam¹	擔保信 daam¹bou²soen³
包裹 baau¹gwo²	海郵 hoi²yau⁴
平郵 ping⁴yau⁴	空郵 hung¹yau⁴
電話 din⁶wa²	電報 din⁶bou³

三個骨 사십오 분	一點鐘 한 시
十二點鐘 열두 시	朝頭早 아침
琴日朝 어제 아침	尋日朝 어제 아침
今朝 오늘 아침	聽朝 내일 아침
上晝 오전	晏晝 낮
下晝 오후	半日 반나절
一日 하루	前日 그저께
琴日 어제	今日 오늘
聽日 내일	後日 모레
夜晚 저녁	一晚 하루 저녁
前晚 그제 저녁	琴晚 어제 저녁
今晚 오늘 밤	聽晚 내일 밤
後晚 모레 저녁	半夜 한밤중
半年 반년	一年 한 해
年初一 새해 첫날	年卅晚 섣달그믐
前年 재작년	舊年 작년
今年 올해	出年 내년
初一 초하루	十五 보름
三十 그믐	一號 일 일
十號 십 일	二十號 이십 일
三十一號 삼십일 일	銀紙 지폐
大銀 동전	銀仔 잔돈

一蚊 일 원	毫子 십 전
斗零 오 전	仙士 일 전
支票 수표	禮券 상품권
匯單 환어음	收條 영수증
找續 거슬러주다	簽名 서명
士擔 우표	擔保信 등기우편
包裹 소포	海郵 선박우편
平郵 보통우편	空郵 항공우편
電話 전화	電報 전보

시간을 나타내는 말 가운데 一個字yat¹go³zi⁶는 오분, 兩個字 loeng⁵go³zi⁶는 십분을 가리킨다. 십오분은 三個字saam¹go³zi⁶ 또는 一個骨yat¹go³gwat¹ 이라고 하는데 骨gwat¹은 영어의 quarter를 음역한 것이다. 어제를 뜻하는 琴日kam⁴yat⁶은 백독음으로 된 尋日cham⁴yat⁶을 쓰기도 한다. 내일을 가리키는 聽日teng¹yat⁶은 이웃한 客家語의 '天光日'과 어원이 같은 "밝은 날"을 뜻한다. 따라서 聽teng¹은 天光 tin¹gwong¹의 축략된 음을 기록한 것으로 볼 수 있다. 그리고 '年'의 경우는 前年, 舊年, 今年, 出年 등에 모두 고승변조가 있다.

화폐에 있어서 銀본위 시대에 등장한 銀行ngan⁴hong⁴이라는 단어처럼 廣東語는 아직 銀紙, 大銀, 銀仔 와 같은 단어가 통용되고 있다. 또한 1달러는 一蚊 yat¹man¹, 10센트는 一毫子 yat¹hou⁴zi², 센트는 仙士 sin¹si²⁽⁶⁾ 라고 하는데 외래어인 仙士 역시 고승변조가 있다. 또 蚊 man¹과 우표를 가리키는 외래어 士擔si⁶daam¹의 1성은 高降調가 아니고 늘 高平調로 발음해야 한다.

등기우편을 가리키는 擔保信 daam¹bou²soen³은 掛號信gwa³hou⁶

soen^3 이라고도 한다. 廣東語에서는 話wa^{6}가 '말하다'의 의미로, 고승 변조의 話wa^{2}는 '말'의 의미로 통용되고 있다. 따라서 電話는 din^{6}wa^2 라고 발음해야한다.

第四課　早晨

甲. 早晨。
　　Zou² san⁴.

乙. 你幾好呀嘛?
　　Nei⁵ gei² hou² a¹ma³?

甲. 好好，多謝。
　　Hou² hou², do¹ze⁶.

乙. 你身体点樣呀?
　　Nei⁵ san¹tai² dim²yoeng² a³?

甲. 我身体好好，你呢?
　　Ngo⁵ san¹tai² hou² hou², nei⁵ ne¹?

乙. 我亦好健康。
　　Ngo⁵ yik⁶ hou² gin⁶hong¹.

甲. 好，早啲唞啦!
　　Hou², zou² di¹ tau² la¹!

乙. 再見!
　　Zoi³ gin³!

早晨 zou² san⁴ : 아침 인사

你 nei⁵ : 2인칭 단수

幾 gei² : ①얼마; 얼마나, ②잘, 괜찮게

幾好 gei² hou² : 잘 지내다

好 hou² : ①잘 있다; 좋다 ②매우

呀嘛 a¹ ma³ : 친근함을 표시하는 의문 어기조사

好好 hou² hou² : 매우 잘 있다

多謝 do¹ ze⁶ : 고맙습니다

身体 san¹tai² : 몸, 신체

点樣 dim²yoeng²* : 어떻습니까

呀 a³ : 의문을 나타내는 어기조사

亦 yik⁶ : 또한

好健康 hou² gin⁶hong¹ : 매우 건강하다

唞 tau² : 휴식하다

早唞 zou² tau² : 저녁 때 인사

啲 di¹ : 약간; 조금

早啲 zou² di¹ : 일찍이 (완곡한 표현)

早啲唞 zou² di¹ tau² : 좀 일찍 쉬다

啦 la¹ : 권유나 명령을 나타내는 어기조사

甲. 你好!

Nei⁵ hou²!

乙. 你貴姓?

Nei⁵ gwai³ sing³?

甲. 我姓金。

Ngo⁵ sing³ Gam¹.

乙. 你叫乜嘢名呀?

Nei⁵ giu³ mat¹ye⁵ meng² a³?

甲. 我叫大成。

Ngo⁵ giu³ Daai⁶seng⁴.

乙. 識得你好榮幸。

Sik¹dak¹ nei⁵ hou² wing⁴hang⁶.

甲. 有心, 多謝你。

Yau⁵sam¹, do¹ze⁶ nei⁵.

乙. 唔使客氣。

M⁴sai² haak³hei³.

你好 nei^5 hou^2 : "안녕하세요"에 해당되는 일반적인 인사말

你貴姓 nei^5 gwai^3 sing^3 : 성씨를 여쭈어보는 말

姓金 sing^3 Gam^1 : 성을 金이라고 하다

叫 giu^3 : (이름을) … 라고 부르다

乜嘢 mat^{1}ye^5 : 무엇, 무슨

名 meng^{2*} : 이름

大成 Daai^{6}seng^4 : 따이생 (사람이름)

識 sik^1 : 알다 (사람을 알거나 인식하는 경우)

得 dak^1 : 가능함을 나타내는 말

榮幸 wing^{4}hang^6 : 영광스럽다, 영광이다

有心 yau^{5}sam^1 : 관심을 가지다, 신경 써주다

★"有心"은 습관적으로 많이 사용하는 일종의 관용어 임

多謝你 do^{1}ze^6 nei^5 : 감사합니다

★[do^{1}ze^6 nei^5]를 廣東人은 [do^{1}ze^6 lei^5]로 발음하기도 함

唔使 m^{4}sai^2 : … 할 필요없다

客氣 haak^{3}hei^3 : 사양하다, 겸손해하다

甲. 阿哥，你去邊度？

A^{3}go^1, nei^5 hoey^3 bin^{1}dou^6?

乙. 我去火車站。

Ngo^5 hoey^3 fo^{2}che^{1}zaam^6.

甲. 王先生，你去邊度？

Wong^4 sin^{1}saang^1, nei^5 hoey^3 bin^{1}dou^6?

乙. 我去電影院。

Ngo^5 hoey^3 din^{6}ying^{2}yun^2.

甲. 李老師，你去邊度？

Lei^5 lou^{5}si^1, nei^5 hoey^3 bin^{1}dou^6?

乙. 我去酒家。

Ngo^5 hoey^3 zau^{2}ga^1.

甲. 張小姐，你去邊度？

Zoeng^1 siu^{2}ze^2, nei^5 hoey^3 bin^{1}dou^6?

乙. 我去百貨公司。

Ngo^5 hoey^3 baak^{3}fo^{3}gung^{1}si^1.

甲. 你去百貨公司做乜嘢？

Nei^5 hoey^3 baak^{3}fo^{3}gung^{1}si^1 zou^6 mat^{1}ye^5

乙. 我去百貨公司買啲衫。

Ngo^5 hoey^3 baak^{3}fo^{3}gung^{1}si^1 maai^5 di^1 saam^1

阿哥 a^3go^1 : 형, 오빠

★"阿哥"의 '阿'는 친근함을 표하는 일종의 접두사임.

邊度 bin^1dou^6 : 어디

去邊度 $hoey^3 bin^1dou^6$: 어디에 갑니까

火車站 $fo^2che^1zaam^6$: 기차 정거장, 역

★버스정거장을 나타낼 때는 "汽車站"이라고 함

王先生 $Wong^4 sin^1saang^1$: 미스터 윙

電影院 $din^6ying^2yun^{2*}$: 극장

★'院'은 본래 陽去聲(yun^6)이지만 變調되어 高昇調로 읽음

李老師 $Lei^5 lou^5si^1$: 레이 선생님

酒家 zau^2ga^1 : 음식점 (주로 중화요리점을 가리킴)

張小姐 $Zoeng^1 siu^2ze^2$: 미쓰 쟁

百貨公司 $baak^3fo^3gung^1si^1$: 백화점

做 zou^6 : 하다

做乜嘢 $zou^6 mat^1ye^5$: 무엇을 합니까

衫 $saam^1$: 옷

★광동지역은 주로 얇게 입으므로 옷을 '衫'이라고 함.

買啲衫 $maai^5 di^1 saam^1$: 옷을 좀 사다

甲. 邊個去坐火車呀?

Bin^{1}go^3 hoey^3 cho^5 fo^{2}che^1 a^3?

乙. 大佬去坐火車。

Daai^{6}lou^2 hoey^3 cho^5 fo^{2}che^1.

甲. 邊個去睇電影?

Bin^{1}go^3 hoey^3 tai^2 din^{6}ying^2.

乙. 王先生去睇電影。

Wong^4 sin^{1}saang^1 hoey^3 tai^2 din^{6}ying^2.

甲. 邊個去買皮鞋?

Bin^{1}go^3 hoey^3 maai^5 pei^{4}haai^4?

乙. 劉小姐去買皮鞋。

Lau^4 siu^{2}ze^2 hoey^3 maai^5 pei^{4}haai^4.

甲. 邊個去打電話?

Bin^{1}go^3 hoey^3 da^2 din^{6}wa^2?

乙. 妹妹去打電話。

Mui^{4}mui^2 hoey^3 da^2 din^{6}wa^2.

甲. 邊個去食點心?

Bin^{1}go^3 hoey^3 sik^6 dim^{2}sam^1?

乙. 我書友去食點心。

Ngo^5 syu^{1}yau^2 hoey^3 sik^6 dim^{2}sam^1.

邊個 bin^{1}go^3 : 누구

坐車 cho^5 che^1 : 차를 타다

★"坐車" 외에 "搭車 daap^3 che^1" 라고 하기도 함

坐火車 cho^5 fo^{2}che^1 : 기차를 타다

大佬 daai^{6}lou^2 : 형

睇 tai^2 : 보다

睇電影 tai^2 din^{6}ying^2 :영화를 보다

★'王', '黃'은 동음, Wong^4 sin^{1}saang^{1}은 黃先生을 뜻할 수 있음

皮鞋 pei^{4}haai^4 : 구두

買皮鞋 maai^5 pei^{4}haai^4 : 구두를 사다

小姐 siu^{2}ze^2 : 아가씨; 개혁개방이후 普通話에서도 사용함

劉小姐 Lau^4 siu^{2}ze^2 : 미스 라우

打電話 da^2 din^{6}wa^2 : 전화를 걸다

妹妹 mui^{4*}mui^{2*} : 누이동생

食 sik^6 : 먹다

點心 dim^{2}sam^1 : 딤섬

食點心 sik^6 dim^{2}sam^1 : 딤섬을 먹다

書友 syu^{1}yau^{2*} : 학우, 동창

甲. 佢係邊個?

Koey^5 hai^6 bin^{1}go^3?

乙. 佢係我嘅朋友。

Koey^5 hai^6 ngo^5 ge^3 pang^{4}yau^2.

甲. 佢係邊國人?

Koey^5 hai^6 bin^{1}gwok^3 yan^4?

乙. 佢係韓國人。

Koey^5 hai^6 Hon^{4}gwok^3 yan^4.

甲. 佢喺邊度嚟?

Koey^5 hai^2 bin^{1}dou^6 lai^4?

乙. 佢喺漢城嚟。

Koey^5 hai^2 Hon^{3}sing^4 lai^4.

甲. 你哋喺邊度嚟?

Nei^{5}dei^6 hai^2 bin^{1}dou^6 lai^4?

乙. 我哋喺廣州嚟。

Ngo^{5}dei^6 hai^2 Gwong^{2}zau^1 lai^4

甲. 邊位係金老師?

Bin^{1}wai^2 hai^6 Gam^1 lou^{5}si^1?

乙. 嗰位就係。

Go^{2}wai^2 zau^6 hai^6.

어휘 및 문법 8

佢 koey⁵ : 그, 그 사람, 일반적인 사물도 해당됨

係 hai⁶ : …이다

朋友 pang⁴yau²ˣ : 친구

嘅 ge³ : …의; 구조조사의 일종

我嘅朋友 ngo⁵ ge³ pang⁴yau²ˣ : 나의 친구

邊國人 bin¹gwok³ yan⁴ : 어느 나라 사람

喺 hai² : ① …에서 ② …에 있다 ③ …로부터

韓國人 Hon⁴gwok³ yan⁴ : 한국인

喺 hai²…嚟 lai⁴ : …로부터 오다

嚟 lai⁴: 오다

漢城 Hon³sing⁴ : 서울 ; 최근에는 首爾 Sau²yi⁵ 도 사용함.

你哋 nei⁵dei⁶ : 당신들; 너희들

我哋 ngo⁵dei⁶ : 우리들

佢哋 koey⁵dei⁶ : 그들

廣州 Gwong²zau¹ : 광저우

邊位 bin¹wai²ˣ : 어느 분

嗰位 go²wai²ˣ : 그 분; 저 분

嗰位就係 … go²wai²ˣ zau⁶ hai⁶ … : 그분이 바로 …이다

嗰位就係 go²wai²ˣ zau⁶ hai⁶: 바로 그분이다

*다음 광동어를 한자로 옮기고 그 뜻을 쓰시오.

sai^{3}lou^{2}go^1	sai^{3}man^{1}zai^2
naam^{4}zai^2	noey^{5}zai^2
fo^{2}gei^3	hau^{6}saang^{1}zai^2
hau^{6}saang^{1}noey^2*	naam^{4}yan^2*
noey^{5}yan^2*	sai^{1}yan^4
tong^{4}yan^4	lou^{5}dau^6
ba^{4}ba^1	lou^{5}mou^2*
ma^{4}ma^1	ga^{1}ze^1*
daai^{6}lou^2	a^{3}go^1
sai^{3}lou^2	sai^{3}mui^2*

lou⁵gung¹

lou⁵po⁴

zai²

noey²*

zat⁶

zat⁶noey²*

tong⁴hing¹dai⁶

tong⁴ze²mui⁶

tong⁴zi²mui⁶

gu¹mou⁵

biu²ze²mui⁶

kau⁵fu²*

kam⁵mou⁵

lai⁵baai³luk⁶

yat¹go³ lai⁵baai³

soeng⁶go³ lai⁵baai³

nei¹go³ lai⁵baai³

ha⁶go³ lai⁵baai³

mui⁵go³ lai⁵baai³

sei³gwai³

yat¹miu²zung¹

yat¹fan¹zung¹

yat¹go³zi⁶

yat¹go³gwat¹

bun³dim²zung¹

saam¹go³gwat¹

yat^{1}dim^{2}zung^1

gam^{1}ziu^1

soeng^{6}zau^3

ha^{6}zau^3

yat^{1}yat^6

kam^{4}yat^6

teng^{1}yat^6

hau^{6}maan^5

bun^{3}nin^4

nin^{4}cho^{1}yat^1

chin^{4}nin^{2}*

gam^{1}nin^{2}*

cho^{1}yat^1

sap^{6}yi^{6}dim^{2}zung^1

teng^{1}ziu^1

ngan^{3}zau^3

bun^{3}yat^6

chin^{4}yat^6

gam^{1}yat^6

hau^{6}yat^6

bun^{3}ye^6

yat^{1}nin^4

nin^{4}sa^{1}maan^5

gau^{6}nin^{2}*

choet^{1}nin^{2}*

ngan^{4}zi^2

yat¹man¹   hou⁴zi²

sin¹si²*   hoi²yau⁴

ping⁴yau⁴   hung¹yau⁴

Nei⁵ san¹tai² dim²yoeng² a³?

Nei⁵ ga¹ze¹ san¹tai² dim²yoeng² a³?

Nei⁵ ge³ zai² san¹tai² dim²yoeng² a³?

Nei⁵ ge³ noey² san¹tai² dim²yoeng² a³?

Koey⁵ san¹tai² hou² gin⁶hong¹.

Zou² di¹ tau² la¹!

Zou² di¹ zau² la¹!

Faai³ di¹ haang⁴ la¹!

Nei⁵ giu³ mat¹ye⁵ meng² a³?

Nei⁵ sik⁶ di¹ mat¹ye⁵ a³?

Sik^{1}dak^1 nei^5 hou^2 wing^{4}hang^6.

Gin^3 dou^2 nei^5 hou^2 fun^{1}hei^2.

Sik^{1}dak^1 nei^5 hou^2 fun^{1}hei^2.

Gin^3 dou^2 nei^5 hou^2 gou^{1}hing^3

Hou^2 gou^{1}hing^3 ying^{6}sik^1 nei^5.

Ze^{4}ze^1 nei^5 hoey^3 bin^{1}dou^6?

Siu^{2}ze^2 nei^5 hoey^3 bin^{1}chyu^3?

Nei^5 hoey^3 go^{2}dou^6 zou^6 mat^{1}ye^5?

Ngo^5 hoey^3 go^{2}dou^6 maai^5 sau^{2}doi^2.

Bin^{1}go^3 hoey^3 fo^{2}che^{1}zaam^6 cho^5 fo^{2}che^1?

Lou^{5}dau^6 hoey^3 fo^{2}che^{1}zaam^6 cho^5 fo^{2}che^1.

Mat^{1}soey^4 hoey^3 zau^{2}ga^1 sik^6 Gwong^{2}dung^{1}choi^3?

Dai^{6}lou^2 hoey^3 zau^{2}ga^1 sik^6 Gwong^{2}dung^{1}choi^3.

練習 41

Nei^5 sai^{3}mui^2 hai^2 go^{2}dou^6 zou^6 mat^{1}ye^5?

Ngo^5 sai^{3}mui^2 hai^2 go^{2}dou^6 da^2 din^{6}wa^2.

Nei^{5}dei^6 hai^2 bin^{1}dou^6 tai^2 din^{6}ying^2?

Ngo^{5}dei^6 hai^2 go^{2}dou^6 tai^2 din^{6}ying^2.

Mat^{1}soey^4 hai^2 ni^{1}dou^6 sik^6 ye^5 a^3?

Ngo^5 syu^{1}yau^2 hai^2 ni^{1}dou^6 sik^6 ye^5.

Koey^{5}dei^6 hai^2 bin^{1}dou^6 lai^4 Hoeng^{1}gong^2?

Koey^{5}dei^6 hai^2 Gwong^{2}zau^1 lai^4 Hoeng^{1}gong^2.

Bin^{1}wai^2 hai^6 Lau^4 ging^{1}lei^5?

Go^{2}wai^2 zau^6 hai^6 Lau^4 ging^{1}lei^5.

甲. 舊年你哋去咗邊度呀?

Gau^{6}nin^2 nei^{5}dei^6 hoey^{3}zo^2 bin^{1}dou^6 a^3?

乙. 舊年我哋去咗北京。

Gau^{6}nin^2 ngo^{5}dei^6 hoey^{3}zo^2 Bak^{1}ging^1.

甲. 今年你哋去邊度呢?

Gam^{1}nin^2 nei^{5}dei^6 hoey^3 bin^{1}dou^6 ne^1?

乙. 我想去上海。

Ngo^5 soeng^2 hoey^3 Soeng^{6}hoi^2.

甲. 我前年去過上海。

Ngo^5 chin^{4}nin^2 hoey^{3}gwo^3 Soeng^{6}hoi^2.

乙. 噉，我想去香港，你都去香港啦。

Gam^2, ngo^5 soeng^2 hoey^3 Hoeng^{1}gong^2, nei^5 dou^1 hoey^3 Hoeng^{1}gong^2 la^1.

甲. 你去過香港未呀?

Nei^5 hoey^{3}gwo^3 Hoeng^{1}gong^2 mei^6 a^3?

乙. 我重未去過。

Ngo^5 zung^6 mei^6 hoey^{3}gwo^3.

甲. 聽講咽度海港嘅風景好好。

Teng¹gong² go²dou⁶ hoi²gong² ge³ fung¹ging² hou² hou².

乙. 冬天可能天氣都好暖。

Dung¹tin¹ ho²nang⁴ tin¹hei³ dou¹ hou² nyun⁵.

舊年 gau^{6}nin^{2*} : 작년

北京 Bak^{1}ging^1 : 베이징

去咗北京 hoey^{3}zo^2 Bak^{1}ging^1 : 베이징에 갔었다

今年 gam^{1}nin^{2*} : 올해

呢 ne^1 : 어기조사 (반문이나 강조해 물을 때)

想 soeng^2: 하고 싶다

上海 Soeng^{6}hoi^2 : 상하이

前年 chin^{4}nin^{2*} : 재작년

去過 hoey^{3}gwo^3 : 간적이 있다

★'過'는 과거의 경험을 나타내는 조사

噉 gam^2 : 그러면

香港 Hoeng^{1}gong^2 : 홍콩

都 dou^1 : 또한, …도

啦 la^1 : 명령, 권고를 나타내는 어기조사

去過香港未呀 hoey^{3}gwo^3 Hoeng^{1}gong^2 mei^6 a^3

★"홍콩 간적이 있는가" 로서 '未'는 과거부정의 문말조사화 한 말임

重 zung^6 : 아직 ; '仲'으로 기록하기도 함

重未去過 zung^6 mei^6 hoey^{3}gwo^3 : 아직 간 적이 없다

聽講 teng^{1}gong^2 : 듣자하니, 소문에 의하면

嗰度 go^{2}dou^6 : 그 곳

海港 hoi^{2}gong^2 : 항구

風景好好 fung^{1}ging^2 hou^2 hou^2 : 경치가 매우 좋다

可能 ho^{2}nang^4 : 아마도

天氣都好暖 tin^{1}hei^3 dou^1 hou^2 nyun^5 : 날씨도 매우 온난하다

甲. 今日係幾多號?

Gam^{1}yat^6 hai^6 gei^{2}do^1 hou^6.

乙. 今日係十一月二十號。

Gam^{1}yat^6 hai^6 sap^{6}yat^{1}yut^6 yi^{6}sap^6 hou^6.

甲. 後日係唔係禮拜二呀?

Hau^{6}yat^6 hai^6 m^4 hai^6 lai^{5}baai^{3}yi^6 a^3.

乙. 後日唔係禮拜二, 係禮拜一。

Hau^{6}yat^6 m^4 hai^6 lai^{5}baai^{3}yi^6, hai^6 lai^{5}baai^{3}yat^1.

甲. 學校幾時放寒假呀?

Hok^{6}haau^6 gei^{2}si^4 fong^3 hon^{4}ga^3 a^3?

乙. 重有一個月就放寒假嘞。

Zung^6 yau^5 yat^{1}go^{3}yut^6 zau^6 fong^3 hon^{4}ga^3 laak^3.

甲. 寒假放幾多日呀?

Hon^{4}ga^3 fong^3 gei^{2}do^1 yat^6 a^3?

乙. 放三個禮拜度。

Fong^3 saam^{1}go^3 lai^{5}baai^3 dou^2.

甲. 你打算寒假做乜嘢?

Nei^5 da^{2}syun^3 hon^{4}ga^3 zou^6 mat^{1}ye^5?

乙. 我打算寒假去旅行。

Ngo^5 da^{2}syun^3 hon^{4}ga^3 hoey^3 loey^{5}hang^4.

今日 gam^{1}yat^6 : 오늘

幾多號 gei^{2}do^1 hou^6. : 무슨 날 ; 며칠

二十號 yi^{6}sap^6 hou^6 : 이십일

十一月 sap^{6}yat^{1}yut^6 : 십일월

後日 hau^{6}yat^6 : 모레

係唔係 hai^6 m^4 hai^6 : …입니까 아닙니까 ; 정반의문문 형식

禮拜一 lai^{5}baai^{3}yat^1 : 월요일

禮拜二 lai^{5}baai^{3}yi^6 : 화요일

唔係 m^4 hai^6 : …이 아니다

學校 hok^{6}haau^6 : 학교

幾時 gei^{2}si^4 : 언제

放假 fong^{3}ga^3: 휴가를 갖다

放寒假 fong^3 hon^{4}ga^3 : 겨울방학 하다

重有一個月 zung^6 yau^5 yat^{1}go^{3}yut^6 : 아직 한달이 있다

嘞 laak^3 : …한 사실을 단정하는 어기조사

放幾多日呀 fong^3 gei^{2}do^1 yat^6 a^3 : 몇 날 동안 방학합니까

放三個禮拜度 fong^3 saam^{1}go^3 lai^{5}baai^3 dou^{2*} : 삼주 정도 합니다

度 dou^{2*} : …를 전후하다, …가량

打算 da^{2}syun^3 : …할 작정이다 ; 할 계획이다

打算做乜嘢 da^{2}syun^3 zou^6 mat^{1}ye^5 : 무엇을 할 계획인가

去旅行 hoey^3 loey^{5}hang^4 : 여행을 가다

甲. 你屋企有乜嘢人?

Nei⁵ uk¹kei² yau⁵ mat¹ye⁵ yan⁴?

乙. 我有爸爸、媽媽、一個家姐同一個細佬。

Ngo⁵ yau⁵ ba⁴ba¹、ma¹ma¹、yat¹go³ ga¹ze¹ tung⁴ yat¹go³ sai³lou².

甲. 你爸爸做乜嘢工作呀?

Nei⁵ ba⁴ba¹ zou⁶ mat¹ye⁵ gung¹zok³ a³?

乙. 佢喺一間工廠做工程師。

koey⁵ hai² yat¹ gaan¹ gung¹chong² zou⁶ gung¹ching⁴si¹.

甲. 你媽媽有冇工作呀?

Nei⁵ ma⁴ma¹ yau⁵ mou⁵ gung¹zok³ a³.

乙. 我媽媽已經退咗休嘞。

Ngo⁵ ma⁴ma¹ yi⁵ging¹ toey³zo² yau¹ laak³.

甲. 你細佬幾大呀?

Nei⁵ sai³lou² gei²daai⁶ a³?

乙. 我細佬十九歲, 我大過佢六歲

Ngo⁵ sai³lou² sap⁶gau² soey³, ngo⁵ daai⁶ gwo³ koey⁵ luk⁶ soey³.

甲. 你家姐結咗婚未呀?

Nei⁵ ga¹ze¹ git³ zo² fan¹ mei⁶ a³?

乙. 我家姐已經結咗婚嘞。

Ngo⁵ ga¹ze¹ yi⁵ging¹ git³ zo² fan¹ laak³.

屋企 uk^{1}kei^{2*} : 집

有乜嘢人 yau^5 mat^{1}ye^5 yan^4 : 어떤 사람들이 있습니까

爸爸 ba^{4*}ba^{1*} : 아빠 (연독변조에 유의할 것)

媽媽 ma^{4*}ma^{1*} : 엄마 (연독변조에 유의할 것)

家姐 ga^{1}ze^{1*} : 언니, 누나

同 tung^4 : …와

細佬 sai^{3}lou^2 : 동생

乜嘢工作 mat^{1}ye^5 gung^{1}zok^3 : 무슨 일

做乜嘢工作 zou^6 mat^{1}ye^5 gung^{1}zok^3 : 무슨 일을 합니까

間 gaan^1 : 방이나 공장등을 세는 양사

工廠 gung^{1}chong^2 : 공장

做工程師 zou^6 gung^{1}ching^{4}si^1 : 기사(엔지니어)로 있다

有冇工作呀 yau^5 mou^5 gung^{1}zok^3 a^3: 일이 있습니까

冇 mou^5 : 없다 ; 陽平聲의 '無'가 陽上聲으로 변화된 것임

已經 yi^{5}ging^1 : 이미

退休 toey^{3}yau^1 : 퇴임하다

退咗休嘞 toey^{3}zo^2 yau^1 laak^3 : 은퇴했다

幾大 gei^{2}daai^6 : 몇 살 ; '幾歲' 또는 '幾大歲' 라고도 함

大過佢六歲 daai^6 gwo^3 koey^5 luk^6 soey^3 : 그 보다 여섯 살 많다

A過BC : B보다 C만큼 A하다

結咗婚未呀 git^3 zo^2 fan^1 mei^6 a^3 : 결혼했습니까

結咗婚嘞 git^3 zo^2 fan^1 laak^3 : 결혼했어요

第十二課　講到呢度

甲. 各位同學請注意。
Gok³wai² tung⁴hok⁶ cheng² zyu³yi³.

甲. 而家開始上課喇。
Yi⁴ga¹ hoi¹chi² soeng⁵fo³ la³.

甲. 今日教第四課。
Gam¹yat⁶ gaau³ dai⁶ sei³ fo³.

甲. 你哋讀一吓生詞先。
Nei⁵dei⁶ duk⁶ yat¹ha⁵ saang¹chi⁴ sin¹.

甲. 而家復習一吓第三課。
Yi⁴ga¹ fuk¹zaap⁶ yat¹ha⁵ dai⁶ saam¹ fo³.

甲. 請大家讀慢一啲, 讀大聲啲。
Cheng² daai⁶ga¹ duk⁶ maan⁶ yat¹di¹, duk⁶ daai⁶seng¹ di¹.

甲. 呢個字讀錯咗喇。
Ni¹go³ zi⁶ duk⁶cho³zo² la³.

甲. 請大家交練習簿。
Cheng² daai⁶ga¹ gaau¹ lin⁶zaap⁶bou².

甲. 今日就講到呢度。
Gam¹yat⁶ zau⁶ gong² dou³ ni¹dou⁶.

甲. 聽日測驗, 請大家復習好功課。
Teng¹yat⁶ chaak¹yim⁶, cheng² daai⁶ga¹ fuk¹zaap⁶ hou² gung¹fo³.

各位同學 gok^{3}wai^{2*} tung^{4}hok^6 : 학생 여러분

請注意 cheng^2 zyu^{3}yi^3 : 주목하십시오

而家 yi^{4}ga^1 : 지금 ; 현재

開始上課喇 hoi^{1}chi^2 soeng^{5}fo^3 la^3 : 수업 시작하다

喇 la^3 : 인정 내지 단정을 의미하는 어기조사

教第四課 gaau^3 dai^6 sei^3 fo^3 : 제4과를 가르치다

讀一吓 duk^6 yat^{1}ha^5 : 한번 읽으시오

讀一吓生詞先 duk^6 yat^{1}ha^5 saang^{1}chi^4 sin^1: 먼저 새 단어를 한번 읽으시오

★ '先'이 文尾에 오는 점에 유의할 것

復習一吓 fuk^{1}zaap^6 yat^{1}ha^5 : (한번)복습하세요

大家 daai^{6}ga^1 : 모두들 ; 여러분

讀慢一啲 duk^6 maan^6 yat^{1}di^1 : 좀 천천히 읽으세요

讀大聲啲 duk^6 daai^{6}seng^1 di^1 : 좀 큰 소리로 읽으세요

呢個 ni^{1}go^3 : 이 것

呢個字 ni^{1}go^3 zi^6 : 이 글자

讀錯咗喇 duk^{6}cho^{3}zo^2 la^3 : 틀리게 읽었다

交 gaau^1 : 제출하다

交練習簿 gaau^1 lin^{6}zaap^{6}bou^2 : 연습장을 제출하다

講到呢度 gong^2 dou^3 ni^{1}dou^6 : 여기까지 강의하다

聽日 teng^{1}yat^6 : 내일

測驗 chaak^{1}yim^6 : 테스트하다 ; 시험보다

復習好功課 fuk^{1}zaap^6 hou^2 gung^{1}fo^3 : 공부를 다 복습하다

第十三課　今日好熱

甲. 今日好熱，幾多度呀？

Gam¹yat⁶ hou²yit⁶, gei²do¹ dou⁶ a³?

乙. 係攝氏三十度。

Hai⁶ sip³si⁶ saam¹sap⁶ dou⁶.

甲. 你對廣州嘅天氣習唔習慣呀?

Nei⁵ doey³ Gwong²zau¹ ge³ tin¹hei³ zaap⁶ m⁴ zaap⁶gwaan³ a³?

乙. 我已經習慣咗呢度嘅天氣。

Ngo⁵ yi⁵ging¹ zaap⁶gwaan³ zo² ni¹dou⁶ ge³ tin¹hei³

乙. 呢度嘅天氣同香港差唔多，冇問題。

Ni¹dou⁶ ge³ tin¹hei³ tung⁴ Hoeng¹gong² cha¹m⁴do¹, mou⁵ man⁶ tai⁴.

甲. 我想去爬山，唔知聽日會唔會落雨。

Ngo⁵ soeng² hoey³ pa⁴saan¹, m⁴ zi¹ teng¹yat⁶ wui⁵ m⁴ wui⁵ lok⁶ yu⁵.

乙. 天氣豫報講聽日落細雨。

Tin¹hei³ yu⁶bou³ gong² teng¹yat⁶ lok⁶ sai³yu⁵.

甲. 落細雨唔緊要，唔打風就得喇。

Lok⁶ sai³yu⁵ m⁴ gan²yiu³, m⁴ da² fung¹ zau⁶ dak¹ la³.

乙. 睇嚟天氣會越嚟越悶熱。

Tai²lai⁴ tin¹hei³ wui⁵ yut⁶ lai⁴ yut⁶ mun⁶yit⁶.

好熱 hou²yit⁶ : 꽤 덥다 ; 무척 덥다

幾多度呀 gei²do¹ dou⁶ a³ : 몇도 입니까

係攝氏三十度 : hai⁶ sip³si⁶ saam¹sap⁶ dou⁶: 섭씨 30도다

對 doey³ : …에 ; …에 대해

廣州嘅天氣 Gwong²zau¹ ge³ tin¹hei³ : 광저우의 날씨

習唔習慣 : 습관이 됐는가

★절대로 "習慣唔習慣"이라고 안함

習慣咗 zaap⁶gwaan³ zo² : 습관이 되었다

呢度嘅天氣 ni¹dou⁶ ge³ tin¹hei³ : 이곳의 날씨

同香港差唔多 tung⁴ Hoeng¹gong² cha¹m⁴do¹: 홍콩과 별차 없다

冇問題 mou⁵ man⁶tai⁴ : 문제 없다

爬山 pa⁴saan¹ : 등산

唔知 m⁴ zi¹ : 모르다

落雨 lok⁶ yu⁵ : 비가 오다

會唔會落雨 wui⁵ m⁴ wui⁵ lok⁶ yu⁵: 비 올지 안 올지

天氣豫報講 tin¹hei³ yu⁶bou³ gong² : 일기예보가 말하길

落細雨 lok⁶ sai³yu⁵ : 가랑비가 내리다

唔緊要 m⁴ gan²yiu³ : 괜찮다

唔打風 m⁴ da² fung¹ : 바람이 안 불다

唔打風就得喇 m⁴ da² fung¹ zau⁶ dak¹ la³ : 바람 안불면 된다

睇嚟 tai²lai⁴ : 보아하니

悶熱 mun⁶yit⁶ : 무덥다

越嚟越悶熱 yut⁶ lai⁴ yut⁶ mun⁶yit⁶ : 갈수록 무덥다

甲. 呢度附近有冇郵電局呀?

Ni¹dou⁶ fu⁶gan⁶ yau⁵ mou⁵ yau⁴din⁶guk² a³?

乙. 嗰邊有一間比較大嘅郵電局。

Go²bin¹ yau⁵ yat¹ gaan¹ bei²gaau³ daai⁶ ge³ yau⁴din⁶guk².

甲. 我要寄一封信去香港。

Ngo⁵ yiu³ gei³ yat¹ fung¹ soen³ hoey³ Hoeng¹gong².

丙. 寄平信定航空信呀?

Gei³ ping⁴soen³ ding⁶ hong⁴hung¹soen³ a³?

甲. 我要寄航空信。要貼幾多錢郵票?

Ngo⁵ yiu³ gei³ hong⁴hung¹soen³. Yiu³ tip³ gei²do¹ chin² yau⁴piu³?

丙. 普通航空信四毫子, 掛號信貴一啲。

Pou²tung¹ hong⁴hung¹soen³ sei³ hou⁴zi², gwa³hou⁶soen³ gwai³ yat¹di¹.

甲. 唔該畀五張八分嘅郵票我。

M⁴goi¹ bei² ng⁵ zoeng¹ baat³ fan¹ ge³ yau⁴piu³ ngo⁵.

甲. 呢啲紀念郵票眞好睇, 我要買一套。

Ni¹di¹ gei³nim⁶ yau⁴piu³ zan¹ hou² tai², ngo⁵ yiu³ maai⁵ yat¹ tou³.

甲. 我重要買幾張明信片添。

Ngo⁵ zung⁶ yiu³ maai⁵ gei² zoeng¹ ming⁴soen³pin² tim¹.

呢度附近 ni¹dou⁶ fu⁶gan⁶ : 이곳 근처

郵電局 yau⁴din⁶guk²˙: 우편전신국(우편업무와 전신업무를 봄)

嗰邊 go²bin¹ : 그쪽, 저쪽

比較大嘅 bei²gaau³ daai⁶ ge³ : 비교적 큰

要寄一封信 yiu³ gei³ yat¹ fung¹ soen³ : 편지 한통 부치겠다

寄平信 gei³ ping⁴soen³ : 보통우편을 부치다

定 ding⁶ : 혹은, 또는

航空信 hong⁴hung¹soen³ : 항공우편

幾多錢 gei²do¹chin²˙ : 얼마입니까

貼 tip³ : (풀로)붙이다

幾多錢郵票 gei²do¹chin²˙ yau⁴piu³: 얼마짜리 우표

四毫子 sei³ hou⁴zi² : 사십전 ; '毫子'는 십전단위를 가리킴

掛號信 gwa³hou⁶soen³ : 등기우편

貴一啲 gwai³ yat¹di¹ : 약간 비싸다

唔該 m⁴goi¹ : '請'; 그러나 "번거럽겠습니다만"의 뉴앙스가 있음

五張八分嘅郵票 ng⁵ zoeng¹ baat³ fan¹ ge³ yau⁴piu³: 팔전짜리 다섯장의 우표

畀郵票我 bei² yau⁴piu³ ngo⁵: 저에게 우표를 주십시오

呢啲紀念郵票 ni¹di¹ gei³nim⁶ yau⁴piu³ : 이 기념우표들

眞好睇 zan¹ hou² tai² : 참으로 예쁘다

要買一套 yiu³ maai⁵ yat¹ tou³ : 한 세트 사겠다

重要買 zung⁶ yiu³ maai⁵ : 또 사려고 한다

幾張明信片 gei² zoeng¹ ming⁴soen³pin²˙ : 몇 장의 엽서

★添 tim¹ : '또한' 이라는 부사적 의미를 지닌 문말조사

甲. 王小姐，早晨!

Wong⁴ siu²ze², zou²san⁴!

乙. 早晨! 李先生。你食咗飯未呀?

Zou²san⁴! Lei⁵ sin¹saang¹. Nei⁵ sik⁶zo² faan⁶ mei⁶ a³?

甲. 食咗喇。你幾好呀嘛?

Sik⁶zo² la³. Nei⁵ gei² hou² a¹ma³?

乙. 幾好! 多謝李先生關心。

Gei² hou²! Do¹ze⁶ Lei⁵ sin¹saang¹ gwaan¹sam¹.

甲. 學習忙唔忙?

Hok⁶zaap⁶ mong⁴ m⁴ mong⁴?

乙. 呢排好忙。

Ni¹paai² hou² mong⁴.

甲. 注意休息呀。

Zyu³yi³ yau¹sik¹ a³.

乙. 唔緊要，你有心。

M⁴ gan²yiu³, Nei⁵ yau⁵ sam¹.

甲. 我哋聽日去廣州，你去唔去呀?

Ngo⁵dei⁶ teng¹yat⁶ hoey³ Gwong²zau¹, Nei⁵ hoey³ m⁴ hoey³ a³?

乙. 唔去喇，我唔得閑。

M⁴ hoey³ la³, ngo⁵ m⁴ dak¹haan⁴.

食咗飯未呀 sik^6zo^2 $faan^6$ mei^6 a^3 : 식사 했습니까
★이 말은 이미 인사말로서 만날 때 습관적으로 사용함

食咗喇 sik^6zo^2 la^3 : 식사 했어요
★'喇'를 통해 해당 사실을 단언함

幾好 gei^2 hou^2 : 잘 지내고 있다
★'幾'는 "그런대로 괜찮게 잘" 이라는 의미가 있음

你幾好呀嘛 nei^5 gei^2 hou^2 a^1ma^3 : 잘 지내고 있어요?
★이 말은 '你好' 와는 다른 말로서 각별한 친근감을 지님

多謝李先生關心 do^1ze^6 Lei^5 sin^1saang^1 $gwaan^1sam^1$: 이선생님의 관심
에 감사합니다
★상대방이 관심을 보이면 흔히 "多謝你有心" 이라는 말을 상투적으로 사용 함

學習忙唔忙 hok^6zaap^6 $mong^4$ m^4 $mong^4$: 학업이 바쁩니까?
呢排 ni^1paai^{2*} : 요즈음
★반댓말로 '嗰排 go^2paai^{2*}'는 그 시절, 그 때를 가리킴

呢排好忙 ni^1paai^{2*} hou^2 $mong^4$: 요즈음 매우 바쁩니다
注意休息 zyu^3yi^3 yau^1sik^1 : 휴식하는 것에 신경 쓰다
唔緊要 m^4 gan^2yiu^3 : 괜찮습니다.
★비슷한 말로 "冇關係 mou^5 $gwaan^1hai^6$"가 있음

去唔去呀 $hoey^3$ m^4 $hoey^3$ a^3 : 가겠어요?
唔去喇 m^4 $hoey^3$ la^3 : 안 가겠어요
唔得閑 m^4 dak^1haan^4 : 바쁘다
得閑 dak^1haan^4 : 시간 낼 수 있다, 한가하다
★"得閑"은 "得唔得閑"의 형태를 통해 의문문이 될 수 있음

*다음 광동어를 한자로 옮기고 그 뜻을 쓰시오.

Nei^5 zi^1 m^4 zi^1 hau^{6}yat^6 bin^{1}go^3 hai^2 ni^{1}dou^6 zou^6 ye^5?

Ngo^{5}dei^6 zung^6 mei^6 hoey^3 gwo^3 Hoeng^{1}gong^2.

Gam^{1}yat^6 hou^2 yit^6, gei^2 do^1 dou^6 a^3?

Nei^{5}dei^6 duk^6 yat^{1}ha^5 saang^{1}chi^4 sin^1.

Tin^{1}hei^3 yu^{6}bou^3 gong^2 teng^{1}yat^6 lok^6 sai^{3}yu^5.

Teng^{1}gong^2 go^{2}dou^6 hoi^{2}gong^2 ge^3 fung^{1}ging^2 hou^2 hou^2.

Gam^{1}yat^6 daai^{6}lou^2 ge^3 pang^{4}yau^2 hai^2 Hoeng^{1}gong^2 lai^4.

Nei^5 da^{2}syun^3 hon^{4}ga^3 zou^6 mat^{1}ye^5?

Ngo^5 da^{2}syun^3 hon^{4}ga^3 hoey^3 loey^{5}hang^4.

$Ngo^5 \ ga^1ze^1 \ daai^6 \ gwo^3 \ sai^3mui^2 \ saam^1 \ soey^3.$

$Ngo^5dei^6 \ yi^5ging^1 \ zou^6 \ saai^3 \ gung^1fo^3 \ laak^3.$

$Gok^3wai^2 \ tung^4hok^6 \ gam^1yat^6 \ zau^6 \ gong^2 \ dou^3 \ ni^1dou^6.$

$Gau^6nin^2 \ nei^5dei^6 \ hoey^3zo^2 \ bin^1dou^6 \ a^3?$

$Gau^6nin^2 \ ngo^5dei^6 \ hoey^3zo^2 \ Soeng^6hoi^2.$

$Ngo^5 \ soeng^2 \ hoey^3 \ go^2dou^6, \ nei^5 \ dou^1 \ hoey^3 \ go^2dou^6 \ la^1.$

$Teng^1yat^6 \ hai^6 \ m^4 \ hai^6 \ sing^1kei^4yi^6 \ a^3?$

$Teng^1yat^6 \ m^4 \ hai^6 \ sing^1kei^4yi^6, \ hai^6 \ sing^1kei^4yat^1.$

$Ngo^5 \ ba^4ba^1 \ hai^2 \ yat^1 \ gaan^1 \ gung^1chong^2 \ zou^6 \ gung^1ching^4si^1.$

$Cheng^2 \ daai^6ga^1 \ duk^6 \ maan^6 \ yat^1di^1, \ duk^6 \ daai^6seng^1 \ di^1.$

$Teng^1yat^6 \ chaak^1yim^6, \ cheng^2 \ daai^6ga^1 \ fuk^1zaap^6 \ hou^2 \ gung^1fo^3.$

$Nei^5 \ doey^3 \ ni^1dou^6 \ ge^3 \ tin^1hei^3 \ zaap^6 \ m^4 \ zaap^6gwaan^3 \ a^3?$

Ni^{1}dou^6 ge^3 tin^{1}hei^3 tung^4 Ou^{3}mun^2 cha^{1}m^{4}do^1, mou^5 man^{6}tai^4.

Ngo^5 yiu^3 gei^3 hong^{4}hung^{1}soen^3. Yiu^3 tip^3 gei^{2}do^{1}chin^2 yau^{4}piu^3?

Pou^{2}tung^1 hong^{4}hung^{1}soen^3 sei^3 hou^{4}zi^2, gwa^{3}hou^{6}soen^3 gwai^3 yat^{1}di^1.

Ngo^5 zung^6 yiu^3 maai^5 gei^2 zoeng^1 ming^{4}soen^{3}pin^2 tim^1.

Gam^{1}yat^6 nei^5 soeng^2 sik^6 di^1 mat^{1}ye^5?

Gam^{1}yat^6 ngo^5 soeng^2 sik^6 di^1 dim^{2}sam^1.

初级篇

1. 請入嚟。
   Cheng² yap⁶ lai⁴.

2. 請過嚟呢處。
   Cheng² gwo³ lai⁴ nei¹chyu³.

3. 請跟我嚟。
   Cheng² gan¹ ngo⁵ lai⁴.

4. 請你而家嚟。
   Cheng² nei⁵ yi⁴ga¹ lai⁴.

5. 請聽我講。
   Cheng² teng¹ ngo⁵ gong².

6. 你睇吓。
   Nei⁵ tai² ha⁵.

7. 請嚟我屋企。
   Cheng² lai⁴ ngo⁵ nguk¹kei².

8. 請你唔好嬲。
   Cheng² nei⁵ m⁴ hou² nau¹.

9. 請你唔好喊。
   Cheng² nei⁵ m⁴ hou² haam³.

10. 請試吓。
    Cheng² si³ ha⁵.

11. 請慢慢行。
    Cheng^2 maan^4 maan^2 haang^4.

12. 請你話畀佢知。
    Cheng^2 nei^5 wa^6 bei^2 koey^5 zi^1.

13. 請你介紹畀我識。
    Cheng^2 nei^5 gaai^{3}siu^6 bei^2 ngo^5 sik^1.

14. 請你快啲番去。
    Cheng^2 nei^5 faai^3 di^1 faan^1 hoey^3.

15. 請你下個禮拜二嚟。
    Cheng^2 nei^5 ha^6 go^3 lai^{5}baai^3 yi^6 lai^4.

16. 叫佢打電話畀我。
    Giu^3 koey^5 da^2 din^{6}wa^2 bei^2 ngo^5.

17. 唔該借個電話打吓。
    M^5 goi^1 ze^3 go^3 din^{6}wa^2 da^2 ha^5?

18. 車我去機場。
    Che^1 ngo^5 hoey^3 gei^{1}choeng^4.

請入嚟 cheng² yap⁶ lai⁴ : 들어 오십시요

★'들다'의 의미를 가진 '進入'은 동의형태소의 결합으로 구성되어 있다. 북경관화는 전통적으로 "들어 오십시요"를 "請進" 또는 "請進來"로 표현한다. 반면에 광동어에 서는 "請入" 또는 "請入嚟"로 나타난다. '嚟'는 사실상 '來'를 뜻한다. 광동어에서 '來'는 文讀音이 [lɔi²¹], 白讀音이 [lɐi²¹]인데 白讀音이 사용되는 관계로 '嚟'라는 方言 字가 등장하였다.

請過嚟呢處 cheng² gwo³ lai⁴ nei¹chyu³ : 이곳으로 오세요

★북경관화의 "請到這兒来"와 통사구조가 다름에 유의해야 하며 '呢處'는 북경관화의 '這兒'에 해당되는 한편 '處 chyu³'는 syu³[ʃy³³]로 발음하기도 함.

請嚟我屋企 cheng² lai⁴ ngo⁵ nguk¹kei²ᵃ : 저의 집에 오세요

★북경관화의 "請到我家來"와 통사구조가 다름에 주목해야 함. 집을 가리키는 '屋企' 에서 '企'는 일종의 虛化된 형태소로서 陽上聲이 아니고 고승변조로 변화되어 있음.

請你唔好嬲 cheng² nei⁵ m⁴ hou² nau¹ : 화내지 마세요

請你唔好喊 cheng² nei⁵ m⁴ hou² haam³ : 울지 마세요

★"唔好"는 "…해서는 안된다 ; …하지 마라"의 뜻.

請你話畀佢知 cheng² nei⁵ wa⁶ bei² koey⁵ zi¹

請你介紹畀我識 cheng² nei⁵ gaai³siu⁶ bei² ngo⁵ sik¹

★"話畀佢知"는 "그가 알도록 말해주다"라는 의미로서 북경관화의 "請你告訴他"와 다 른 형식임에 유의할 것.

"請你介紹畀我識"도 "내가 알도록 소개해주시오"로서 역시 북경관화 의 "請你給我介紹"와 통사구조가 다름.

車我去機場 che¹ ngo⁵ hoey³ gei¹choeng⁴ : 공항까지 탑승케 해주세요.

★'車'는 高平調일 때는 명사, 高降調일 때는 동사 임.

1. 請你同我飛髮。

   Cheng^2 nei^5 tung^4 ngo^5 fei^1 faat^3.

2. 請你同我燙咗件恤衫。

   Cheng^2 nei^5 tung^4 ngo^5 tong^3 zo^2 gin^6 soet^{1}saam^1.

3. 請同我問候你屋企人。

   Cheng^2 tung^4 ngo^5 man^{6}hau^6 nei^5 nguk^{1}kei^2 yan^4.

4. 唔該畀張電報表我。

   M^4 goi^1 bei^2 zoeng^1 din^{6}bou^{3}biu^2 ngo^5.

5. 唔該寫番張收條畀我。

   M^4 goi^1 se^2 faan^1 zoeng^1 sau^{1}tiu^4 bei^2 ngo^5.

6. 唔該你同我冲咗呢筒菲林。

   M^4 goi^1 nei^5 tung^4 ngo^5 chung^1 zo^2 nei^1 tung^4 fei^{1}lam^2.

7. 畀一包烟絲我。

   Bei^2 yat^1 baau^1 yin^{1}si^1 ngo^5.

8. 請記得叫我起身。

   Cheng^2 gei^{3}dak^1 giu^3 ngo^5 hei^2 san^1.

9. 唔該你同我叫架的士。

   M^4 goi^1 nei^5 tung^4 ngo^5 giu^3 ga^3 dik^{1}si^2.

10. 請再試吓。

    Cheng^2 zoi^3 si^3 ha^5.

11. 畀我睇吓。

Bei² ngo⁵ tai² ha⁵.

12. 畀樽汽水嚟。

Bei² zoen¹ hei³ soey² lai⁴.

13. 唔該你遞啲鹽過嚟。

M⁴ goi¹ nei⁵ dai⁶ di¹ yim⁴ gwo³ lai⁴.

14. 搦樽豉油嚟。

Nik¹ zoen¹ si⁶yau⁴ lai⁴.

15. 唔該你遞張報紙畀我。

M⁴ goi¹ nei⁵ dai⁶ zoeng¹ bou³zi² bei² ngo⁵.

16. 請食飯。

Cheng² sik⁶ faan⁶.

17. 請飲茶。

Cheng² yam² cha⁴.

18. 請食口烟啦。

Cheng² sik⁶ hau² yin¹ la¹.

19. 請坐多一陣。

Cheng² cho⁵ do¹ yat¹zan⁶.

20. 請喺度食飯。

Cheng² hai² dou⁶ sik⁶ faan⁶.

어휘 및 문법 (2)

飛髮 fei¹ faat³ : 이발하다.

同我燙咗件恤衫 tung⁴ ngo⁵ tong³ zo² gin⁶ soet¹saam¹

★ "燙恤衫"은 "셔츠를 다림질하다" 의 의미로서 '恤衫'의 '恤'은 영어 'shirt' 의 音譯임. '咗'는 다림질의 긍정적인 완료를 뜻하며 '件'은 일종의 양사, '同'은 介詞 (preposition)로서 "…을 대신하여, …를 위하여" 등의 의미를 나타냄.

畀張電報表我 bei² zoeng¹ din⁶bou³biu² ngo⁵: 전보용지 주세요

★ '電報表'는 "telegram form; 전보용지"를 가리킴. 위 문장 "제게 전보용지 한 장 주세요"는 북경관화의 "給我一張電報單"과 구조상 차이가 있음에 유의할 것.

收條 sau¹tiu⁴ : 영수증

寫番張收條畀我 se² faan¹ zoeng¹ sau¹tiu⁴ bei² ngo⁵: 영수증 써주세요
★ '番'은 동사에 대해 "온전하게; 원래대로; 새롭게" 등의 의미를 부여하는 일종의 虛詞에 해당됨. 윗 문장도 북경관화의 "給我寫一張收據"와 차이가 있음.

呢筒菲林 nei¹ tung⁴ fei¹lam²* : 이 필름

烟絲 yin¹si¹ : 썰어놓은 형태의 담배를 가리킴

請記得 cheng² gei³dak¹ : 기억하세요 ; 잊지마세요

架的士 ga³ dik¹si²* : 택시 한대

★ '的士'는 'taxi' 의 음역어 이며 '架'는 양사. 광동어의 양사는 마치 영어의 관사처럼 數詞없이도 명사 앞에 올 수 있음.

遞啲鹽過嚟 dai⁶ di¹ yim⁴ gwo³ lai⁴ : 소금 좀 가져다 주세요·

★ 윗문장을 북경관화처럼 처치식으로 처리되는 형식을 취하지 않는 점에 유의할 것. 실제로 "請你把些鹽遞過來"는 광동어 같은 "*請你遞些鹽過來"의 구조로 변형되기 어려움.

搦樽豉油嚟 nik¹ zoen¹ si⁶yau⁴ lai⁴ : 간장 가져오세요.

喺度食飯 hai² dou⁶ sik⁶ faan⁶ : 이곳에서 식사하다.

70 新 광동어

1. 請你至緊要嚟。
   Cheng² nei⁵ zi³gan²yiu³ lai⁴.

2. 請隨便。
   Cheng² choey⁴bin².

3. 得閒請嚟坐。
   Dak¹haan⁴ cheng² lai⁴ cho⁵.

4. 請講多一次。
   Cheng² gong² do¹ yat¹ chi³.

5. 請講慢啲。
   Cheng² gong² maan⁶ di¹.

6. 唔該你同我包靚啲。
   M⁴ goi¹ nei⁵ tung⁴ ngo⁵ baau¹ leng³ di¹.

7. 唔該你咪整邋遢佢。
   M⁴ goi¹ nei⁵ mai⁵ zing² laat⁶ taat³ koey⁵.

8. 千祈咪怪我。
   Chin¹kei⁴ mai⁵ gwaai³ ngo⁵.

9. 唔該你同我填咗張表。
   M⁴ goi¹ nei⁵ tung⁴ ngo⁵ tin⁴ zo² zoeng¹ biu².

10. 搦本≪工藝技術≫雜誌嚟我。
    Nik¹ bun² "gung¹ngai⁶ gei⁶soet⁶" zaap⁶zi³ lai⁴ ngo⁵.

11. 攞本電話簿過嚟。

    Lo^2 bun^2 din^{6}wa^{2}bou^6 gwo^3 lai^4.

12. 斟杯咖啡嚟

    Zam^1 bui^1 ga^{3}fe^3 lai^4.

13. 唔好喺呢處食烟。

    M^4 hou^2 hai^2 nei^{1}chyu^3 sik^6 yin^1.

14. 唔准向右轉。

    M^4 zoen^2 hoeng^3 yau^6 zyun^2.

15. 車我番酒店。

    Che^1 ngo^5 faan^1 zau^{2}dim^3.

請你至緊要嚟 : 꼭 오십시오.

★至緊要 $zi^3gan^2yiu^3$는 가장 중요하다는 의미

得閒 dak^1haan^4 : 시간 있다 ; '得閒'은 '得閑'으로도 기록함.

請講慢啲 $cheng^2 gong^2 maan^6 di^1$: 좀 천천히 말씀해 주세요.

唔該你同我包靚啲 : 제게 잘 좀 포장해주세요.

★'靚 $leng^3$'은 "멋지다 ; 아름답다"의 의미

'咪 mai^5'는 '唔好 $m^4 hou^2$'와 같은 "…하지 말라"의 뜻

咪整邋遢佢 : "그것을 지저분하게 만들지 말라"는 의미.

整邋遢 $zing^2 laat^6 taat^3$: 불결하게 만들다 (整辣撻)

千祈咪怪我 : 제발 탓하지 마세요

搦本《工藝技術》雜誌嚟我。

★윗 문장은 "给我拿一本《工藝技術》雜志来" 로 표현되는 북경관화와 구조상 차이가 있음.

'搦 nik^1'은 '가지다'의 의미 임.

斟杯咖啡嚟 : 커피 한잔 따라 주세요

'斟 zam^1'은 차나 술등을 따른다는 의미로 사용됨.

唔該喺呢處食烟 : 여기서 담배 피우세요

食烟 : 담배를 피우다.

★'唔該'와 '請'은 반드시 늘 같은 의미를 가진다고 볼 수는 없다. '唔該'는 "꼭 그럴 필요는 없겠습니다만", "번거럽겠습니다만" 등의 뉘앙스를 지님. 반면 '請'은 "요청하건대…"의 의미가 깔려있음.

唔准 $m^4 zoen^2$: 不許하다

向右轉 $hoeng^3 yau^6 zyun^2$: 오른 쪽으로 돌다.

車我番酒店 $che^1 ngo^5 faan^1 zau^2dim^3$: 호텔로 가주세요

★여기서 광동어 동사 '車'는 북경관화의 동사 '載'에 해당됨.

1. 呢啲係乜野?
   Ni^1 di^1 hai^6 mat^{1}ye^5?

2. 嗰個叫乜野?
   Go^2 go^3 giu^3 mat^{1}ye^5?

3. 你講乜野?
   Nei^5 gong^2 mat^{1}ye^5?

4. 叫我做乜野?
   Giu^3 ngo^5 zou^6 mat^{1}ye^5?

5. 你搵緊乜野?
   Nei^5 wan^2 gan^2 mat^{1}ye^5?

6. 你叫乜野名?
   Nei^5 giu^3 mat^{1}ye^5 meng^2?

7. 發生咗乜野事?
   Faat^{3}saang^1 zo^2 mat^{1}ye^5 si^6?

8. 今日係乜野日子?
   Gam^{1}yat^6 hai^6 mat^{1}ye^5 yat^{6}zi^2?

9. 聽日係禮拜幾?
   Teng^{1}yat^6 hai^6 lai^{5}baai^3 gei^2?

10. 而家幾點鐘?
    Yi^{4}ga^1 gei^2 dim^2 zung^1?

11. 你喺處做乜嘢?

    Nei⁵ hai² chyu³ zou⁶ mat¹ye⁵?

12. 你想買乜嘢?

    Nei⁵ soeng² maai⁵ mat¹ye⁵?

13. 乜嘢價錢?

    Mat¹ye⁵ ga³chin⁴?

14. 你着幾大㗎?

    Nei⁵ zoek³ gei² daai⁶ ga³?

15. 重有冇嘢幫襯呀?

    Zung⁶ yau⁵ mou⁵ ye⁵ bong¹chan³ a³?

16. 手續費幾多?

    Sau²zuk⁶fai³ gei² do¹?

17. 佢點解唔得閑呀?

    Koey⁵ dim²gaai² m⁴ dak¹haan⁴ a³?

어휘 및 문법 (4)

叫乜嘢? : 뭐라고 부릅니까?

叫我做乜嘢? : 제게 뭘(하도록) 시키겠어요?

叫乜嘢名? : 이름이 무엇입니까?

搵緊乜嘢? : 뭘 찾고 있습니까?

搵 wan² : 북경관화의 '找 : 찾다'에 해당됨.

緊 gan² : 동사 뒤에 위치하여 동작의 진행을 나타냄.

係乜嘢日子? : 무슨 날입니까?

聽日係禮拜幾? : 내일은 무슨 요일입니까?

★광동어에서 일요일은 '禮拜' 또는 '禮拜日'이라고 하는데 禮拜 다음에 숫자 1에서 6까지 한 週의 6일을 순서대로 각각 월, 화, 수, 목, 금, 토 로 나타내므로 "禮拜幾 lai⁵baai³ gei²"라는 의문문 형식을 갖게 되었음. 현재 광동어는 Sunday를 '禮拜日' 외에 '星期日 sing¹kei⁴yat⁶'도 사용하며 역시 '星期幾 sing¹kei⁴ gei²'라는 의문형식을 갖고 기타 요일도 숫자 1부터 6을 각각 첨부하여 사용한다.

喺處 hai² chyu³ : '喺呢處' 또는 '喺嗰處'를 가리킴.

你着幾大㗎? : 얼마나 큰 것(옷)을 착용합니까?

★광동어에서 옷을 입다, 신을 신다 등은 동사 '着 zoek³'을 사용함. 어기조사 '㗎 ga³'는 사실상 '嘅 ge³'와 '呀a³'의 합음이라고 볼 수 있음.

幫襯 bong¹chan³ : 눈여겨 보아주다; 생각을 두다

歡迎幫襯 fun¹ying⁴ bong¹chan³ : 왕림하심을 환영합니다.

重有冇嘢幫襯呀? : 관심있는 물건이 또 있으신가요?

★'幾多 gei² do¹', '幾大 gei² daai⁶' 등은 사용빈도가 높은 말.

唔得閑 m⁴ dak¹haan⁴ : 바쁘다.

唔係幾忙 m⁴ hai⁶ gei² mong⁴ : 별로 안 바쁘다.

1. 你想同佢講啲乜野?
   Nei⁵ soeng² tung⁴ koey⁵ gong² di¹ mat¹ye⁵?

2. 你係做乜野生意㗎?
   Nei⁵ hai⁶ zou⁶ mat¹ye⁵ saang¹yi³ ga³?

3. 琴日你做乜野㗎呀?
   Kam⁴yat⁶ nei⁵ zou⁶ mat¹ye⁵ lai⁴ a³?

4. 你哋每日食啲乜野呀?
   Nei⁵dei⁶ mui⁵yat⁶ sik⁶ di¹ mat¹ye⁵ a³?

5. 你大佬做乜野㗎?
   Nei⁵ daai⁶lou² zou⁶ mat¹ye⁵ ga³?

6. 你有乜事揾佢?
   Nei⁵ yau⁵ mat¹ si⁶ wan² koey⁵?

7. 你嘅意思點樣?
   Nei⁵ ge³ yi³ si³ dim²yoeng²?

8. 你有乜打算?
   Nei⁵ yau⁵ mat¹ da²syn³?

9. 你睇今日個天會點樣?
   Nei⁵ tai² gam¹yat⁶ go³ tin¹ wui⁵ dim²yoeng²?

10. 你係邊個?
    Nei⁵ hai⁶ bin¹go³?

11. 佢嚟搵邊個?

    koey⁵ lai⁴ wan² bin¹go³?

12. 嗰個女仔係邊個?

    Go²go³ noey⁵zai² hai⁶ bin¹go³?

13. 今日有冇人嚟過?

    Gam¹yat⁶ yau⁵ mou⁵ yan⁴ lai⁴ gwo³?

14. 邊個話你聽㗎?

    Bin¹go³ wa⁶ nei⁵ teng¹ ga³?

15. 乜人喺呢度傾偈?

    Mat¹yan⁴ hai² ni¹dou⁶ king¹gai²?

16. 呢間房乜誰住過?

    Ni¹ gaan¹ fong² mat¹soey⁴ zyu⁶ gwo³?

17. 邊個係你老友記?

    Bin¹go³ hai⁶ nei⁵ lou⁵yau⁵gei³?

18. 佢哋係邊個?

    Koey⁵dei⁶ hai⁶ bin¹go³?

19. 邊個行先?

    Bin¹go³ haang⁴ sin¹?

你想同佢講啲乜嘢? : 그와 뭘 좀 말하고 싶죠?

★윗 문장은 북경관화로 "你想跟他説些甚麼?"로 번역되는데 광동어에서는 '說 syut³' 이 아니고 "講 gong²"이 통용됨에 유의할 필요가 있음.

乜嘢生意 : 무슨 사업

做乜嘢㗎呀? : 뭘 하셨죠?

食啲乜嘢呀? : 뭘 좀 드십니까?

做乜嘢㗎? : 뭘 하는 사람입니까?

乜事 mat¹ si⁶ : "乜嘢事情"을 의미함.

有乜打算? : 무슨 계획이 있습니까?

乜打算 mat¹ da²syn³ : "乜嘢打算"을 의미함.

今日個天 gam¹yat⁶ go³ tin¹ : 오늘의 날씨

話你聽 wa⁶ nei⁵ teng¹ : 話畀你聽 wa⁶ bei² nei⁵ teng¹ 과 같음.

邊個話你聽㗎? : 누가 당신에게 말했죠?

★단독 통용의 名詞 '話'는 wa²*, 動詞 '話'는 wa⁶ 임에 유의.

★'乜人 mat¹yan⁴', '乜誰 mat¹soey⁴', '邊個 bin¹go³'는 모두 동의어이며 그밖에 '邊個' 의 높임말로 '邊位 bin¹wai²*'가 있음.

傾偈 king¹gai² : 담화를 나누다.

呢間房 ni¹ gaan¹ fong²* : 이 방(房)

★"呢間房"은 북경관화로 "這個房間" 또는 "這間屋子"로 표현되므로 차이가 있음에 주목할 필요가 있음.

邊個行先? : 누가 먼저 갑니까?

★위 문장은 광동어가 북경관화와 통사구조에서 차이가 있음을 반영하는 대표적인 예라고 말할 수 있다. 왜냐하면 북경관화로 옮길 때 "*誰走先?" 이 아니고 반드시 "誰先走?"라고 해야하기 때문이다.

1. 你乜嘢時候嚟?
   Nei⁵ mat¹ye⁵ si⁴hau⁶ lai⁴?

2. 你乜嘢時候方便?
   Nei⁵ mat¹ye⁵ si⁴hau⁶ fong¹bin⁶?

3. 你乜嘢時候做妥?
   Nei⁵ mat¹ye⁵ si⁴hau⁶ zou⁶to⁵?

4. 佢幾時至喺屋企?
   Koey⁵ gei²si⁴ zi³ hai² nguk¹kei²?

5. 佢乜嘢時候番㗎?
   Koey⁵ mat¹ye⁵ si⁴hau⁶ faan¹ ga³?

6. 今晚佢會唔會嚟㗎?
   Gam¹maan⁵ koey⁵wui⁵m⁴wui⁵ lai⁴ ga³?

7. 你幾時去菲律賓?
   Nei⁵ gei²si⁴ hoey³ Fei¹loet¹ban¹?

8. 你乜嘢時候番新加坡?
   Nei⁵ mat¹ye⁵ si⁴hau⁶ faan¹ San¹ga¹bo¹?

9. 你喺邊個時候食飯㗎?
   Nei⁵ hai² bin¹go³ si⁴hau⁶ sik⁶ faan⁶ ga³?

10. 佢幾時去出糧?

Koey^5 gei^{2}si^4 hoey^3 choet^{1}loeng^4?

11. 佢幾時搬咗?

Koey^5 gei^{2}si^4 bun^1 zo^2?

12. 喺邊度?

Hai^2 bin^{1}dou^6?

13. 佢住喺邊處?

Koey^5 zyu^6 hai^2 bin^{1}chyu^3?

14. 你喺邊處番嚟?

Nei^5 hai^2 bin^{1}chyu^3 faan^{1}lai^4?

15. 請問去邊度?

Cheng^2 man^6 hoey^3 bin^{1}dou^6?

16. 你擺咗我啲行李喺邊度呀?

Nei^5 baai^2 zo^2 ngo^5 di^1 hang^{4}lei^5 hai^2 bin^{1}dou^6 a^3?

17. 你喺邊度落車呀?

Nei^5 hai^{2}bin^{1}dou^6 lok^6 che^1 a^3?

18. 你喺邊處做嘢?

Nei^5 hai^2 bin^{1}chyu^3 zou^6 ye^5?

19. 點解要等咁耐㗎?

Dim^{2}gaai^2 yiu^3 dang^2 gam^3 noi^6 ga^3?

20. 點解佢今日唔番學?

Dim^{2}gaai^2 koey^5 gam^{1}yat^6 m^4 faan^{1}hok^6?

21. 點解你唔去睇醫生?

Dim²gaai² nei⁵ m⁴ hoey³ tai² yi¹saang¹?

22. 點解琴日唔見你嘅?

Dim²gaai² kam⁴yat⁶ m⁴ gin³ nei⁵ ge²?

23. 點解你唔話畀我知?

Dim²gaai² nei⁵ m⁴ wa⁶ bei² ngo⁵ zi¹?

24. 點解你咁唔得閑㗎?

Dim²gaai² nei⁵ gam³ m⁴ dak¹haan⁴ ga³?

25. 點解你唔打電話畀我?

Dim²gaai² nei⁵ m⁴ da² din⁶wa² bei² ngo⁵?

26. 點解你唔寫信畀我?

Dim²gaai² nei⁵ m⁴ se² soen³ bei² ngo⁵?

27. 點解你唔番工?

Dim²gaai² nei⁵ m⁴ faan¹gung¹?

你乜嘢時候方便? 언제가 편리하죠?

佢幾時至喺屋企? 그이는 언제 비로서 집에 계시나요?

你喺邊個時候食飯㗎? 언제(어떤 때) 식사합니까?

★"乜嘢時候, 幾時, 邊個時候" 등은 모두 '언제'에 해당되는 말임. 이밖에도 "乜嘢時間"
   을 사용할 수 있음.

'至'는 '비로서' 외에 "가장, 최고"의 뜻이 있음. 例 :"至緊要"

做妥 zou^{6}to^5 : (일을) 다 잘 마치다

菲律賓 Fei^{1}loet^{1}ban^1 : 필리핀

番新加坡 : 싱가폴로 돌아가다. '番'은 보통화의 '返回'에 해당.

出粮 choet^{1}loeng^4 : 봉급을 타다.

★"邊度, 邊處" 등은 "어디, 어느 곳"에 해당함.

幾時搬咗? 언제 이사했죠?

喺邊處番嚟 : 어디에서 돌아옵니까

★'喺 hai^2'는 "…에서"와 "…로부터"의 相異한 의미가 있음.

'擺 baai^2' : (나열해) 두다.

落車 lok^6 che^1 : 차에서 내리다.

做嘢 : 일을 하다. '嘢'는 일이나 물건 등을 가리키는 명사임.

點解 dim^{2}gaai^2 : 어째서, 왜

等咁耐 dang^2 gam^3 noi^6 : 그렇게 오래 기다리다.

番學 faan^{1}hok^6 : 등교하다. '출근하다'의 의미는 '番工'임.

睇醫生 tai^2 yi^{1}saang^1 : 병원에 가다, 의사에게 보이다.

點解琴日唔見你嘅? : 왜 어제 너 안 보였지?

★과거를 나타내므로 "唔見咗你"라고 해야 하나 어제를 뜻하는 '琴日'이 있으므로

助詞 '咗'는 생략되었음.

點解你咁唔得閑㗎? : 왜 그렇게 바빠요?

★"唔寫信畀我"는 북경관화의 "不給我寫信"과 구조가 다름.

練習

*다음 광동어를 한자로 옮기고 그 뜻을 쓰시오.

Koey^5 gei^{2}si^4 bun^1 zo^2?

Koey^5 zyu^6 hai^2 bin^{1}chyu^3?

Koey^5 hai^2 bin^{1}chyu^3 faan^{1}lai^4?

Cheng^2 teng^1 ngo^5 gong^2.

Cheng^2 nei^5 m^4 hou^2 nau^1.

Cheng^2 nei^5 wa^6 bei^2 koey^5 zi^1.

Cheng^2 nei^5 gaai^{3}siu^6 bei^2 ngo^5 sik^1.

Cheng^2 nei^5 faai^3 di^1 faan^1 hoey^3.

M^5 goi^1 ze^3 go^3 din^{6}wa^2 da^2 ha^5?

Cheng^2 nei^5 tung^4 ngo^5 tong^3 zo^2 gin^6 soet^{1}saam^1.

Cheng^2 tung^4 ngo^5 man^{6}hau^6 nei^5 nguk^{1}kei^2 yan^4.

M^4 goi^1 se^2 faan^1 zoeng^1 sau^{1}tiu^4 bei^2 ngo^5.

M^4 goi^1 nei^5 tung^4 ngo^5 chung^1 zo^2 nei^1 tung^4 fei^{1}lam^2.

Cheng^2 gei^{3}dak^1 giu^3 ngo^5 hei^2 san^1.

M^4 goi^1 nei^5 tung^4 ngo^5 giu^3 ga^3 dik^{1}si^2.

M^4 goi^1 nei^5 dai^6 di^1 yim^4 gwo^3 lai^4.

M^4 goi^1 nei^5 dai^6 zoeng^1 bou^{3}zi^2 bei^2 ngo^5.

Cheng^2 nei^5 zi^{3}gan^{2}yiu^3 lai^4.

M^4 goi^1 nei^5 tung^4 ngo^5 baau^1 leng^3 di^1.

M^4 goi^1 nei^5 mai^5 zing^2 laat^6 taat^3 koey^5.

M^4 goi^1 nei^5 tung^4 ngo^5 tin^4 zo^2 zoeng^1 biu^2.

Lo^2 bun^2 din^{6}wa^{2}bou^6 gwo^3 lai^4.

M^4 hou^2 hai^2 nei^{1}chyu^3 sik^6 yin^1.

Nei^5 wan^2 gan^2 mat^{1}ye^5?

Gam^{1}yat^6 hai^6 mat^{1}ye^5 yat^{6}zi^2?

Zung^6 yau^5 mou^5 ye^5 bong^{1}chan^3 a^3?

Koey^5 dim^{2}gaai^2 m^4 dak^{1}haan^4 a^3?

Nei^5 soeng^2 tung^4 koey^5 gong^2 di^1 mat^{1}ye^5?

Nei^5 hai^6 zou^6 mat^{1}ye^5 saang^{1}yi^3 ga^3?

Nei^{5}dei^6 mui^{5}yat^6 sik^6 di^1 mat^{1}ye^5 a^3?

Nei^5 yau^5 mat^1 si^6 wan^2 koey^5?

Nei^5 tai^2 gam^{1}yat^6 go^3 tin^1 wui^5 dim^{2}yoeng^2?

Go^{2}go^3 noey^{5}zai^2 hai^6 bin^{1}go^3?

Mat¹yan⁴ hai² ni¹dou⁶ king¹gai²?

Ni¹ gaan¹ fong² mat¹soey⁴ zyu⁶ gwo³?

Bin¹go³ hai⁶ nei⁵ lou⁵yau⁵gei³?

Koey⁵ gei²si⁴ zi³ hai² nguk¹kei²?

Koey⁵ mat¹ye⁵ si⁴hau⁶ faan¹ ga³?

Gam¹maan⁵ koey⁵wui⁵m⁴wui⁵ lai⁴ ga³?

Nei⁵ hai² bin¹go³ si⁴hau⁶ sik⁶ faan⁶ ga³?

Cheng² man⁶ hoey³ bin¹dou⁶?

Nei⁵ baai² zo² ngo⁵ di¹ hang⁴lei⁵ hai² bin¹dou⁶ a³?

Nei⁵ hai²bin¹dou⁶ lok⁶ che¹ a³?

Dim²gaai² yiu³ dang² gam³ noi⁶ ga³?

Dim²gaai² gam¹yat⁶ m⁴ faan¹hok⁶?

Dim^{2}gaai^2 kam^{4}yat^6 m^4 gin^3 nei^5 ge^2?

Dim^{2}gaai^2 nei^5 m^4 wa^6 bei^2 ngo^5 zi^1?

Dim^{2}gaai^2 nei^5 gam^3 m^4 dak^{1}haan^4 ga^3?

Dim^{2}gaai^2 nei^5 m^4 da^2 din^{6}wa^2 bei^2 ngo^5?

Dim^{2}gaai^2 nei^5 m^4 se^2 soen^3 bei^2 ngo^5?

Dim^{2}gaai^2 nei^5 m^4 faan^{1}gung^1?

Nei^5 gei^{2}si^4 hoey^3 Fei^{1}loet^{1}ban^1?

Nei^5 mat^{1}ye^5 si^{4}hau^6 faan^1 San^{1}ga^{1}bo^1?

第七課　起床

甲．够鐘起床嘞咩?

Gau³ zung¹ hei² chong⁴ laak³ me¹?

乙．若果我係你，我就起身嘞。

Yoek⁶gwo² ngo⁵ hai⁶ nei⁵, ngo⁵ zau⁶ hei² san¹ laak³.

乙．你準備幾時起身?

Nei⁵ zoen²bei⁶ gei²si⁴ hei² san¹?

甲．我話快啲起身啦。

Ngo⁵ wa⁶ faai³ di¹ hei² san¹ la¹.

甲．好啦，我就起身嘞。

Hou² la¹, ngo⁵ zau⁶ hei² san¹ laak³.

乙．我起咗身已經兩個鍾頭喇。

Ngo⁵ hei² zo² san¹ yi⁵ging¹ loeng⁵ go³ zung¹tau⁴ la³.

乙．你知今朝我哋有好多嘢要做。

Nei⁵ zi¹ gam¹ziu¹ ngo⁵dei⁶ yau⁵ hou² do¹ ye⁵ yiu³ zou⁶.

甲．我啱啱至瞓醒，而家幾時喇。

Ngo⁵ ngaam¹ngaam¹ zi³ fan³sing², yi⁴ga¹ gei²si⁴ la³.

甲．已經咁晏嘞咩?

Yi⁵ging¹ gam³ ngaan³ laak³ me¹?

甲．今朝早王生嗌醒我，後尾我又瞓翻。

Gam¹ziu¹zou² Wong⁴ saang¹ ngaai³sing² ngo⁵, hau⁶mei¹ ngo⁵ yau⁶ fan³faan¹.

어휘 및 문법 (7)

够鐘 gau^3 zung^1 : 시간이 되다

起床 hei^2 chong^4 : 기상하다

嘞咩 laak^3 me^1 : 상황의 변화 및 의문의 어기를 함께 나타냄

若果 yoek^{6}gwo^2 : 만약

起身 hei^2 san^1 : 일어나다

準備 zoen^{2}bei^6 : …할 작정이다; …할 계획이다

幾時起身 gei^{2}si^4 hei^2 san^1 : 언제 일어나죠

我話 ngo^5 wa^6 : 내가 말한다

快啲起身啦 faai^3 di^1 hei^2 san^1 la^1 : 속히 일어나시오

好啦 hou^2 la^1 : 좋아요

起咗身已經兩個鍾頭喇 : 일어 난지 벌써 두 시간 됐다

hei^2 zo^2 san^1 yi^{5}ging^1 loeng^5 go^3 zung^{1}tau^4 la^3.

你知 Nei^5 zi^1 : 그대는 안다

嘢 ye^5 : 여기서는 일을 가리킴

有好多嘢要做 : 할 일이 많습니다

yau^5 hou^2 do^1 ye^5 yiu^3 zou^6.

啱啱 ngaam^{1}ngaam^1 : 금방; 막

至瞓醒 zi^3 fan^{3}sing^2 : 겨우 잠에서 깨다

咁晏嘞咩 gam^3 ngaan^3 laak^3 me^1 : (시간이) 그렇게 갔어요?

今朝早 Gam^{1}ziu^{1}zou^2 : 오늘 아침

王生 Wong^4 saang^1 : "王先生"의 縮略語

★단독 호칭 시 '先生'을 '亞生'으로 부르기도 함.

嗌 ngaai^3 : 소리쳐 부르다

嗌醒 ngaai^{3}sing^2 : 불러 깨우다

瞓翻 fan^{3}faan^1 : 다시 자다

後尾瞓翻。hau^{6}mei^{1*} fan^{3}faan^1 : 나중에 다시 자다

甲. 你中意飲啲乜嘢?

Nei⁵ zung¹yi³ yam² di¹ mat¹ye⁵?

乙. 飲茶啦, 我中意飲茶。

Yam² cha⁴ la¹, ngo⁵ zung¹yi³ yam² cha⁴.

乙. 張生, 呢個禮拜六你得唔得閑呀?

Zoeng¹ saang¹, ni¹ go³ lai⁵baai³luk⁶ nei⁵ dak¹ m⁴ dak¹ haan⁴ a³?

甲. 得閑, 有乜嘢事呢?

dak¹ haan⁴, yau⁵ mat¹ye⁵ si⁶ ne¹?

乙. 請你去我屋企玩。我三點鐘度等你。

Cheng² nei⁵ hoey³ ngo⁵ nguk¹kei² waan². Ngo⁵ saam¹ dim²zung¹ dou² dang² nei⁵.

乙. 如果你唔嚟得, 唔該你講聲畀我知。

Yu⁴gwo² nei⁵ m⁴ lai⁴dak¹, m⁴ goi¹ nei⁵ gong² seng¹ bei² ngo⁵ zi¹.

乙. 請你收咗呢件好細嘅禮物。

Cheng² nei⁵ sau¹ zo² ni¹ gin⁶ hou² sai³ ge³ lai⁵mat⁶.

甲. 眞係多謝晒。

Zan¹hai⁶ do¹ ze⁶ saai³.

乙. 滾搞晒嘞, 我要扯喇。

gwan²gaau² saai³ laak³, ngo⁵ yiu³ che² la³.

甲. 乜說話, 得閑時時嚟玩啦。

Mat¹ syut³wa⁶, dak¹ haan⁴ si⁴si⁴ lai⁴ waan² la¹.

中意 zung¹yi³ : …을 좋아하다

飮啲乜嘢 yam² di¹ mat¹ye⁵ 뭘 좀 마시다

飮茶啦 yam² cha⁴ la¹ : 차 마시겠어요

我中意飮茶 : ngo⁵ zung¹yi³ yam² cha⁴ : 차 마시길 좋아하죠

呢個禮拜六 ni¹ go³ lai⁵baai³luk⁶ : 이번 토요일

得唔得閑呀 dak¹ m⁴ dak¹ haan⁴ a³ : 시간 되십니까

★위 정반의문문 조사 '呀'는 북경관화 '嗎'의 용법과 다름.

有乜嘢事呢 : 뭔 일 있습니까

請你去我屋企玩 : 제 집에 놀러 가시죠

三點鐘度 saam¹ dim²zung¹ dou²ᵃ : 세시 경, 세시 쯤

如果 yu⁴gwo² : 만약

唔嚟得 m⁴ lai⁴dak¹ : 올 수 없다

★ "올 수 있다"는 "嚟得 lai⁴dak¹"

講聲 : "講一聲"의 의미로 "소리내어 말씀하세요" 의 의미.

講聲畀我知 gong² seng¹ bei² ngo⁵ zi¹ : 소리내어 알려 주세요

請你收咗 cheng² nei⁵ sau¹ zo² : 잘 받아 주세요

好細嘅禮物 hou² sai³ ge³ lai⁵mat⁶ : 매우 작은 선물

眞係 zan¹hai⁶ : 참으로

多謝晒 do¹ ze⁶ saai³ : 매우 감사합니다

滾搞 gwan²gaau² : 폐 끼치다

滾搞晒嘞 gwan²gaau² saai³ laak³ : 매우 귀찮게 했어요

我要扯喇 ngo⁵ yiu³ che² la³ : 가겠어요 (헤어지다)

乜說話 mat^1 syut^{3}wa^6 : 무슨 말씀, 별 말씀

時時嚟玩啦 si^{4}si^4 lai^4 waan^2 la^1 : 언제든지 놀러 오세요

甲. 漢語普通話難唔難學呀?

Hon³yu⁵ pou²tung¹wa² naan⁴ m⁴ naan⁴ hok⁶ a³?

乙. 唔係幾難。漢字比較難寫。

M⁴ hai⁶ gei² naan⁴. Hon³ zi⁶ bei²gaau³ naan⁴ se².

甲. 你會唔會講普通話呀?

Nei⁵ wui⁵ m⁴ wui⁵ gong² pou²tung¹wa² a³?

乙. 我會講幾句啦。

Ngo⁵ wui⁵ gong² gei² goey³ la¹.

甲. 你呢排工作順利呀嘛?

Nei⁵ ni¹paai² gung¹zok³ soen⁶lei⁶ a¹ma³?

乙. 工作重順利, 但係忙一啲。

Gung¹zok³ zung⁶ soen⁶lei⁶, daan⁶hai⁶ mong⁴ yat¹di¹.

甲. 你喺乜嘢單位做嘢呀?

Nei⁵ hai² mat¹ye⁵ daan¹wai² zou⁶ ye⁵ a³?

乙. 我喺西江電子公司做職員。

Ngo⁵ hai² Sai¹gong¹ din⁶zi² gung¹si¹ zou⁶ zik¹yun⁴.

甲. 你哋公司生意點樣呀?

Nei⁵dei⁶ gung¹si¹ saang¹yi³ dim²yoeng² a³?

乙. 我哋公司生意唔錯, 好多單位同公司訂貨。

Ngo⁵dei⁶ gung¹si¹ saang¹yi³ m⁴ cho³, hou²do¹ daan¹wai² tung⁴ gung¹si¹ deng⁶fo³.

難唔難學 : 배우기 어려워요? "*難學唔難學"으로 쓰지 않음.

漢語普通話 Hon^{3}yu^5 pou^{2}tung^{1}wa^{2*}

★중국의 '漢語普通話'와 비슷한 개념인 '國語'는 대만에서 사용하며 동남아에서는 주로 '華語 wa^{4}yu^5' 라는 술어를 사용한다. 그러나 '國語 gwok^{3}yu^5' 라는 말도 부분적으로 사용함.

唔係幾難 : 별로 어렵지 않다

★"별로 …하지 않다"는 "唔係幾…" 또는 "冇幾…"로 표현됨. 예: "唔係幾好, 唔係幾大, 唔係幾多"/"冇幾貴, 冇幾遠, 冇幾短"

比較難寫 : 비교적 쓰기 어렵다

會唔會講 wui^5 m^4 wui^5 gong^2

★"말할 줄 압니까" 라는 위의 표현은 官話의 영향으로 생겼다고 볼 수 있다. 이보다는 "識唔識講 sik^1 m^4 sik^1 gong^2"이 더욱 광동어 적인 표현 이라고 말할 수 있다.

會講幾句 : 몇 마디 할 줄 안다

★역시 "識講幾句 sik^1 gong^2 gei^2 goey^3" 로 변환될 수 있다.

呢排 ni^{1}paai^2 : 요즈음

工作順利 gung^{1}zok^3 soen^{6}lei^6 : 일이 순조롭다

重順利 : 그런대로 순조롭다

忙一啲 mong^4 yat^{1}di^1 : 좀 바쁘다

乜嘢單位 mat^{1}ye^5 daan^{1}wai^{2*} : 무슨 직장

★"單位 daan^{1}wai^{2*}"는 일하는 개개의 직장(부서)을 가리킴

電子公司 din^{6}zi^2 gung^{1}si^1 : 전자회사

做職員 zou^6 zik^{1}yun^4 : 직원으로 있다

生意唔錯 saang¹yi³ m⁴ cho³ : 사업이 괜찮다

訂貨 deng⁶fo³: 물건을 주문하다

同公司訂貨 tung⁴ gung¹si¹ deng⁶fo³ : 회사에 물건을 주문하다

甲. 請問，凱悅酒店喺邊度呀?

Cheng^2 man^6, Hoi^{2}yut^6 zau^{2}dim^3 hai^2 bin^{1}dou^6 a^3?

乙. 喺九龍，尖沙咀。

Hai^2 Gau^{2}lung^4, Zim^{1}sa^{1}zoey^2.

甲. 我由邊條路去嗰度呢?

Ngo^5 yau^4 bin^1 tiu^4 lou^6 hoey^3 go^{2}dou^6 ne^1?

乙. 由呢條街去，然後轉左便。

Yau^4 ni^1 tiu^4 gaai^1 hoey^3, yin^{4}hau^6 zyun^3 zo^2 bin^6.

甲. 由呢度去有幾遠呀?

Yau^4 ni^{1}dou^6 hoey^3 yau^5 gei^2 yun^5 a^3?

乙. 唔係好遠。

M^{4}hai^6 hou^2 yun^5.

甲. 行去嗰度要幾耐呢?

Haang^4 hoey^3 go^{2}dou^6 yiu^3 gei^2 noi^6 ne^1?

乙. 大約要十五分鐘。

Daai^{6}yoek^3 yiu^3 sap^{6}ng^5 fan^{1}zung^1.

甲. 有冇巴士去嗰度呀?

Yau^5 mou^5 ba^{1}si^2 hoey^3 go^{2}dou^6 a^3?

乙. 有，你可以搭巴士去。

Yau^5, nei^5 ho^{2}yi^5 daap^3 ba^{1}si^2 hoey^3.

甲. 搭幾多號巴士呢?

Daap^3 gei^2 do^1 hou^6 ba^{1}si^2 ne^1?

乙. 你可以搭一號或者二號。

Nei^5 ho^{2}yi^5 daap^3 yat^1 hou^6 waak^{6}ze^2 yi^6 hou^6.

어휘 및 문법(10)

凱悅酒店 Hoi²yut⁶ zau²dim³ : 하이얏트 호텔

尖沙咀 Zim¹sa¹zoey² : 침사추이 (홍콩의 거리 명칭)

由 yau⁴ : ~로부터

邊條路 bin¹ tiu⁴ lou⁶ : 어느 길 ('條'는 길의 양사)

去嗰度 hoey³ go²dou⁶ : 그곳으로 가다

呢 ne¹ : 반문의 어기를 나타내는 어기조사

呢條街 ni¹ tiu⁴ gaai¹ : 이 거리

然後 yin⁴hau⁶ : ~한 다음에

轉左便 zyun³ zo² bin⁶ : 좌측으로 돌다

左便 zo² bin⁶ : 왼쪽 ; "左手便 zo² sau² bin⁶"

(有)幾遠 yau⁵ gei² yun⁵ : 얼마나 멀어요

好遠 hou² yun⁵ : 매우 멀다

唔係好遠 m⁴hai⁶ hou² yun⁵ : 많이 멀다고 할 수는 없다

行去嗰度 haang⁴ hoey³ go²dou⁶ : 그곳으로 걸어가다

要幾耐呢 yiu³ gei² noi⁶ ne¹ : 얼마나 걸립니까

大約 daai⁶yoek³ : 대략

分鐘 fan¹zung¹ : 분에 해당하는 시간을 나타내는 말

巴士 ba¹si²* : 버스

可以 ho²yi⁵ : ~해도 괜찮다; ~할 수 있다

搭巴士去 daap³ ba¹si²* hoey³ : 버스를 타고 가다

幾多號巴士 gei² do¹ hou⁶ ba¹si²* : 몇 번 버스

搭幾多號呢 daap³ gei² do¹ hou⁶ ne¹ : 몇 번(버스) 탑니까

或者 waak⁶ze² : 혹은 ; 또는

★호텔을 가리킬 때는 흔히 '酒店', '賓館'이라고 하는데 廣東語에서 '飯店faan⁶dim³'이
라고 하면 기본적으로 음식점을 가리킴. 또 廣東語에서는 '걷다'의 뜻으로 '行'을
사용함.

甲． 請問，喺邊度有得換錢？

Cheng^2 man^6, hai^2 bin^{1}dou^6 yau^{5}dak^1 wun^{6}chin^{2*}?

乙． 中國銀行或者各間大賓館都有得換。

Zung^{1}gwok^3 ngan^{4}hong^4 waak^{6}ze^2 gok^3 gaan^1 daai^6 ban^{1}gun^2 dou^1 yau^{5}dak^1 wun^6.

甲． 我想將美金換成人民幣。

Ngo^5 soeng^2 zoeng^1 mei^{5}gam^1 wun^{6}seng^4 yan^{4}man^{4}bai^6.

甲． 請問，今日嘅兌換率係幾多呀？

Cheng^2 man^6, gam^{1}yat^6 ge^3 doey^{3}wun^{6}loet^2 hai^6 gei^{2}do^1 a^3?

乙． 今日嘅兌換率係一比八點六零。你要換幾多錢呀？

Gam^{1}yat^6 ge^3 doey^{3}wun^{6}loet^2 hai^6 yat^1 bei^2 baat^3 dim^2 luk^6 ling^4. Nei^5 yiu^3 wun^6 gei^{2}do^1 chin^2 a^3?

甲． 我想換兩百文美金。

Ngo^5 soeng^2 wun^6 loeng^{5}baak^3 man^1 mei^{5}gam^1.

乙． 請你填一張兌換單。

Cheng^2 nei^5 tin^4 yat^1 zoeng^1 doey^{3}wun^{6}daan^1.

甲． 我想將呢張旅行支票換成現金，得唔得呀？

Ngo^5 soeng^2 zoeng^1 ni^1 zoeng^1 loey^{5}hang^4 zi^{1}piu^3 wun^{6}seng^4 yin^{6}gam^1, dak^1 m^4 dak^1 a^3?

乙. 得，我而家卽刻幫你辦。

Dak^1, ngo^5 yi^{4}ga^1 zik^{1}haak^1 bong^1 nei^5 baan^6.

甲. 呢個係我嘅護照。

Ni^{1}go^3 hai^6 ngo^5 ge^3 wu^{6}ziu^3.

乙. 請你喺呢度簽個名。

Cheng^2 nei^5 hai^2 ni^{1}dou^6 chim^1 go^3 meng^2.

有得 yau⁵dak¹ : ~할 곳이 있다

有得換錢 yau⁵dak¹ wun⁶chin²* : 환전할 곳이 있다

換錢 wun⁶chin²* : 돈을 바꾸다

賓館 ban¹gun² : 호텔 (주로 VIP용)

將 zoeng¹ : 處置式에서 官話의 '把'처럼 사용되는 전치사

美金 mei⁵gam¹* : 미화; 달러

換成 wun⁶seng⁴ : ~로 바꾸다

人民幣 yan⁴man⁴bai⁶ : 중국의 공식화폐

兌換率 doey³wun⁶loet²* : 환율

一比八點六零 yat¹ bei² baat³ dim² luk⁶ ling⁴ : 1대 8.60

兌換單 doey³wun⁶daan¹ : 환전서식

旅行支票 loey⁵hang⁴ zi¹piu³ : 여행자 수표

得唔得 dak¹ m⁴ dak¹ : 됩니까 안 됩니까

辦 baan⁶ : 하다 (사무적인 일)

幇 A 辦 : bong¹ A baan⁶ : A를 도와 처리하다.

護照 wu⁶ziu³ : 여권

簽個名 chim¹ go³ meng²* : 싸인하다; 서명하다 (簽名)

★廣東語로 은행에 돈을 예금하다는 '存錢 chyn⁴chin²*' 이고 돈을 찾다는 '攞錢 lo² chin²*' 이다. 또 홍콩 달러는 '港幣 gong²bai⁶', 캐나다 달러는 '加幣 ga¹bai⁶', 프랑스 프랑은 '法郎 faat³long⁴', 독일 마르크화는 '馬克 ma⁵hak¹' 이다.

廣東語에서 '得 dak¹'은 기본적으로 '얻다' 즉 '득하다'의 의미를 갖고 있지만 가능함을 나타내는 말로 많이 쓰인다. 가령 "聽唔聽得懂?"이라

는 표현이 있는데 이는 "聽得懂聽不懂?" 이라고 하는 보통화의 구조와 다르다. 알아 들었다면 "聽得懂"이지만 못 알아 들었으면 "唔聽得", "唔聽得懂"이라고 한다.

甲. 唔該掛一個內科。

M⁴goi¹, gwa³ yat¹go³ noi⁶fo¹.

乙. 你覺得邊度唔舒服呀?

Nei⁵ gok³dak¹ bin¹dou⁶ m⁴ syu¹fuk⁶ a³?

甲. 我覺得頭痛，冇胃口。

Ngo⁵ gok³dak¹ tau⁴tung³, mou⁵ wai⁶hau².

乙. 探吓熱先啦。

Taam³ ha⁵ yit⁶ sin¹ la¹.

乙. 三十八度，有啲發燒，有冇咳呀?

Saam¹sap⁶baat³ dou⁶, yau⁵ di¹ faat³siu¹, yau⁵ mou⁵ kat¹ a³?

甲. 夜晚瞓覺嗰陣時有啲咳。

Ye⁶maan⁵ fan³gaau³ go²zan⁶ si⁴ yau⁵ di¹ kat¹.

乙. 同你聽一吓心肺啦。

Tung⁴ nei⁵ teng¹ yat¹ha⁵ sam¹fai³ la¹.

乙. 你係凍親傷風。

Nei⁵ hai⁶ dung³chan¹ soeng¹fung¹.

甲. 醫生，你同我量吓血壓。

Yi¹saang¹, nei⁵ tung⁴ ngo⁵ loeng⁴ ha⁵ hyt³aat³.

乙. 血壓偏高一啲。

hyt³aat³ pin¹ gou¹ yat¹ di¹.

乙. 呢啲係安神嘅藥片，瞓覺以前食一片就得。

Ni¹di¹ hai⁶ ngon¹san⁴ ge³ yoek⁶pin³, fan³gaau³ yi⁵chin⁴ sik⁶ yat¹ pin³ zau⁶ dak¹.

甲. 好，唔該晒。

Hou², m⁴goi¹ saai³.

어휘 및 문법(12)

掛 gwa^3 : 등록하다; 접수하다

內科 noi^6fo^1 : 내과

舒服 syu^1fuk^6 : 편하다; 안락하다

胃口 wai^6hau^2 : 식욕

冇胃口 $mou^5 wai^6hau^2$: 식욕이 없다

探吓 $taam^3 ha^5$: 한번 찾아보다

探吓热 $taam^3 ha^5 yit^6$: 열을 한번 살펴봅시다

發燒 $faat^3siu^1$: 열이 나다

有冇咳 $yau^5 mou^5 kat^1$: 기침이 났나요

嗰陣時 $go^2zan^6 si^4$: 그 때 ; '嗰陣'이라고도 함.

有啲咳 $yau^5 di^1 kat^1$: 약간 기침하다

心肺 sam^1fai^3 : 심장과 폐

傷風 $soeng^1fung^1$: 감기

凍親傷風 $dung^3chan^1 soeng^1fung^1$: 감기 걸리다

醫生 yi^1saang^1 : 의사

量血壓 $loeng^4 hyt^3aat^3$: 혈압을 재다

偏 pin^1 : 치우치다

偏高 $pin^1 gou^1$: 지나치게 높다

呢啲 ni^1di^1 : 이것들

安神 $ngon^1san^4$: 정신을 안정시키다

藥片 $yoek^6pin^3$: 약 조각 (편자모양의 약)

食一片 $sik^6 yat^1 pin^3$: 한 조각 먹다

就得 zau^6 dak^1 : ～하면 바로 가하다

★'冷凍'은 同義 형태소가 병렬된 구조인데 廣東語는 어휘적으로 '冷'보다 '凍'을 선호하며 "凍親"의 경우는 "차갑게 되었다"로서 '親'은 어떤 상태로 되었음을 뜻하는 조사에 해당됨.

第十三課 打電話

甲. 喂，中山大學嘛？唔該同我轉中文系。

Wai², Zung¹saan¹ daai⁶hok⁶ ma⁵? M⁴goi¹ tung⁴ ngo⁵ zyn²
Zung¹man⁴ hai⁶.

乙. 你係邊位？搵邊個呀？

Nei⁵ hai⁶ bin¹wai²? Wan² bin¹go³ a³?

甲. 唔該你同我搵張教授聽電話。

M⁴goi¹ nei⁵ tung⁴ ngo⁵ wan² Zoeng¹ gaau³sau⁶ teng¹ din⁶wa².

乙. 佢啱啱出咗去，請等一陣再打電話嚟啦。

Koey⁵ ngaam¹ngaam¹ choet¹zo² hoey³, cheng² dang² yat¹zan⁶
zoi³ da² din⁶wa² lai⁴ la¹.

甲. 廣東貿易公司嘛？唔該同我轉市場策劃部。

Gwong²dung¹ mau⁶yik⁶ gong¹si¹ ma³? M⁴goi¹ tung⁴ ngo⁵ zyun²
si⁵choeng⁴ chaak³waak⁶ bou⁶.

甲. 你係張華嘛？呢個禮拜六你得唔得閑呀？

Nei⁵ hai⁶ Zoeng¹ Wa⁴ ma³? Ni¹go³ lai⁵baai³luk⁶ nei⁵ dak¹ m⁴
dak¹haan⁴ a³?

丙. 得閑，有乜嘢事呀？

Dak¹haan⁴, yau⁵ mat¹ye⁵ si⁶ a³?

甲. 我想約幾個同學去越秀公園玩，你同我哋一齊去好嘛？

Ngo⁵ soeng² yoek³ gei²go³ tung⁴hok⁶ hoey³ Yut⁶sau³ gung¹yun² waan², nei⁵ tung⁴ ngo⁵dei⁶ yat¹chai⁴ hoey³ hou² ma³?

丙. 好, 呢個禮拜六朝頭早七點一個骨我喺汽車站等你, 好唔好呀?
Hou², ni¹go³ lai⁵baai³luk⁶ ziu¹tau⁴zou² chat¹ dim² yat¹go³ gwat¹
ngo⁵ hai² hei³che¹zaam⁶ dang² nei⁵, hou² m⁴ hou² a³?

甲. 好, 千祈咪遲到呀, 禮拜六見。
Hou², chin¹kei⁴ mai⁵ chi⁴dou³ a³, lai⁵baai³luk⁶ gin³.

喂 wai^2 : 전화할 때 상대방을 부르는 말

中山大學 Zung^{1}saan^{1}daai^{6}hok^6 : 광저우市의 대학교

同我轉 tung^4 ngo^5 zyn^2 : 저를 위해 ~로 돌려 주세요

中文系 Zung^{1}man^4 hai^6: 중어중문학과

搵 wan^2 : 찾다

搵邊個呀 wan^2 bin^{1}go^3 a^3 : 누구를 찾습니까

張教授 Zoeng^1 gaau^{3}sau^6 : '張'을 'Zoeng^1'으로 발음 함

啱啱 ngaam^{1}ngaam^1 : 금방; 막

出咗去 choet^{1}zo^2 hoey^3 : 외출했다

★ "出咗去"를 "*出去咗"라고 하면 틀림. 왜냐하면 廣東語 '咗'의 경우는 普通話에서 문미에 오는 '了'와 전혀 상관없는 다른 기능을 갖고 있기 때문임.

廣東貿易公司 Gwong^{2}dung^1 mau^{6}yik^6 gong^{1}si^1: 광동무역회사

市場策劃部 si^{5}choeng^4 chaak^{3}waak^6 bou^6 : 마케팅기획부

嘛 ma^3 : 의문을 나타내는 어기조사; '嗎 ma^3'를 쓰기도 함

呢個禮拜六 Ni^{1}go^3 lai^{5}baai^{3}luk^6 : 이번 토요일

得閑 dak^{1}haan^4 : 여가가 있다; 시간 있다

有乜嘢事呀 yau^5 mat^{1}ye^5 si^6 a^3 : 뭔 일 있읍니까

想約 soeng^2 yoek^3 : 약속하고 싶다

同學 tung^{4}hok^6 : 학우

去玩 hoey^3 waan^2 : 놀러 가다

越秀公園 Yut^{6}sau^3 gung^{1}yun^{2*} : 광저우 市에 있는 공원

咪 mai^5 : ~하지 마시오 ; '唔好'와 같은 의미 임

千祈 chin¹kei⁴ : 제발

遲到 chi⁴dou³ : 지각하다

千祈咪遲到 chin¹kei⁴ mai⁵ chi⁴dou³ : 제발 늦지 마세요

第十四課　重中意彈琴

甲．你有冇業餘愛好呀?

Nei⁵ yau⁵ mou⁵ yip⁶yu⁴ oi³hou³ a³?

乙．我中意聽音樂、打籃球同旅行。

Ngo⁵ zung¹yi³ teng¹ yam¹ngok⁶, da² laam⁴kau⁴ tung⁴ loey⁵hang⁴.

甲．你中意聽古典音樂定係流行音樂?

Nei⁵ zung¹yi³ teng¹ gu²din² yam¹ngok⁶ ding⁶hai⁶ lau⁴hang⁴ yam¹ ngok⁶?

乙．我中意聽古典音樂。

Ngo⁵ zung¹yi³ teng¹ gu²din² yam¹ngok⁶

甲．你中唔中意睇電影?

Nei⁵ zung¹ m⁴ zung¹yi³ tai² din⁶ying²?

乙．我唔單只中意睇電影,重中意睇電視。

Ngo⁵ m⁴ daan¹zi² zung¹yi³ tai² din⁶ying², zung⁶ zung¹yi³ tai² din⁶si⁶.

乙．我平時除咗睇小說,重時時彈鋼琴。

Ngo⁵ ping⁴si⁴ choey⁴zo² tai² siu²syut³, zung⁶ si⁴si⁴ taan⁴ gong³ kam⁴.

乙．我學咗幾年畫畫,我好欣賞中國畫同書法。

Ngo⁵ hok⁶zo² gei² nin⁴ waak⁶wa², ngo⁵ hou² yan¹soeng² Zung¹ gwok³wa² tung⁴ syu¹faat³.

乙. 喺大學嗰陣時，我重選修舞蹈課，我重歡喜捉棋。

Hai² daai⁶hok⁶ go²zan⁶si⁴, ngo⁵ zung⁶ syun²sau¹ mou⁵dou⁶fo³, ngo⁵ zung⁶ fun¹hei² zuk³kei⁴.

甲. 你嘅興趣好廣，書、畫、琴、棋，樣樣都歡喜。

Nei⁵ ge³ hing³choey³ hou² gwong², syu¹、wa²、kam⁴、kei⁴, yoeng⁶ yoeng⁶ dou¹ fun¹hei².

어휘 및 문법(14)

業餘 yip⁶yu⁴ : 아마추어의; 레크레이션적인

愛好 oi³hou³ : 취미

業餘愛好 yip⁶yu⁴ oi³hou³ : 여가 취미

中意 zung¹yi³ : ~을 좋아하다

打籃球 da² laam⁴kau⁴ : 농구를 하다

定係 ding⁶hai⁶ : 또는 ; 혹은 ; 아니면

中唔中意 zung¹ m⁴ zung¹yi³ : "*中意唔中意" 라고 안함.

★中意는 또한 "만족해 하다"의 의미도 있음

睇電影 tai² din⁶ying² : 영화 보다

唔單只~ 重~ : 단지 ~할 뿐만 아니라 또한 ~하다

除咗~ 重~ : ~하는 것을 제외하고 또한 ~하다

睇小說 tai² siu²syt³ : 소설을 보다

時時 si⁴si⁴ : 때때로

彈鋼琴 taan⁴ gong³kam⁴ : 피아노를 치다

畫畫 waak⁶wa²* : 그림을 그리다 ; 그림 그리기

★동사 '畫'는 waak⁶, 명사 '畫'는 wa²* 로 고승변조가 있음.

學咗幾年畫畫 hok⁶zo² gei² nin⁴ waak⁶wa²*

★"미술을 몇 년 배웠다"의 의미 ; "*學咗畫畫幾年"은 틀림.

欣賞 yan¹soeng² : 감상하다

中國畫 Zung¹gwok³wa²* : 중국그림 ; 동양화

書法 syu¹faat³ : 서예

喺大學嗰陣時 hai² daai⁶hok⁶ go²zan⁶si⁴ : 대학 시절에

重選修 zung⁶ syun²sau¹ : 또한 선택과목으로 들었다
舞蹈課 mou⁵dou⁶fo³ : 무도 과목
歡喜捉棋 fun¹hei² zuk³kei⁴ : 바둑 장기 두는 것을 좋아하다
書、畫、琴、棋 : 중국 전통의 여가활동을 가리키는 숙어.

甲. 對唔住，請問粵東餐廳喺邊處呀？

Doey³m⁴zyu⁶, cheng²man⁶ Yut⁶dung¹ chaan¹ting¹ hai² bin¹chyu³ a³?

乙. 我一啲都唔知道。

Ngo⁵ yat¹di¹ dou¹ m⁴ zi¹dou⁶.

乙. 我對呢度都好陌生。

Ngo⁵ doey³ ni¹dou⁶ dou¹ hou² mak⁶saang¹.

甲. 對唔住，你可唔可以話畀我聽點樣去粵東餐廳呀？

Doey³m⁴zyu⁶, nei⁵ ho² m⁴ ho²yi⁵ wa⁶ bei² ngo⁵ teng¹ dim²yoeng² hoey³ Yut⁶dung¹ chaan¹ting¹ a³?

丙. 當然可以，到十字路口轉左，然後向前直行。

Dong¹yin⁴ ho²yi⁵, dou³ sap²zi⁶ lou⁶hau² zyun³ zo², yin⁴hau⁶ hoeng³ chin⁴ zik⁶haang⁴.

丙. 你就會見到粵東餐廳嘅大招牌。

Nei⁵ zau⁶ wui⁵ gin³dou² Yut⁶dung¹ chaan¹ting¹ ge³ daai⁶ ziu¹paai⁴.

丙. 你一定唔會揾唔到㗎。

Nei⁵ yat¹ding⁶ m⁴ wui⁵ wan²m⁴dou² ga³.

丙. 呢度附近餐廳冇大過佢嘅。

Ni¹dou⁶ fu⁶gan⁶ chaan¹ting¹ mou⁵ daai⁶ gwo³ koey⁵ ge³.

甲. 眞係唔該晒。

Zan¹hai⁶ m⁴goi¹ saai³.

甲. 你帮咗我好大忙。

Nei⁵ bong¹ zo² ngo⁵ hou² daai⁶ mong⁴.

丙. 唔使客氣。

M⁴sai² haak³hei³.

對唔住 doey³m⁴zyu⁶ : 보통화의 "對不起, 對不住"에 해당됨.

粵東餐廳 Yut⁶dung¹ chaan¹ting¹ : 윌둥 레스토랑

一啲都唔知道 yat¹di¹ dou¹ m⁴ zi¹dou⁶ : 조금도 모른다

都好陌生 dou¹ hou² mak⁶saang¹ : 모두 다 매우 낯설다

可唔可以話畀我聽~ (呀) ho² m⁴ ho²yi⁵ wa⁶ bei² ngo⁵ teng¹~ (a³) : ~를 말해줄 수 있습니까

話畀我聽點樣去 wa⁶ bei² ngo⁵ teng¹ dim²yoeng²* hoey³ : 어떻게 가는지 내게 말해주다

★ "可唔可以"는 보통화 "可以不可以, 可不可以, 能不能"에 해당되지만 "*可以唔可以" 라고는 안 하며 특히 "*能唔能"과 같은 표현은 잘 사용 안 함.

當然可以 dong¹yin⁴ ho²yi⁵ : 물론 가능합니다

十字路口 : 네거리 어귀

到~ 轉左 dou³~ zyun³zo² : ~에 이르러 좌회전하다

然後 yin⁴hau⁶ : 그런 후에

向前直行 hoeng³ chin⁴ zik⁶haang⁴ : 앞으로 직진하다

就會見到 zau⁶ wui⁵ gin³dou²* : 바로 목격할 수 있다

招牌 ziu¹paai⁴ : 간판

一定唔會~ yat¹ding⁶ m⁴ wui⁵~ : 반드시 ~할 리가 없다

搵唔到 wan²m⁴dou²* : 찾지 못하다

㗎 ga³ : "의지 표명"의 어기를 나타내는 어기조사

呢度附近 ni¹dou⁶ fu⁶gan⁶ : 이곳 근처

冇大過佢嘅 mou⁵ daai⁶ gwo³ koey⁵ ge³ : 그보다 큰 것이 없다

眞係 zan¹hai⁶ : 정말로, 참으로

唔該晒 m⁴goi¹ saai³ : 신경 써 주셔서 무척 고맙다는 뜻

帮咗我好大忙 : 내게 매우 큰 도움을 주었다

*다음 광동어를 한자로 옮기고 그 뜻을 쓰시오

Yoek^{6}gwo^2 ngo^5 hai^6 nei^5, ngo^5 zau^6 hei^2 san^1 laak^3.

Ngo^5 hei^2 zo^2 san^1 yi^{5}ging^1 loeng^5 go^3 zung^{1}tau^4 la^3.

Nei^5 zi^1 gam^{1}ziu^1 ngo^{5}dei^6 yau^5 hou^2 do^1 ye^5 yiu^3 zou^6.

Gam^{1}ziu^1 Wong^4 saang^1 ngaai^{3}sing^2 ngo^5, hau^{6}mei^1 ngo^5 yau^6 fan^{3}faan^1.

Zoeng^1 saang^1, ni^1 go^3 lai^{5}baai^{3}luk^6 nei^5 dak^1 m^4 dak^1 haan^4 a^3?

Yu^{4}gwo^2 nei^5 m^4 lai^{4}dak^1, m^4 goi^1 nei^5 gong^2 seng^1 bei^2 ngo^5 zi^1.

Cheng^2 nei^5 sau^1 zo^2 ni^1 gin^6 hou^2 sai^3 ge^3 lai^{5}mat^6.

Gwan^{2}gaau^2 saai^3 laak^3, ngo^5 yiu^3 che^2 la^3.

Nei^5 wui^5 m^4 wui^5 gong^2 pou^{2}tung^{1}wa^2 a^3?

Ngo^5 wui^5 gong^2 gei^2 goey^3 la^1.

Nei^{5}dei^2 gung^{1}si^1 saang^{1}yi^3 dim^{2}yoeng^2 a^3?

Ngo^{5}dei^2 gung^{1}si^1 saang^{1}yi^3 m^4 cho^3, hou^{2}do^1 daan^{1}wai^2 tung^4 gung^{1}si^1 deng^{6}fo^3.

Nei^5 zung^1 m^4 zung^{1}yi^3 da^2 mong^{5}kau^4.

Ngo^5 m^4 zung^{1}yi^3 da^2 mong^{5}kau^4.

Nei^5 sik^1 m^4 sik^1 za^1 che^1 a^3.

M^4 sik^1, daan^{6}hai^6 ngo^5 hou^2 seong^2 hok^6.

Ngo^5 yau^4 bin^1 tiu^4 lou^6 hoey^3 go^{2}dou^6 ne^1?

Yau^4 ni^1 tiu^4 gaai^1 hoey^3, yin^{4}hau^6 zyun^3 zo^2 bin^6.

Haang^4 hoey^3 go^{2}dou^6 yiu^3 gei^2 noi^6 ne^1?

Daai^{6}yoek^3 yiu^3 sap^{6}ng^5 fan^{1}zung^1.

Cheng^2 man^6, hai^2 bin^{1}dou^6 yau^{5}dak^1 wun^{6}chin^2?

Zung¹gwok³ ngan⁴hong⁴ waak⁶ze² gok³ gaan¹ daai⁶ ban¹gun² dou¹ yau⁵dak¹ wun⁶.

Cheng² man⁶, gam¹yat⁶ ge³ doey³wun⁶loet² hai⁶ gei²do¹ a³?

Gam¹yat⁶ ge³ doey³wun⁶loet² hai⁶ yat¹ bei² baat³ dim² luk⁶ ling⁴.

Nei⁵ yiu³ wun⁶ gei²do¹ chin² a³?

Ngo⁵ soeng² wun⁶ loeng⁵baak³ man¹ mei⁵gam¹.

Ngo⁵ soeng² zoeng¹ ni¹ zoeng¹ loey⁵hang⁴ zi¹piu³ wun⁶seng⁴ yin⁶gam¹, dak¹ m⁴ dak¹ a³?

Dak¹, ngo⁵ yi⁴ga¹ zik¹haak¹ bong¹ nei⁵ baan⁶.

Nei⁵ gok³dak¹ bin¹dou⁶ m⁴ syu¹fuk⁶ a³?

Ngo⁵ gok³dak¹ tau⁴tung³, mou⁵ wai⁶hau².

Taam³ ha⁵ yit⁶ sin¹ la¹.

Saam¹sap⁶baat³ dou⁶, yau⁵ di¹ faat³siu¹, yau⁵ mou⁵ kat¹ a³?

Ye^{6}maan^5 fan^{3}gaau^3 go^{2}zan^6 si^4 yau^5 di^1 kat^1.

Ni^{1}di^1 hai^6 ngon^{1}san^4 ge^3 yoek^{6}pin^3, fan^{3}gaau^3 yi^{5}chin^4 sik^6 yat^1 pin^3 zau^6 dak^1.

M^{4}goi^1 nei^5 tung^4 ngo^5 wan^2 Zoeng^1 gaau^{3}sau^6 teng^1 din^{6}wa^2.

Koey^5 ngaam^{1}ngaam^1 choet^{1}zo^2 hoey^3, cheng^2 dang^2 yat^{1}zan^6 zoi^3 da^2 din^{6}wa^2 lai^4 la^1.

Nei^5 hai^6 Zoeng^1 Wa^4 ma^3? Ni^{1}go^3 lai^{5}baai^{3}luk^6 nei^5 dak^{1}m^{4}dak^{1}haan^4 a^3?

Dak^{1}haan^4, yau^5 mat^{1}ye^5 si^6 a^3?

Ngo^5 soeng^2 yoek^3 gei^{2}go^3 tung^{4}hok^6 hoey^3 Yut^{6}sau^3 gung^{1}yun^2 waan^2, nei^5 tung^4 ngo^{5}dei^6 yat^{1}chai^4 hoey^3 hou^2 ma^3?

Hou^2, ni^{1}go^3 lai^{5}baai^{3}luk^6 ziu^{1}tau^{4}zou^2 chat^1 dim^2 yat^{1}go^3 gwat^1 ngo^5 hai^2 hei^{3}che^{1}zaam^6 dang^2 nei^5, hou^2 m^4 hou^2 a^3?

Hou^2, chin^{1}kei^4 mai^5 chi^{4}dou^3 a^3, lai^{5}baai^{3}luk^6 gin^3.

Ngo^5 ping^{4}si^4 choey^{4}zo^2 tai^2 siu^{2}syut^3, zung^6 si^{4}si^4 taan^4 gong^{3}kam^4.

Ngo⁵ hok⁶zo² gei² nin⁴ waak⁶wa², ngo⁵ hou² yan¹soeng² Zung¹ gwok³wa² tung⁴ syu¹faat³.

Doey³m⁴zyu⁶, nei⁵ ho² m⁴ ho²yi⁵ wa⁶ bei² ngo⁵ teng¹ dim²yoeng² hoey³ Yut⁶dung¹ chaan¹ting¹ a³?

Dong¹yin⁴ ho²yi⁵, dou³ sap⁶zi⁶ lou⁶hau² zyun³ zo², yin⁴hau⁶ hoeng³ chin⁴ zik⁶haang⁴.

中级篇 I

1. 你點樣呀?
   Nei⁵ dim²yoeng² a³?

2. 你今日好唔好啲呀?
   Nei⁵ gam¹yat⁶ hou² m⁴ hou² di¹ a³?

3. 呢件嘢點賣呀?
   Ni¹ gin⁶ ye⁵ dim² maai⁶ a³?

4. 我重要等幾耐㗎?
   Ngo⁵ zung⁶ yiu³ dang² gei² noi⁶ ga³?

5. 你家姐點樣呀?
   Nei⁵ ga¹ze¹dim²yoeng² a³?

6. 你覺得今朝點呀?
   Nei⁵ gok³dak¹ gam¹ziu¹ dim² a³?

7. 你有幾多個仔女?
   Nei⁵ yau⁵ gei²do¹ go³ zai²noey²?

8. 你結咗婚未?
   Nei⁵ git³ zo² fan¹ mei⁶?

9. 幾多錢租?
   Gei² do¹ chin² zou¹?

10. 你嘅生意幾好呀嘛?
    Nei⁵ ge³ saang¹yi³ gei²hou² a¹ma³?

11. 行去嗰處要幾耐㗎?

Haang^{4}hoey^3 go^{2}chyu^3 yiu^3 gei^{2}noi^6 ga^3?

12. 我入唔入得嚟呀?

Ngo^5 yap^6 m^4 yap^{6}dak^1 lai^4 a^3?

13. 請問貴姓?

Cheng^2 man^6 gwai^3 sing^3?

14. 我想試吓身得唔得?

Ngo^5 soeng^2 si^3 ha^5 san^1 dak^1 m^4 dak^1?

15. 你可唔可以計平啲?

Nei^5 ho^2 m^4 ho^{2}yi^5 gai^3 peng^4 di^1?

16. 啱唔啱?

Ngaam^1 m^4 ngaam^1?

17. 你事頭喺唔喺處呀?

Nei^5 si^{6}tau^2 hai^2 m^4 hai^2 chyu^3 a^3?

18. 陳先生喺唔喺屋企呀?

Chan^4 sin^{1}saang^1 hai^2 m^4 hai^2 uk^{1}kei^2 a^3?

19. 嗰個係唔係你個仔呀?

Go^{2}go^3 hai^6 m^5 hai^6 nei^5 go^3 zai^2 a^3?

20. 你係唔係李師奶呀?

Nei^5 hai^6 m^4 hai^6 Lei^5 si^{1}naai^1 a^3?

21. 佢係唔係黃小姐呀?

Koey^5 hai^6 m^4 hai^6 Wong^4 siu^{2}ze^2 a^3?

22. 有冇折頭㗎?

Yau^{5}mou^5 zit^{3}tau^4 ga^3?

23. 有冇空檯呀?

Yau⁵mou⁵ hung¹toi² a³?

24. 你而家得唔得閒?

Nei⁵ yi⁴ga¹ dak¹ m⁴ dak¹ haan⁴?

25. 你而家要走呢咩?

Nei⁵ yi⁴ga¹ yiu³ zau² ne¹ me¹?

26. 你食咗飯未?

Nei⁵ sik⁶ zo² faan⁶ mei⁶?

27. 你做晒功課未?

Nei⁵ zou⁶ saai³ gung¹fo³ mei⁶?

어휘 및 문법 (1)

你今日好唔好啲呀? Nei⁵ gam¹yat⁶ hou² m⁴ hou² di¹ a³?

오늘 좀 좋아졌습니까? (你今天好一点吗)

呢件嘢點賣呀? Ni¹ gin⁶ ye⁵ dim² maai⁶ a³?

이 물건 어떻게 팝니까? (这个东西怎么卖)

我重要等幾耐㗎? Ngo⁵ zung⁶ yiu³ dang² gei² noi⁶ ga³?

제가 아직 얼마나 오래 기다려야합니까? (我还要等多长时间)

覺得 gok³dak¹ : …라고 느끼다 ; …라고 생각하다

仔女 zai²noey²* : 아들과 딸 ; 자녀

★ 딸은 noey²* 로 변조됨

幾多錢租? Gei² do¹ chin²* zou¹?

(방)세가 얼마입니까? (房租多少钱)

行去嗰處要幾耐㗎? Haang⁴hoey³ go²chyu³ yiu³ gei²noi⁶ ga³?

거기 가는데 얼마나 걸리죠? (走到那里需要多长时间)

我入唔入得嚟呀? Ngo⁵ yap⁶ m⁴ yap⁶dak¹ lai⁴ a³?

제가 들어가도 됩니까? (我可以进来吗)

我想試吓身得唔得? Ngo⁵ soeng² si³ ha⁵ san¹ dak¹ m⁴ dak¹?

제가 입어 보겠는데 괜찮겠습니까? (我想试一试可以吗)

你可唔可以計平啲? Nei⁵ ho² m⁴ ho²yi⁵ gai³ peng⁴ di¹?

좀 싸게 해 줄 수 있읍니까? (你可以算便宜一点吗)

★啱唔啱? Ngaam¹ m⁴ ngaam¹?

어울립니까? / 옳습니까? (合适不合适 / 对不对)

你事頭喺唔喺處呀? Nei⁵ si⁶tau² hai² m⁴ hai² chyu³ a³?

134 新 광동어

당신 사장님이 여기 있읍니까? (你的老板在这里吗)

有冇折頭㗎? Yau⁵ mou⁵ zit³tau⁴ ga³?

할인이 됩니까? (有没有折扣)

你做晒功課未? Nei⁵ zou⁶ saai³ gung¹fo³ mei⁶?

공부 다 했습니까? (你功课做完了没有)

1. 有冇佢嘅信呀?
   Yau⁵ mou⁵ koey⁵ ge³ soen³ a³?

2. 你有冇唔見咗嘢?
   Nei⁵ yau⁵ mou⁵ m⁴ gin³ zo² ye⁵?

3. 你有冇火柴呀?
   Nei⁵ yau⁵ mou⁵ fo²chaai⁴ a³?

4. 你而家有冇嘢做?
   Nei⁵ yi⁴ga¹ yau⁵ mou⁵ ye⁵ zou⁶?

5. 你有冇同佢講呀?
   Nei⁵ yau⁵ mou⁵ tung⁴ koey⁵ gong² a³?

6. 你有冇畀錢佢呀?
   Nei⁵ yau⁵ mou⁵ bei² chin² koey⁵ a³?

7. 你哋有冇房租呀?
   Nei⁵dei⁶ yau⁵ mou⁵ fong² zou¹ a³?

8. 你食唔食烟呀?
   Nei⁵ sik⁶ m⁴ sik⁶ yin¹ a³?

9. 你識唔識得佢?
   Nei⁵ sik¹ m⁴ sik¹dak¹ koey⁵?

10. 你有冇原子筆?
    Nei⁵ yau⁵ mou⁵ yun⁴zi²bat¹?

11. 你中唔中意食廣東菜㗎?

Nei^5 zung^1 m^4 zung^{1}yi^3 sik^6 Gwong^{2}dung^{1}choi^3 ga^3?

12. 你哋有冇啱我着嘅棉衲?

Nei^{5}dei^6 yau^5 mou^5 ngaam^1 ngo^5 zoek^3 ge^3 min^{4}naap^6.

13. 你知唔知佢着幾大碼?

Nei^5 zi^1 m^4 zi^1 koey^5 zoek^3 gei^2 daai^6 ma^5?

14. 你知唔知呢件嘢包用幾耐嘅呢?

Nei^5 zi^1 m^4 zi^1 ni^1 gin^6 ye^5 baau^{1}yiung^6 gei^2 noey^6 ge^3 ne^1?

15. 啲巴士去唔去嗰處㗎?

Di^1 ba^{1}si^2 hoey^3 m^4 hoey^3 go^{2}chyu^3 ga^3?

16. 你知唔知幾多號門牌?

Nei^5 zi^1 m^4 zi^1 gei^{2}do^1 hou^6 mun^{4}paai^4?

17. 你係唔係日日都要過海底隧道㗎?

Nei^5 hai^6 m^4 hai^6 yat^{6}yat^6 dou^1 yiu^3 gwo^3 hoi^{2}dai^2 soey^{6}dou^6 ga^3?

18. 借你嘅電話用吓得唔得?

Ze^3 nei^5 ge^3 din^{6}wa^2 yiung^6 ha^5 dak^1 m^4 dak^1?

19. 你爸爸食唔食烟㗎?

Nei^5 ba^{4}ba^1 sik^6 m^4 sik^6 yin^1 ga^3?

20. 你細妹喺倫敦讀書咩?

Nei^5 sai^{3}mui^2 hai^2 Loen^{4}doen^1 duk^6 syu^1 me^1?

21. 正話你有冇打電話畀我?

Zeng^{3}wa^6 nei^5 yau^{5}mou^5 da^{2}din^{6}wa^2 bei^{2}ngo^5?

你有冇唔見咗嘢? Nei⁵ yau⁵ mou⁵ m⁴ gin³ zo² ye⁵?

물건 분실 안했습니까? (你丢掉东西了没有)

你而家有冇嘢做? Nei⁵ yi⁴ga¹ yau⁵ mou⁵ ye⁵ zou⁶?

지금 할 일이 있습니까? (你现在有没有工作)

你有冇畀錢佢呀? Nei⁵ yau⁵ mou⁵ bei² chin²* koey⁵ a³?

그에게 돈을 주었습니까? (你给他钱没有)

你哋有冇房租呀? Nei⁵dei⁶ yau⁵ mou⁵ fong² zou¹ a³?

당신들은 세 놓을 방이 있나요? (你们有房间出租吗)

你中唔中意食廣東菜喫? (你喜欢不喜欢吃广东菜)

Nei⁵ zung¹ m⁴ zung¹yi³ sik⁶ Gwong²dung¹choi³ ga³?

(참으로) 광동요리 먹는 걸 좋아합니까?

★ 의문문에서 어기조사 '喫'는 미심쩍거나 답답할 때 사용.

你哋有冇啱我着嘅棉衲? (你们有没有适合我穿的棉袄)

Nei⁵dei⁶ yau⁵ mou⁵ ngaam¹ ngo⁵ zoek³ ge³ min⁴naap⁶.

당신네는 내게 잘 맞는 솜옷(무명저고리)이 있습니까?

你知唔知佢着幾大碼? Nei⁵ zi¹ m⁴ zi¹ koey⁵ zoek³ gei² daai⁶ ma⁵?

그가 얼마나 큰 칫수를 입는지 압니까?

(你知道不知道他穿多少号码的)

你知唔知呢件嘢包用幾耐嘅呢? 이 물건 사용보증기간을 압니까?

Nei⁵ zi¹ m⁴ zi¹ ni¹ gin⁶ ye⁵ baau¹yiung⁶ gei² noey⁶ ge³ ne¹?

(你知道不知道这个东西保用多久)

你係唔係日日都要過海底隧道喫? (你每天都要经过海底隧道吗)

Nei^5 hai^6 m^4 hai^6 yat^{6}yat^6 dou^1 yiu^3 gwo^3 hoi^{2}dai^2 soey^{6}dou^6 ga^3?

(참으로) 날마다 해저터널을 지나갑니까?

倫敦 Loen^{4}doen^1 : 런던 (영국의 수도)

正話 zeng^{3}wa^6 : 아까 ; 좀 전에

1. 你失咗個銀包搵番未?
   Nei⁵ sat¹ zo² go³ ngan⁴baau¹ wan² faan¹ mei⁶?

2. 你識唔識揸筷子?
   Nei⁵ sik¹ m⁴ sik¹ za¹ faai³zi²?

3. 你識唔識講唐話?
   Nei⁵ sik¹ m⁴ sik¹ gong² tong⁴wa²?

4. 你有冇嘢講低?
   Nei⁵ yau⁵ mou⁵ ye⁵ gong² dai¹?

5. 唔該你寫低個名。
   M⁴ goi¹ nei⁵ se² dai¹ go³ meng².

6. 佢話正月番嚟咩?
   Koey⁵ wa⁶ zing³yut⁶ faan¹lai⁴ me¹?

7. 同我截架的士得唔得?
   Tung⁴ ngo⁵ zit⁶ ga³ dik¹si² dak¹ m⁴ dak¹?

8. 唔該你收錢好唔好?
   M⁴ goi¹ nei⁵ sau¹ chin² hou² m⁴ hou²?

9. 會唔會甩色㗎?
   Wui⁵ m⁴ wui⁵ lat¹sik¹ ga³?

10. 你點解唔試吓啲點心?
    Nei⁵ dim²gaai² m⁴ si³ ha⁵ di¹ dim²sam¹?

11. 呢啲係茶葉。

Ni^1 di^1 hai^6 cha^4yip^6.

12. 嗰隻叫電子錶。

Go^2 zek^3 giu^3 $din^6zi^2biu^1$.

13. 我唔去行街喇。

Ngo^5 m^4 $hoey^3$ $haang^4gaai^1$ la^3.

14. 我叫亞添。

Ngo^5 giu^3 A^3tim^1.

15. 嗰度有人打劫。

Go^2dou^6 yau^5 yan^4 da^2gip^3.

16. 今日係八月十五號。

Gam^1yat^6 hai^6 $baat^3$ yut^6 sap^6ng^5 hou^6.

17. 聽日係禮拜四。

$Teng^1yat^6$ hai^6 $lai^5baai^3sei^3$.

18. 而家係六點一個骨。

Yi^4ga^1 hai^6 luk^6 dim^2 yat^1 go^3 $gwat^1$.

19. 我想買件冷衫。

Ngo^5 $soeng^2$ $maai^5$ gin^6 $laang^1saam^1$.

20. 我整番個電視機。

Ngo^5 $zing^2$ $faan^1$ go^3 $din^6si^6gei^1$.

21. 咁貴，唔買咯。

Gam^3 $gwai^3$, m^4 $maai^5$ lok^3.

22. 我要加大碼嘅。

Ngo^5 yiu^3 ga^1 $daai^6$ ma^5 ge^3.

23. 冇乜嘢愛喇。
    Mou^5 mat^{1}ye^5 ngoi^3 la^3.

24. 廿二文零六毫子。
    Ya^{6}yi^6 man^1 ling^4 luk^6 hou^{4}zi^2.

你失咗個銀包搵番未? Nei⁵ sat¹ zo² go³ ngan⁴baau¹ wan² faan¹ mei⁶?
분실 지갑 찾았습니까? (你丢掉的钱包找到了没有)

識揸筷子 : 젓가락 쓸 줄 알다.
★'揸 za¹'의 뜻은 '잡다' 임

識講唐話 : 중국어 말할 줄 안다.
★'唐話 tong⁴wa²*' : 중국어

你有冇嘢講低? Nei⁵ yau⁵ mou⁵ ye⁵ gong² dai¹?
메모를 남겼습니까? (你有没有留个条子)

唔該你寫低個名。M⁴ goi¹ nei⁵ se² dai¹ go³ meng².
어렵지만 성함을 쓰십시오. (麻烦您把名字写下来)

同我截架的士得唔得? Tung⁴ ngo⁵ zit⁶ ga³ dik¹si² dak¹ m⁴ dak¹?
저 대신 택시 세울 수 있어요? (可不可以替我叫一辆出租汽车)
★'截 zit⁶' : 가로 막다 (拦截)

甩色 lat¹sik¹ : 색이 바래다 (掉色)

你點解唔試吓啲嘅點心? Nei⁵ dim²gaai² m⁴ si³ ha⁵ di¹ dim²sam¹?
어째서 이들 딤섬을 안 드시죠? (你怎么不肯尝尝这些点心)

電子錶 din⁶zi²biu¹* : 전자시계

行街 haang⁴gaai¹* : 거리에 나가다

嗰度有人打劫。Go²dou⁶ yau⁵ yan⁴ da²gip³.
그곳에 강도 질 하는 사람이 있다. (那里有人抢劫)

而家係六點一個骨。Yi⁴ga¹ hai⁶ luk⁶ dim² yat¹ go³ gwat¹.
지금은 여섯시 십오분 입니다. (现在是六点一刻)

冷衫 laang¹saam¹ : 스웨터

★'冷'은 털실; 불어 'laine'의 음역

我整番個電視機。 Ngo⁵ zing² faan¹ go³ din⁶si⁶gei¹.

저는 TV를 수리합니다. (我修理电视机)

咁貴, 唔買咯。 Gam³ gwai³, m⁴ maai⁵ lok³.

그렇게 비싸면 안사겠어요. (那么贵, 我不买了)

加大碼 ga¹ daai⁶ ma⁵ : 특대호 (extra-large size)

第四課 질문과 답변 4

1. 佢要番工。
   Koey⁵ yiu³ faan¹gung¹.

2. 佢而家冲緊凉。
   Koey⁵ yi⁴ga¹ chung¹ gan² loeng⁴.

3. 想同佢傾吓偈。
   Soeng² tung⁴ koey⁵ king¹ ha⁵ gai².

4. 我係做出入口生意嘅。
   Ngo⁵ hai⁶ zou⁶ choet¹yap⁶hau² saang¹yi³ ge³.

5. 我哋餐餐都食飯。
   Ngo⁵dei⁶ chaan¹chaan¹ dou¹ sik⁶ faan⁶.

6. 我亞哥做會計。
   Ngo⁵ a³go¹ zou⁶ wui⁶gai³.

7. 我揾佢去見工。
   Ngo⁵ wan² koey⁵ hoey³ gin³gung¹.

8. 我話唔好去。
   Ngo⁵ wa⁶ m⁴hou² hoey³.

9. 我打算出年至去。
   Ngo⁵ da²syn³ choet¹nin² zi³ hoey³.

10. 今日熱得好犀利。
    Gam¹yat⁶ yit⁶ dak¹ hou² sai¹lei⁶.

11. 我係鐘大偉。
Ngo⁵ hai⁶ Zung¹ Daai⁶wai⁵.

12. 佢嚟搵黃醫生。
Koey⁵ lai⁴ wan² Wong⁴ yi¹saang¹.

13. 嗰個女仔係佢表妹。
Go²go³ noey⁵zai² hai⁶ koey⁵ biu²mui².

14. 今日冇人嚟過。
Gam¹yat⁶ mou⁵ yan⁴ lai⁴ gwo³.

15. 麥師奶講我聽嘅。
Mak⁶ si¹naai¹ gong² ngo⁵ teng¹ ge³.

16. 姑姐同亞爺傾偈。
Gu¹ze¹ tung⁴ a³ye⁴ king¹gai².

17. 馬先生住喺呢間房。
Ma⁵ sin¹saang¹ zyu⁶ hai² nei¹ gaan¹ fong².

18. 松哥係佢老友記。
Chung⁴go¹ hai⁶ koey⁵ lou⁵yau⁵gei³.

19. 佢哋係佢嘅書友。
Koey⁵dei⁶ hai⁶ koey⁵ ge³ syu¹yau².

20. 我哋一齊行啦。
Ngo⁵dei⁶ yat¹chai⁴ haang⁴ la¹.

21. 佢夜晚八點鐘嚟。
Koey⁵ ye⁶maan⁵ baat³ dim²zung¹ lai⁴.

22. 我晏晝最方便。
Ngo⁵ ngaan³zau³ zoey³ fong¹bin⁶.

23. 後日至做妥。
    Hau⁶yat⁶ zi³ zou⁶ to⁵.

24. 佢實嚟嘅。
    Koey⁵ sat⁶ lai⁴ ge³.

25. 我呢個禮拜去菲律賓。
    Ngo⁵ ni¹go³ lai⁵baai³ hoey³ Fei¹loet¹ban¹.

26. 我喺下個月番新加坡。
    Ngo⁵ hai² ha⁶go³yut⁶ faan¹ San¹ga¹bo¹.

佢而家沖緊涼。Koey^5 yi^{4}ga^1 chung^1 gan^2 loeng^4.

그는 지금 목욕중이다. (现在他正在洗澡)

想同佢傾吓偈。Soeng^2 tung^4 koey^5 king^1 ha^5 gai^2.

그와 담화를 나누고 싶다. (想跟他谈话)

我係做出入口生意嘅。Ngo^5 hai^6 zou^6 choet^{1}yap^{6}hau^2 saang^{1}yi^3 ge^3.

저는 수출입 사업을 하는 사람입니다. (我是做进出口生意的)

我哋餐餐都食飯。Ngo^{5}dei^6 chaan^{1}chaan^1 dou^1 sik^6 faan^6.

우린 끼니마다 모두 쌀밥을 먹습니다. (我们每顿都吃米饭)

我搵佢去見工。Ngo^5 wan^2 koey^5 hoey^3 gin^{3}gung^1.

난 그를 사장과 면접하게 한다. (我叫他去老板那里参加面试)

★見工 gin^{3}gung^1 : 雇用主와 면담하다 ; 일자리를 찾다

我打算出年至去。Ngo^5 da^{2}syn^3 choet^{1}nin^{2*} zi^3 hoey^3.

나는 내년에야 갈 작정이다. (我打算明年才去)

今日熱得好犀利。Gam^{1}yat^6 yit^6 dak^1 hou^2 sai^{1}lei^6.

오늘은 매우 심하게 덥다. (今天热得很厉害)

麥師奶講我聽嘅。Mak^6 si^{1}naai^{1*} gong^2 ngo^5 teng^1 ge^3.

막 사모님이 제게 말씀했어요. (麦太太告诉我的)

姑姐同亞爺傾偈。 Gu^{1}ze^{1*} tung^4 a^{3}ye^4 king^{1}gai^2.

고모는 할아버지와 잡담을 나눈다 (姑姑跟爷爷聊天)

我哋一齊行啦。Ngo^{5}dei^6 yat^{1}chai^4 haang^4 la^1.

우리 함께 갑시다. (咱们一块儿走吧)

夜晚 ye^{6}maan^5 : 저녁 때

晏晝 ngaan³zau³ : 낮 ; 점심 때

後日至做妥。 Hau⁶yat⁶ zi³ zou⁶ to⁵.

모레에야 비로서 다 합니다. (后天才做完)

實嚟 : 반드시 오다

★番新加坡 : 싱가폴로 귀환하다

1. 踏正一點就會食飯。
   Daap⁶zing³ yat¹dim² zau⁶ wui⁵ sik⁶ faan⁶.

2. 佢上個月搬咗。
   Koey⁵ soeng⁶go³yut⁶ bun¹ zo².

3. 喺嗰處。
   Hai² go²chyu³

4. 佢住喺跑馬地。
   Koey⁵ zyu⁶ hai² Paau²ma⁵dei².

5. 我喺印尼番嚟。
   Ngo⁵ hai² Yan³nei⁶ faan¹lai⁴.

6. 我去機場接機。
   Ngo⁵ hoey³ gei¹choeng⁴ zip³ gei¹.

7. 你嘅行李放喺房入便。
   Nei⁵ ge³ hang⁴lei⁵ fong³ hai² fong² yap⁶bin⁶.

8. 我喺銅鑼灣落車。
   Ngo⁵ hai² Tung⁴lo⁴waan¹ lok⁶ che¹.

9. 我哋去酒家食嘢。
   Ngo⁵dei⁶ hoey³ zau²ga¹ sik⁶ ye⁵.

10. 我去街邊買嘢。
    Ngo⁵ hoey³ gaai¹bin¹ maai⁵ ye⁵.

11. 佢搬咗過九龍。
    Koey⁵ bun¹ zo² gwo³ Gau²lung⁴.

12. 我喺中環做嘢。
    Ngo⁵ hai² Zung¹waan⁴ zou⁶ ye⁵.

13. 幾好，有心。
    Gei² hou², yau⁵ sam¹.

14. 十五個半。
    Sap⁶ng⁵ go³ bun³.

15. 佢好快脆就番嚟。
    Koey⁵ hou² faai³choey³ zau⁶ faan¹lai⁴.

16. 等多一個骨添啦。
    Dang² do¹ yat¹go³ gwat¹ tim¹ la¹.

17. 佢好好。
    Koey⁵ hou² hou².

18. 小姓嚴，叫冬青。
    Siu²sing³ Yim⁴, giu³ Dung¹ching¹.

19. 你隨便試吓。
    Nei⁵ choey⁴bin² si³ ha⁵.

20. 已經計到好平。
    Yi⁵ging¹ gai³ dou³ hou² peng⁴.

21. 我哋事頭出咗門。
    Ngo⁵dei⁶ si⁶tau² choet¹ zo² mun⁴.

22. 陳先生未番嚟。
    Chan⁴ sin¹saang¹ mei⁶ faan¹lai⁴.

23. 嗰個係我個孫。

    Go²go³ hai⁶ ngo⁵ go³ syn¹.

24. 呢個係我外孫女。

    Nei¹go³ hai⁶ ngo⁵ ngoi⁶syn¹noey².

25. 我係吳太。

    Ngo⁵ hai⁶ Ng⁴ taai².

26. 佢係司徒小姐。

    Koey⁵ hai⁶ Si¹tou⁴ siu²ze².

27. 佢冇乜嘢唔妥。

    Koey⁵ mou⁵ mat¹ye⁵ m⁴ to⁵.

踏正一點 daap^{6}zing^3 yat^{1}dim^2: 정각 한시
★'踏'은 시계바늘이 움직이는 것을 가리킴.

跑馬地 Paau^{2}ma^{5}dei^{2*} : 파우마데이 (홍콩의 지명)

喺印尼番嚟 hai^2 Yan^{3}nei^6 faan^{1}lai^4 : 印尼에서 돌아오다

我去機場接機。Ngo^5 hoey^3 gei^{1}choeng^4 zip^3 gei^1.

영접차 공항에 갑니다. (我去机场接人)

你嘅行李放喺房入便。Nei^5 ge^3 hang^{4}lei^5 fong^3 hai^2 fong^2 yap^{6}bin^6.

짐은 방안에 두었습니다. (你的行李放在屋子里面)

銅鑼灣 Tung^{4}lo^{4}waan^1 : 퉁로완 (홍콩의 지명; 커즈웨이베이)

佢搬咗過九龍。Koey^5 bun^1 zo^2 gwo^3 Gau^{2}lung^4.

그는 까울룽으로 다시 이사했습니다. (他重新搬到九龙了)

中環 Zung^{1}waan^4 : 중완 (홍콩의 지명 ; the Centre)

十五個半。Sap^{6}ng^5 go^3 bun^3.

십 오원 오 십전 (十五快五毛)

佢好快脆就番嚟。Koey^5 hou^2 faai^{3}choey^3 zau^6 faan^{1}lai^4.

그는 매우 빨리 돌아올 겁니다. (他很快就会回来)

等多一個骨添啦。Dang^2 do^1 yat^{1}go^3 gwat^1 tim^1 la^1.

아직 십오분 더 기다리세요. (还多等一刻吧)

已經計到好平。Yi^{5}ging^1 gaai^3 dou^3 hou^2 peng^4.

이미 매우 싸게 부른 겁니다. (已经算做很便宜的了)

我哋事頭出咗門。Ngo^{5}dei^6 si^{6}tau^{2*} choet^1 zo^2 mun^4.

우리 사장님은 외출했습니다. (我们的老板出去了)

吳太 Ng^4 taai^{2*} : 미세스 응 ; Mrs. Ng.

★吳太는 "吳太太 Ng^4 taai^{3}taai^{2*}" 라고도 함.

佢冇乜嘢唔妥。Koey^5 mou^5 mat^{1}ye^5 m^4 to^5.

그는 별로 나쁘지 않다. (他没什么不好)

1. 重有兩個空位。
   Zung^{6}yau^5 loeng^{5}go^3 hung^{1}wai^2.

2. 等一陣就走。
   Dang^2 yat^{1}zan^6 zau^6 zau^2.

3. 我重未食飯㗎。
   Ngo^5 zung^{6}mei^6 sik^6 faan^6 ga^3.

4. 我做晒功課嘞。
   Ngo^5 zou^6 saai^3 gung^{1}fo^3 laak^3.

5. 我冇唔見咗嘢。
   Ngo^5 mou^5 m^4 gin^3 zo^2 ye^5.

7. 我畀一百文佢。
   Ngo^5 bei^2 yat^{1}baak^3 man^1 koey^5.

8. 重有幾間空房。
   Zung^{6}yau^5 gei^2 gaan^1 hung^{1}fong^2.

9. 我唔識食烟。
   Ngo^5 m^4 sik^1 sik^6 yin^1.

10. 我唔識佢。
    Ngo^5 m^4 sik^1 koey^5.

11. 我同佢好老友嘅。
    Ngo^5 tung^4 koey^5 hou^2 lou^{5}yau^5 ge^3.

12. 我唔中意打波。
Ngo⁵ m⁴ zung¹yi³ da² bo¹.

13. 我有枝墨水筆。
Ngo⁵ yau⁵ zi³ mak⁶soey²bat¹.

14. 我最中意食廣東菜。
Ngo⁵ zoey³ zung¹yi³ sik⁶ Gwong²dung¹choi³.

15. 你要着大碼嘅至啱。
Nei⁵ yiu³ zoek³ daai⁶ ma⁵ ge³ zi³ ngaam¹.

16. 呢一種冇你啱着嘅碼。
Nei¹ yat¹ zung² mou⁵ nei⁵ ngaam¹ zoek³ ge³ ma⁵.

17. 佢着中碼啱嘞。
Koey⁵ zoek³ zung¹ma⁵ ngaam¹ laak³.

18. 呢一種就化學啲, 唔包用㗎。
Nei¹ yat¹ zung² zau⁶ fa³hok⁶ di¹, m⁴ baau¹yiung⁶ ga³.

19. 嗰處冇巴士經過㗎。
Go²chyu³ mou⁵ ba¹si² ging¹gwo³ ga³.

20. 佐敦道八號。
Zo²doen¹dou⁶ baat³ hou⁶.

21. 我有陣時運海底隧道過海。
Ngo⁵ yau⁵zan⁶si⁴ wan⁶ hoi²dai² soey⁶dou⁶ gwo³ hoi².

22. 隨便打啦。
Choey⁴bin² da² la¹.

23. 我爸爸好憎人食烟飲酒。
Ngo⁵ ba⁴ba¹ hou² zang¹ yan⁴ sik⁶ yin¹ yam² zau².

24. 冇打過。
    Mou^5 da^2 gwo^3.

25. 搵番喇。
    Wan^2 faan^1 la^3.

어휘 및 문법 (6)

重有兩個空位。 Zung^{6}yau^5 loeng^{5}go^3 hung^{1}wai$^{2^*}$.

아직 빈자리 둘이 있습니다. (还有两个空位子)

我冇唔見咗嘢。 Ngo^5 mou^5 m^4 gin^3 zo^2 ye^5.

물건 분실 안했습니다. (我没有遗失什么东西)

我而家做緊嘢。 Ngo^5 yi^{4}ga^1 zou^6 gan^2 ye^5.

저는 지금 일하고 있습니다. (我现在做着工作)

畀一百文佢 bei^2 yat^{1}baak^3 man$^{1^*}$ koey^5 : 그에게 백 원 주다

★'識'은 "…을 할 줄 안다 ; 사람을 알다" 등의 의미를 나타냄.

我唔中意打波。 Ngo^5 m^4 zung^{1}yi^3 da^2 bo$^{1^*}$.

나는 공놀이를 안 좋아합니다. (我不喜欢打球)

墨水筆 mak^{6}soey^{2}bat^1 : 만년필

廣東菜 Gwong^{2}dung^{1}choi^3 : 광동요리

你要着大碼嘅至啱。 Nei^5 yiu^3 zoek^3 daai^6 ma^5 ge^3 zi^3 ngaam^1.

큰 칫수 입어야 맞겠어요. (你要穿大号的才合适)

呢一種冇你啱着嘅碼。 Nei^1 yat^1 zung^2 mou^5 nei^5 ngaam^1 zoek^3 ge^3 ma^5. 이런건 맞는 치수가 아닙니다. (这种不是适合你穿的尺码)

佢着中碼啱嘞。 Koey^5 zoek^3 zung^{1}ma^5 ngaam^1 laak^3.

그는 중간치수 입으면 맞습니다. (他穿中号合适)

★化學 fa^{3}hok^6 : 믿을 수 없다 ; 불량이다

冇巴士經過 mou^5 ba^{1}si$^{2^*}$ ging^{1}gwo^3 : 경과하는 버스가 없다.

佐敦道 Zo^{2}doen^{1}dou^6 : 조돈도우 (홍콩의 지명)

★'運'은 "…를 거쳐 ; …를 돌아서"의 의미 임.

有陣時 yau⁵zan⁶si⁴ : 어떤 때

海底隧道 hoi²dai² soey⁶dou⁶ : 해저터널

憎人食烟飲酒 : 흡연, 음주자를 미워하다 ★'憎zang¹' : 증오하다

搵番喇。Wan² faan¹ la³. 찾았습니다. (找到了)

甲. 李師奶早晨。

Lei^5 si^{1}naai^1 zou^{2}san^4.

乙. 黃先生早晨。

Wong^4 sin^{1}saang^1 zou^{2}san^4.

甲. 冇見咁耐, 幾好呀嘛?

Mou^5 gin^3 gam^3 noi^6, gei^{2}hou^2 a^{1}ma^3?

乙. 幾好, 有心, 你呢。

Gei^{2}hou^2, yau^5 sam^1, nei^5 ne^1?

甲. 我幾好, 你屋企個個都幾好呀嘛?

Ngo^5 gei^2 hou^2, nei^5 uk^{1}kei^2 go^{3}go^3 dou^1 gei^{2}hou^2 a^{1}ma^3?

乙. 個個都算託賴, 你眞係有心。

Go^{3}go^3 dou^1 syn^3 tok^{3}laai^6, nei^5 zan^{1}hai^6 yau^5 sam^1.

甲. 得閒請嚟坐。

Dak^1 haan^4 cheng^2 lai^4 cho^5.

乙. 好, 第日搵你傾偈。

Hou^2, dai^{6}yat^6 wan^2 nei^5 king^{1}gai^2.

甲. 再見。

Zoi^3 gin^3.

甲. 馮小姐，乜咁啱呀?
Fung⁴ siu²ze², mat¹ gam³ ngaam¹ a³?

乙. 陳先生，幾好呀嘛?
Chan⁴ sin¹saang¹, gei²hou² a¹ma³?

甲. 大家一樣，我哋好耐冇見嘞。
Daai⁶ga¹ yat¹yoeng⁶, ngo⁵dei⁶ hou² noi⁶ mou⁵ gin³ laak³.

乙. 都怕有成兩年幾咯。
Dou¹ pa³ yau⁵ seng⁴ loeng⁵nin⁴ gei² lok³.

甲. 你而家喺邊處做嘢呀?
Nei⁵ yi⁴ga¹ hai² bin¹chyu³ zou⁶ ye⁵ a³?

乙. 都係喺舊陣時嗰度啫。
Dou¹ hai⁶ hai² gau⁶zan⁶si⁴ go²dou⁶ ze¹.

甲. 今日眞係凍得交關。
Gam¹yat⁶ zan¹hai⁶ dung³ dak¹ gaau¹gwaan¹.

乙. 係呀，未曾試過咁凍㗎。
Hai⁶ a³, mei⁶ chang⁴ si³ gwo³ gam³ dung³ ga³.

甲. 你啲日本話學成點呀?
Nei⁵ di¹ Yat⁶bun²wa² hok⁶seng⁴ dim² a³?

乙. 學極都唔會嘅，都唔知學到幾時至識講。
Hok⁶ gik⁶ dou¹ m⁴ wui⁵ ge², dou¹ m⁴ zi¹ hok⁶ dou³ gei²si⁴ zi³ sik¹ gong².

甲. 你實得嘅，畀心機啦。

Nei^5 sat^6 dak^1 ge^3, bei^2 sam^{1}gei^1 la^1.

乙. 喂，得閒記得打電話畀我呀。

Wai^1, dak^1 haan^4 gei^{3}dak^1 da^2 din^{6}wa^2 bei^2 ngo^5 a^3.

◆ ◆ ◆ ◆ ◆ ◆ ◆ ◆ ◆ ◆ ◆ ◆ ◆ ◆ ◆

層出不窮 chang^{4}choet^1-bat^{1}kung^4（层出不穷）

名不虛傳 ming^{4}bat^1-hoey^{1}chyun^4（名不虚传）

飛禽走獸 fei^{1}kam^4-zau^{2}sau^3（飞禽走兽）

改革開放 goi^{2}gaak^3-hoi^{1}fong^3（改革开放）

冇見咁耐 mou⁵ gin³ gam³ noi⁶ : 매우 오래 못 만났다

★'咁'은 본래 "그렇게, 이렇게"의 의미를 나타내지만 여기서는 확대된 의미로 '매우'
  의 의미를 나타냄. 예를 들어 "呢場雨落到咁大"라고 하면 "이번 비는 매우 많이
  내리는 군" 으로 해석 될 수 있다.

你屋企個個都幾好呀嘛? Nei⁵ uk¹kei²* go³go³ dou¹ gei²hou² a¹ma³?

댁에는 다들 잘 계십니까? (你家里各位都过得好吗?)

算託賴 syn³ tok³laai⁶ : 덕분인 셈이다 (謙讓의미의 常套語)

★'託賴'는 만다린의 '托福'에 해당됨.

第日搵你傾偈。 dai⁶yat⁶ wan² nei⁵ king¹gai².

다음에 이야기 나누자. (改天找你聊天)

★'第日'은 '다른 날'을 가리킴. 다른 사람은 '第個人'이라고 하는데 이는 본래 '두번째'
  가 아닌 '다른' 의 의미를 가진 '第二 dai⁶yi⁶'가 '第'로 축략되어 '第二日'이라고 잘
  안하기 때문임.

乜咁啱呀? mat¹ gam³ ngaam¹ a³.

왜 그렇게 공교롭지? (怎么那么巧啊)

喺舊陣時嗰度啫。 hai² gau⁶zan⁶si⁴ go²dou⁶ ze¹.

지난번 그곳에 있어요. (在以前那个地方)

★舊陣時는 '과거'를 뜻하며 '嗰度'는 그 장소를 가리킴.
★'啫'는 별 특별한 것이 없고 여전함을 나타내는 어기조사

凍得交關 dung³ dak¹ gaau¹gwaan¹ : 극심하게 춥다
未曾試過咁凍㗎。 mei⁶ chang⁴ si³ gwo³ gam³ dung³ ga³.

일찍이 그렇게 추운 건 겪은적 없다. (曾未碰见过这么冷的天)

★동사+極都 gik⁶ dou¹ 는 "아무리 …해도" 의 의미.

你實得嘅, 畀心機啦。Nei^5 sat^6 dak^1 ge^3, bei^2 sam^{1}gei^1 la^1.
꼭 할 수 있어, 열심히 해。(你一定成功, 用功吧)

第八課　天氣

甲. 你有冇聽天氣報告呀?

Nei⁵ yau⁵ mou⁵ teng¹ tin¹hei³ bou³gou³ a³?

乙. 有呀，電台話下晝會落雨。

Yau⁵ a³, din⁶toi⁴ wa⁶ ha⁶zau³ wui⁵ lok⁶ yu⁵.

甲. 我睇唔會啩? 而家重有日頭。

Ngo⁵ tai² m⁴ wui⁵ gwa³? Yi⁴ga¹ zung⁶ yau⁵ yat⁶tau².

乙. 呢個天時話唔埋㗎，有時好天，有時又會落雨。

Ni¹go³ tin¹si⁴ wa⁶m⁴maai⁴ ga³, yau⁵si⁴ hou²tin¹, yau⁵si⁴ yau⁶ wui⁵ lok⁶ yu⁵.

．．．．．．．．．．．．．．．．．．．．

甲. 今日成個天都黑晒。

Gam¹yat⁶ seng⁴go³ tin¹ dou¹ hak¹ saai³.

乙. 我睇呢場雨落起嚟都幾大㗎。

Ngo⁵ tai² nei¹ choeng⁴ yu⁵ lok⁶ hei²lei⁴ dou¹ gei² daai⁶ ga³.

甲. 你有冇帶遮呀?

Nei⁵ yau⁵ mou⁵ daai³ ze¹ a³?

乙. 冇呀，不過我帶咗雨褸。

Mou⁵ a³, bat¹gwo³ ngo⁵ daai³ zo² yu⁵lau¹.

甲. 嘩! 乜呢場雨落得咁大!

Wa⁴! Mat¹ nei¹ choeng⁴ yu⁵ lok⁶ dak¹ gam³ daai⁶!

乙. 係呀, 唔知要落到幾時呢!

Hai⁶ a³, m⁴ zi¹ yiu³ lok⁶ dou³ gei²si⁴ ne¹!

甲. 我睇重有排落。

Ngo⁵ tai² zung⁶ yau⁵ paai⁴ lok⁶.

乙. 你話呢場風打唔打得成?

Nei⁵ wa⁶ nei¹ choeng⁴ fung¹ da² m⁴ da² dak¹ seng⁴?

甲. 希望打唔成喇。不過, 天文臺已經扯起咗三號波。

Hei¹mong⁶ da²m⁴seng⁴ la³. Bat¹gwo³, tin¹man⁴toi⁴ yi⁵ging¹ che² hei² zo² saam¹ hou⁶ bo¹.

甲. 今日天氣咁好, 你去唔去郊外行吓呀?

Gam¹yat⁶ tin¹hei³ gam³ hou², nei⁵ hoey³ m⁴ hoey³ gaau¹ngoi⁶ haang⁴ ha⁵ a³?

乙. 好呀, 呢種天氣日頭又唔猛, 影相最啱。

Hou² a³, ni¹ zung² tin¹hei³ yat⁶tau² yau⁶ m⁴ maang⁵, ying²soeng² zoey³ ngaam¹.

炒蝦片 chaau²ha¹pin² (炒虾片)

燒鵝 siu¹ngo² (烤鹅)

白斬鷄 baak³zaam²gai¹ (白切鸡)

冬菇湯 dung¹gu¹tong¹ (蘑菇汤)

蝦餃 ha^{1}gaau^2 (虾肉饺子)

叉燒包 cha^{1}siu^{1}baau^1 (叉烧包子)

燒賣 siu^{1}maai^2 (烧卖)

燒鴨 siu^{1}ngaap^2 (烤鸭)

腊腸 laap^{6}choeng^2 (香肠)

菜牌 choi^{3}paai^2 (菜单)

電台話下晝會落雨。din^{6}toi^4 wa^6 ha^{6}zau^3 wui^5 lok^6 yu^5.

방송국에서 오후에 비 온다고 해요. (电台说下午会下雨)

我睇唔會啩? Ngo^5 tai^2 m^4 wui^5 gwa^3?

내가 보기엔 그럴 리 없어요. (我看不会吧)

而家重有日頭。Yi^{4}ga^1 zung^6 yau^5 yat^{6}tau^{2*}.

지금 아직 해가 있어요. (现在还有太阳)

★'啩'는 예상이나 추측을 나타내는 어기조사

★'日頭'는 태양을 의미하기도 하고 또 대낮을 나타내기도 함.

태양은 다른 한편으로 '熱頭 yit^{6}tau^{2*}'라고도 함.

話唔埋 wa^{6}m^{4}maai^4 : 확실하게 말할 수 없다

今日成個天都黑晒。Gam^{1}yat^6 seng^{4}go^3 tin^1 dou^1 hak^1 saai^3.

오늘 온 하늘이 다 컴컴하다. (今天整个天空都黑黑的)

呢場雨落起嚟都幾大㗎。nei^{1}choeng^4 yu^5 lok^6 hei^{2}lei^4 dou^1 gei^2 daai^6 ga^3.

이번 비는 내리면 제법 많겠다. (这场雨下起来可不小)

你有冇帶遮呀? Nei^5 yau^5 mou^5 daai^3 ze^1 a^3?

우산 갖고 있어요? (你带雨伞没有)

乜呢場雨落得咁大! Mat^1 nei^1 choeng^4 yu^5 lok^6 dak^1 gam^3 daai^6!

이번 비는 무척 세게 내리네! (这场雨下得好大)

唔知要落到幾時呢! m^4 zi^1 yiu^3 lok^6 dou^3 gei^{2}si^4 ne^1!

언제까지 내릴지 모르겠군! (不晓得要下到什么时候)

重有排落 zung^6 yau^5 paai^4 lok^6 : 아직 한동안 내릴 것이다

★'排'는 한 동안, 즉 일정한 시간을 가리킴 ; (一段時間)

風打唔打得成? fung^1 da^2 m^4 da^2 dak^1 seng^4?

바람(태풍)이 불 수 있을까요? (风能刮起来吗)

日頭又唔猛, 影相最啱。 yat^{6}tau^2 yau^6 m^{4}maang^5, ying^{2}soeng^2 zoey^3 ngaam^1.

해도 안 강열해서 촬영엔 최적이죠. (光线不强烈, 照相最适合)

第九課 時候

甲. 請問而家幾多點鐘呀?

Cheng² man⁶ yi⁴ga¹ gei²do¹ dim²zung¹ a³?

乙. 我嘅錶而家踏正十二點。

Ngo⁵ ge³ biu¹ yi⁴ga¹ daap⁶zing³ sap⁶yi⁶ dim².

乙. 你嘅錶踏幾?

Nei⁵ ge³ biu¹ daap⁶ gei²?

甲. 我嘅錶重爭一個字至夠十點。

Ngo⁵ ge³ biu¹ zung⁶ zaang¹ yat¹go³ zi⁶ zi³ gau³ sap⁶ dim².

甲. 你乜嘢時候嚟探我?

Nei⁵ mat¹ye⁵ si⁴hau⁶ lai⁴ taam³ ngo⁵?

乙. 八點一個骨度啦。

Baat³ dim² yat¹go³ gwat¹ dou² la¹.

• • • • • • • • • • • • • • • • • • •

甲. 去羅湖嘅早班火車幾時開出?

Hoey³ Lo⁴wu⁴ ge³ zou²baan¹ fo²che¹ gei²si⁴ hoi¹choet¹?

乙. 六點幾。

Luk⁶ dim² gei².

乙. 你想搭幾點嘅班船去荃灣?

Nei⁵ soeng² daap³ gei² dim² ge³ baan¹syn⁴ hoey³ Chyun⁴waan¹?

甲. 八點半咽渡。

Baat³ dim² bun³ go² dou⁶.

● ● ● ● ● ● ● ● ● ● ● ● ● ● ● ● ● ●

甲. 你幾點鐘番學?

Nei⁵ gei² dim²zung¹ faan¹hok⁶?

乙. 上畫七點。

Soeng⁶zau³ chat¹ dim².

乙. 你幾點鐘放工?

Nei⁵ gei² dim²zung¹ fong³gung¹?

甲. 夜晚六點。

Ye⁶maan⁵ luk⁶ dim².

乙. 佢乜嘢時間番嚟㗎?

Koey⁵ mat¹ye⁵ si⁴gaan³ faan¹lai⁴ ga³?

甲. 大概下畫三點左右啦。

Daai⁶koi³ ha⁶zau³ saam¹ dim² zo²yau⁶ la¹.

● ● ● ● ● ● ● ● ● ● ● ● ● ● ● ● ● ●

甲. 今日禮拜幾?

Gam¹yat⁶ lai⁵baai³ gei²?

乙. 禮拜五。

Lai⁵baai³ ng⁵.

甲. 佢幾時番去星加坡?

Koey⁵ gei²si⁴ faan¹hoey³ Sing¹ga¹bo¹?

乙. 佢會喺五月初五番過去嗰便。

Koey⁵ wui⁵ hai² ng⁵ yut⁶ cho¹ ng⁵ faan¹ gwo³ hoey³ go²bin⁶.

甲. 你幾時生日㗎?

Nei⁵ gei²si⁴ saang¹yat⁶ ga³?

乙. 我喺八月十五號生日嘅。

Ngo⁵ hai² baat³ yut⁶ sap⁶ng⁵ hou⁶ saang¹yat⁶ ge³.

甲. 呢度乜嘢時候最熱?

Ni¹dou⁶ mat¹ye⁵ si⁴hau⁶ zoey³ yit⁶?

乙. 六, 七月嗰陣最熱。

Luk⁶, chat¹ yut⁶ go²zan⁶ zoey³ yit⁶.

你嘅錶踏幾? Nei^5 ge^3 biu^1 daap^6 gei^2?

시계가 몇 시죠? (你的表几点钟)

重爭一個字至夠十點。 zung^6 zaang^1 yat^{1}go^3 zi^6 zi^3 gau^3 sap^6 dim^2.

열시되기에 아직 오 분 부족합니다. (还差五分十点)

★爭 zaang^1 : 차이가 있다 ; 부족하다 ; 결여되다 ; 빚지다

★探 taam^3 : 방문하다 ; 찾다

羅湖 Lo^{4}wu^4 : 로우 (홍콩의 지명)

早班火車 zou^{2}baan^1 fo^{2}che^1 : 첫 기차 (first train ; 头班火车)

班船 baan^{1}syn^4 : 정기 선 ; 페리 (ferry ; 渡輪)

荃灣 Chyun^{4}waan^1 : 췬완 (홍콩의 지명)

八點半嗰渡。 Baat^3 dim^2 bun^3 go^2 dou^6.

여덟시 반 페리호 (八点半渡轮)

★番學 faan^{1}hok^6 : 등교하다 ; 番工 faan^{1}gung^1 : 출근하다

番去星加坡 faan^{1}hoey^3 Sing^{1}ga^{1}bo^1 : 싱가폴로 돌아가다

番過去嗰便 faan^1 gwo^3 hoey^3 go^{2}bin^6 : 다시 거기로 돌아가다

六, 七月嗰陣最熱。 Luk^6, chat^1 yut^6 go^{2}zan^6 zoey^3 yit^6.

육칠월 그 때가 가장 덥습니다. (六月份、七月份最热)

★'嗰陣 go^{2}zan^6'은 그 때를 뜻하며 '嗰陣時'라고도 함.(那时候)

★過 gwo^{3}는 광동어에서 관화와 일치하는 몇 가지 외에 다음과 같은 별개의 용법이 있음.

1. 비교를 나타내는 경우 (…보다)와 베푸는 경우 (…에게)

呢個人好過嗰個人。 / 大佬每個月都要畀錢過屋企。

2. 보어적 용법 ; '得'뒤에 위치해 "…할만하다"의 의미 표현.
   呢件衫着得過嘅, 又平又好睇。

3. 동사 뒤에서 그 동작이 거듭하여 실행되는 것을 나타냄.
   佢而家唔喺處, 等到聽日嚟探過啦。

甲. 借枝筆使吓得唔得?

Ze³ zi¹ bat¹ sai² ha⁵ dak¹ m⁴ dak¹?

乙. 得, 嗱, 搦去啦。

Dak¹, na⁴, nik¹ hoey³ la¹.

甲. 唔該, 我淨係寫個名啫。

M⁴ goi¹, ngo⁵ zing⁶ hai⁶ se² go³ meng² ze¹.

乙. 寫乜嘢都唔緊要, 我橫掂而家都未使用佢。

Se² mat¹ye⁵ dou¹ m⁴ gan²yiu³, ngo⁵ waang⁴dim⁶ yi⁴ga¹ dou¹ mei⁶ sai²yiung⁶ koey⁵.

甲. 還番枝筆畀你, 唔該晒。

Wan⁴ faan¹ zi¹ bat¹ bei² nei⁵, m⁴ goi¹ saai³.

● ● ● ● ● ● ● ● ● ● ● ● ● ● ● ● ● ● ●

甲. 同我寄咗呢封擔保信得唔得?

Tung⁴ ngo⁵ gei³ zo² nei¹ fung¹ daam¹bou²soen³ dak¹ m⁴ dak¹?

乙. 寄去邊處呀?

Gei³ hoey³ bin¹chyu³ a³?

甲. 寄去菲律賓。

Gei³ hoey³ Fei¹loet¹ban¹.

乙. 好啦, 我同你拎去寄啦。

Hou² la¹, ngo⁵ tung⁴ nei⁵ ning¹ hoey³ gei³ la¹.

甲. 唔該晒。

M⁴ goi¹ saai³.

● ● ● ● ● ● ● ● ● ● ● ● ● ● ● ● ● ● ●

甲. 唔該你, 我想搵廁所, 喺邊度呀?

M⁴ goi¹ nei⁵, ngo⁵ soeng² wan² chi³so², hai² bin¹dou⁶ a³?

乙. 等一陣, 我同你問吓啲伙記。

Dang² yat¹zan⁶, ngo⁵ tung⁴ nei⁵ man⁶ ha⁵ di¹ fo²gei³.

乙. 佢話喺嗰便, 轉咗彎就係。

Koey⁵ wa⁶ hai² go²bin⁶, zyun³ zo² waan¹ zau⁶ hai⁶.

甲. 哦, 唔該你。

O⁶, m⁴ goi¹ nei⁵.

● ● ● ● ● ● ● ● ● ● ● ● ● ● ● ● ● ● ●

甲. 請問海洋公園喺邊處?

Cheng² man⁶ Hoi²yoeng⁴ gung¹yun² hai² bin¹chyu³?

乙. 喺香港仔黃竹坑。

Hai² Hoeng¹gong²zai² Wong⁴zuk¹haang¹.

甲. 你去過未?

Nei⁵ hoey³ gwo³ mei⁶?

乙. 重未曾去過。

Zung⁶ mei⁶chang⁴ hoey³ gwo³.

甲. 你打算幾時去睇吓呀?

Nei^5 da^{2}syun^3 gei^{2}si^4 hoey^3 tai^2 ha^5 a^3?

乙. 遲啲先啦。

Chi^4 di^1 sin^1 la^1.

借枝筆使吓得唔得? Ze³ zi¹ bat¹ sai² ha⁵ dak¹ m⁴ dak¹?

이 펜 빌려 써도 되겠습니까? (这支笔可不可以借给我用)

★'得'은 "가능하다, 된다"의 의미로 부정의 의미는 "唔得"이며 의문을 나타내는 "得 唔得?" 형식은 문장의 후미에 위치함.

搦去啦。nik¹ hoey³ la¹.

가지고 가세요 (拿去吧)

★"搦去 nik¹ hoey³"를 때로는 "拎去 ning¹ hoey³"로 하기도 함.

我淨係寫個名啫。ngo⁵ zing⁶ hai⁶ se² go³ meng² ze¹.

저는 단지 이름만 씁니다. (我只是写个名字)

★'橫掂 waang⁴dim⁶은 '어차피'로 번역될 수 있음 (反正)

而家都未使用佢。yi⁴ga¹ dou¹ mei⁶ sai²yiung⁶ koey⁵.

지금은 그것을 사용 안합니다. (现在不用它)

還番枝筆畀你。Wan⁴ faan¹ zi¹ bat¹ bei² nei⁵·

이 펜을 돌려주겠습니다. (这支笔还给你)

★'擔保信 daam¹bou²soen³'은 등기우편을 가리키며 다른 말로 '掛號信 gwa³ hou⁶soen³'이라고도 함.

我同你拎去寄啦。ngo⁵ tung⁴ nei⁵ ning¹ hoey³ gei³ la¹.

당신을 위해 가져가 부치겠습니다. (我替你拿去寄吧)

我想揾厠所 ngo⁵ soeng² wan² chi³so² : 화장실을 찾고 싶다

等一陣 dang² yat¹zan⁶ : 잠시 기다리십시오

問吓啲伙記 : man⁶ ha⁵ di¹ fo²gei³ : 점원들에게 물어 보겠다

轉咗彎就係。zyun³ zo² waan¹ zau⁶ hai⁶.

모퉁이를 돌면 바롭니다. (拐弯了就是)

海洋公園 Hoi²yoeng⁴ gung¹yun²* : Ocean Park (홍콩)

香港仔黃竹坑 : 홍콩 Aberdeen(香港仔)의 지명

遲啲先啦。Chi⁴ di¹ sin¹ la¹. 천천히 가죠 (过一段时间后吧)

第十一課　搭車

甲. 請問由邊條路去碧麗宮㗎?
Cheng² man⁶ yau⁴ bin¹ tiu⁴ lou⁶ hoey³ Bik¹lai⁶gung¹ ga³?

乙. 你跟住呢條路行過去, 到咗第二個街口, 轉咗彎就係嘞。
Nei⁵ gan¹zyu⁶ ni¹ tiu⁴ lou⁶ haang⁴ gwo³ hoey³, dou³ zo² dai⁶yi⁶ go³ gaai¹hau², zyun³ zo² waan¹ zau⁶ hai⁶ laak³.

甲. 轉咗彎重有幾遠呀?
Zyun³ zo² waan¹ zung⁶ yau⁵ gei² yun⁵ a³?

乙. 轉咗彎就睇見嘅嘞, 好近啫。
Zyun³ zo² waan¹ zau⁶ tai²gin³ ge³ laak³, hou² kan⁵ ze¹.

甲. 都幾難揾個嚿, 好彩問吓你啫,唔係盲摸摸,都唔知摸咗去邊處。
Dou¹ gei² naan⁴ wan² go³ bo³, hou²choi² man⁶ ha⁵ nei⁵ ze¹, m⁴ hai⁶ maang⁴ mo²mo² dou¹ m⁴ zi¹ mo² zo² hoey³ bin¹chyu³.

乙. 唔使客氣。
M⁴ sai² haak³hei³.

● ● ● ● ● ● ● ● ● ● ● ● ● ● ● ● ● ●

甲. 先生, 唔該你話我知, 運邊條路去郵政局㗎?
Sin¹saang¹, m⁴ goi¹ nei⁵ wa⁶ ngo⁵ zi¹, wan⁶ bin¹ tiu⁴ lou⁶ hoey³ yau⁴zing³guk² ga³?

乙. 對唔住，我都係啱啱嚟呢度嘅咋，你問吓第二個啦。

Doey³m⁴zyu⁶, ngo⁵ dou¹ hai⁶ ngaam¹ngaam¹ lei⁴ ni¹dou⁶ ge³ ze¹, nei⁵ man⁶ ha⁵ dai⁶yi⁶ go³ la¹.

乙. 你最好搭電車去，行過對面嗰個車站搭車。

Nei⁵ zoey³hou² daap³ din⁶che¹ hoey³, haang⁴ gwo³ doey³min⁶ go²go³ che¹zaam⁶ daap³ che¹.

甲. 坐車要坐幾耐㗎?

Cho⁵ che¹ yiu³ cho⁵ gei² noi⁶ ga³?

乙. 大約三個字度啦。

Daai⁶yoek³ saam¹go³ zi⁶ dou² la¹.

甲. 勞煩晒，唔該你。

Lou⁴faan⁴ saai³, m⁴ goi¹ nei⁵.

• • • • • • • • • • • • • • • • • • •

甲. 請問去港澳碼頭，要搭幾多號車㗎?

Cheng² man⁶ hoey³ Gong²ou³ ma⁵tau⁴, yiu³ daap³ gei²do¹ hou⁶ che¹ ga³?

乙. 搭111號隧道巴士。

Daap³ yat¹yat¹yat¹ hou⁶ soey⁶dou⁶ ba¹si².

甲. 哦，落咗車要行幾遠㗎?

O⁶, lok⁶ zo² che¹ yiu³ haang⁴ gei² yun⁵ ga³?

乙. 行出海皮嗰度就係。

Haang⁴ choet¹ hoi²pei⁴ go²dou⁶ zau⁶ hai⁶.

甲. 好耐都唔該。

Hou² noi⁶ dou¹ m⁴ goi¹.

乙. 唔使唔該。

M⁴ sai² m⁴ goi¹

● ● ● ● ● ● ● ● ● ● ● ● ● ● ● ● ● ● ●

甲. 由呢條路去紅磡火車站啱唔啱?

Yau⁴ ni¹tiu⁴ lou⁶ hoey³ Hung⁴ham³ fo²che¹zaam⁶ ngaam¹ m⁴ ngaam¹?

乙. 唔啱, 呢條路係去尖沙咀碼頭嘅。

M⁴ ngaam¹, ni¹tiu⁴ lou⁶ hai⁶ hoey³ Zim¹sa¹zoey² ma⁵tau⁴ ge³.

乙. 你行番去嗰邊嗰條路至啱。

Nei⁵ haang⁴ faan¹ hoey³ go²bin¹ go²tiu⁴ lou⁶ zi³ ngaam¹.

甲. 唔該晒, 小姐。

M⁴ goi¹ saai³, siu²ze².

跟住呢條路行過去。gan¹zyu⁶ ni¹ tiu⁴ lou⁶ haang⁴ gwo³ hoey³
이길을 따라 걸어가다. (跟着这条路走过去)

第二個街口 dai⁶yi⁶ go³ gaai¹hau² : 두 번째 길목

轉咗彎就睇見嘅嘞。Zyun³ zo² waan¹ zau⁶ tai²gin³ ge³ laak³.
모퉁이를 돌면 바로 보입니다. (拐弯就看见的了)

都幾難揾個嚿 Dou¹ gei² naan⁴ wan² go³ bo³ : 꽤나 찾기 어려웠을
거야

★好彩 Ⓐ 唔係 Ⓑ hou²choi² Ⓐ m⁴ hai⁶ Ⓑ : 다행히 Ⓐ 했길 망정이지 아니었으면
　 Ⓑ 할 뻔했다

盲摸摸, 都唔知摸咗去邊處。maang⁴ mo²mo², dou¹ m⁴ zi¹ mo² zo²
hoey³ bin¹chyu³. 막막해서 어디로 헤어나갈지 모른다

啱啱嚟呢度 ngaam¹ngaam¹ lei⁴ ni¹dou⁶ : 금방 이곳에 오다

你問吓第二個啦。Nei⁶ man⁶ ha⁵ dai⁶yi⁶ go³ la¹. 다른 사람에게 물어
보세요.(你问别人吧)

★'嚟'는 lei⁴ 라고도 읽음.

★行過對面嗰個車站搭車 haang⁴ gwo³ doey³min⁶ go²go³ che¹zaam⁶ daap³ che¹ :
　 맞은편 저 정거장으로 건너가 타세요

★勞煩晒 lou⁴faan⁴ saai³ : 폐 끼쳤습니다

港澳碼頭 Gong²ou³ ma⁵tau⁴ : 홍콩 마카오 왕복 전용부두

落咗車要行幾遠㗎? Lok⁶ zo² che¹ yiu³ haang⁴ gei² yun⁵ ga³?
차에서 내려 얼마나 가죠? (下了车, 要走多远)

行出海皮嗰度就係。Haang⁴ choet¹ hoi²pei⁴ go²dou⁶ zau⁶ hai⁶.
해변으로 나가면 바로 있습니다. (走到海滨就是)

紅磡 Hung⁴ham³ : 홍험 (붉은 절벽 의미의 홍콩 지명)

啱唔啱 ngaam¹ m⁴ ngaam¹ : 맞습니까 틀립니까

尖沙咀碼頭 Zim¹sa¹zoey² ma⁵tau⁴ : 침사추이 부두

你行番去嗰邊嗰條路至啱。Nei⁵ haang⁴ faan¹ hoey³ go²bin¹ go²tiu⁴ lou⁶ zi³ ngaam¹. 저쪽편 저길로 되돌아가야 합니다.

甲. 吳先生，等我介紹你識，呢位係李小姐。

Ng^4 sin^{1}saang^1, dang^2 ngo^5 gaai^{3}siu^6 nei^5 sik^1, ni^{1}wai^2 hai^6 Lei^5 siu^{2}ze^2.

乙. 李小姐，幸會，幸會。

Lei^5 siu^{2}ze^2, hang^{6}wui^6, hang^{6}wui^6.

丙. 吳先生，我好高興認識你。

Ng^4 sin^{1}saang^1, ngo^5 hou^2 gou^{1}hing^3 ying^{6}sik^1 nei^5.

乙. 失敬，失敬，我哋嚟呢便坐低傾吓啦。

Sat^{1}ging^3, sat^{1}ging^3, ngo^{5}dei^6 lai^4 ni^{1}bin^6 cho^5 dai^1 king^1 ha^5 la^1.

● ● ● ● ● ● ● ● ● ● ● ● ● ● ● ● ● ●

甲. 等我嚟自己介紹，我叫慧明，係國强嘅朋友。

Dang^2 ngo^5 lai^4 zi^{6}gei^2 gaai^{3}siu^6, ngo^5 giu^3 Wai^{6}ming^4, hai^6 Gwok^{3}koeng^4 ge^3 pang^{4}yau^2.

乙. 哦，幾好呀嘛? 請坐。

O^6, gei^2 hou^2 a^{1}ma^3? Cheng^2 cho^5.

甲. 請問你係佢邊位?

Cheng^2 man^6 nei^5 hai^6 koey^5 bin^{1}wai^2?

乙. 我係佢爸爸。

Ngo^5 hai^6 koey^5 ba^{4}ba^1.

甲. 哦, 原來係世伯, 你幾好呀嘛?

O^6, yun^{4}loi^4 hai^6 sai^{3}baak^3, nei^5 gei^2 hou^2 a^{1}ma^3?

乙. 幾好, 有心。我去叫國强出嚟。

Gei^2 hou^2, yau^5 sam^1. Ngo^5 hoey^3 giu^3 Gwok^{3}koeng^4 choet^{1}lai^4.

• • • • • • • • • • • • • • • • • • •

甲. 白茹, 我嚟介紹你識, 呢位係我媽媽。

Baak^{6}yu^4, ngo^5 lai^4 gaai^{3}siu^6 nei^5 sik^1, ni^1 wai^2 hai^6 ngo^5 ma^{4}ma^1.

乙. 哦, 係伯母。

O^6, hai^6 baak^{3}mou^5.

甲. 亞媽, 呢個係我嘅書友白茹。

A^{3}ma^1, ni^{1}go^3 hai^6 ngo^5 ge^3 syu^{1}yau^2 Baak^{6}yu^4.

丙. 哦, 你就係白茹啞, 家明時時都講起你。

O^6, nei^5 zau^6 hai^6 Baak^{3}yu^4 a^4, ga^{1}ming^4 si^{4}si^4 dou^1 gong^2 hei^2 nei^5.

乙. 伯母, 你幾好呀嘛?

Baak^{3}mou^5, nei^5 gei^2 hou^2 a^{1}ma^3?

丙. 好, 你好有心, 隨便坐啦。

Hou^2, nei^5 hou^2 yau^5 sam^1, choey^{4}bin^2 cho^5 la^1.

• • • • • • • • • • • • • • • • • • •

甲. 等我自己嚟介紹, 我叫張生, 喺馬來西亞嚟嘅。

Dang^2 ngo^5 zi^{6}gei^2 lai^4 gaai^{3}siu^6, ngo^5 giu^3 Zoeng^{1}Saang^1, hai^2 Ma^{5}loi^{4}sai^{1}nga^3 lai^4 ge^3.

乙. 幸會, 幸會. 我叫林碧西, 喺曼谷嚟嘅。

Hang^{6}wui^6, hang^{6}wui^6, ngo^5 giu^3 Lam^4 Bik^{1}sai^1, hai^2 Maan^{6}guk^1 lai^4 ge^3.

甲. 哦, 林小姐, 你幾好呀嘛?

O^6, Lam^4 siu^{2}ze^2, nei^5 gei^2 hou^2 a^{1}ma^3?

乙. 幾好, 有心, 眞係啱嘞, 我哋都係由東南亞嚟個嘫。

Gei^{2}hou^2, yau^5 sam^1, zan^{1}hai^6 ngaam^1 laak^3, Ngo^{5}dei^6 dou^1 hai^6 yau^4 Dung^{1}naam^{4}nga^3 lai^4 go^3 bo^3.

等我介紹你識。Dang² ngo⁵ gaai³siu⁶ nei⁵ sik¹.

제가 소개하겠습니다. (让我来介绍给你)

幸會 hang⁶wui⁶ : 만나 뵙게 된 것을 행운으로 생각 합니다.

失敬 sat¹ging³ : 예의를 못 갖추었습니다.

我哋嚟呢便坐低傾吓啦。Ngo⁵dei⁶ lai⁴ ni¹bin⁶ cho⁵dai¹ king¹ ha⁵ la¹.

우리 여기와 앉아서 얘기합시다. (我们到这儿来坐下谈话吧)

等我嚟自己介紹。Dang² ngo⁵ lai⁴ zi⁶gei² gaai³siu⁶.

저 자신을 소개하겠습니다. (让我来自我介绍)

★"等我嚟自己介紹"는 "等我自己嚟介紹" 라고도 함.

世伯 sai³baak³ : 부친의 친구나 부친과 동년배의 분

我嚟介紹你識。Ngo⁵ lai⁴ gaai³siu⁶ nei⁵ sik¹.

제가 소개하겠습니다. (我来给你介绍)

伯母 baak³mou⁵ : 모친과 동년배의 분

馬來西亞 Ma⁵loi⁴sai¹nga³ : 말레이시아

喺曼谷嚟嘅 Hai² Maan⁶guk¹ lai⁴ ge³.

방콕에서 왔습니다. (从曼谷来的)

★哦 o⁶ : 수긍, 인정하는 어기를 나타내는 조사

眞係啱嘞。Zan¹hai⁶ ngaam¹ laak³.

정말 묘하군요. (真是那么巧)

★噃 bo³ : 견해나 생각을 분명히 하는 어기를 나타내는 조사

我哋都係由東南亞嚟個噃 : Ngo⁵dei⁶ dou¹ hai⁶ yau⁴ Dung¹naam⁴nga³
lai⁴ go³ bo³ : 우린 다 동남아에서 온 겁니다. (我们都是从东南亚来的)

★個噃 go³ bo³는 噃 bo³ 보다 조금 어기가 강함

★"당신을 알게 되어 매우 기쁘다"는 "我好高興認識你" 외에 "我識得你好高興"도 있지만 '高興' 대신 '歡喜fun¹hei²'를 사용하여 "我識得你好歡喜", "我認識你好歡喜"라고 말하기도 한다.

第十三課 探訪

甲. 請問李先生喺唔喺屋企呀?

Cheng² man⁶ Lei⁵ sin¹saang¹ hai² m⁴ hai² uk¹kei² a³?

乙. 佢喺處。請問邊位搵佢?

Koey⁵ hai² syu³. cheng² man⁶ bin¹wai² wan² koey⁵?

甲. 我叫方宇, 係李先生嘅親戚。

Ngo⁵ giu³ Fong¹yu⁵, hai⁶ Lei⁵ sin¹saang¹ ge³ chan¹chik¹.

乙. 請你等一陣, 我去叫佢。

Cheng² nei⁵ dang² yat¹zan⁶, ngo⁵ hoey³ giu³ koey⁵.

✦ ✦ ✦ ✦ ✦ ✦ ✦ ✦ ✦ ✦

甲. 張師奶喺唔喺呢度住㗎?

Zoeng¹ si¹naai¹ hai² m⁴ hai² ni¹dou⁶ zyu⁶ ga³?

乙. 佢而家唔喺度住喇, 佢搬咗喇。

Koey⁵ yi⁴ga¹ m⁴ hai² dou⁶ zyu⁶ la³, koey⁵ bun¹ zo² la³.

甲. 佢幾時搬㗎?

Koey⁵ gei²si⁴ bun¹ ga³?

乙. 佢搬咗成個禮拜囉。

Koey⁵ bun¹ zo² seng⁴go³ lai⁵baai³ lo³.

甲. 佢搬去邊度啞?

Koey⁵ bun¹ hoey³ bin¹dou⁶ a⁴?

乙. 聽講話搬咗去界限街喎。

Teng¹ gong² wa⁶ bun¹ zo² hoey³ Gaai³haan⁶gaai¹ wo⁵.

甲. 你知唔知幾多號門牌呀?

Nei⁵ zi¹ m⁴ zi¹ gei²do¹ hou⁶ mun⁴paai⁴ a³?

乙. 好似話係900號十六樓。

Hou²chi⁵ wa⁶ hai⁶ gau²baak³ hou⁶ sap⁶luk⁶ lau².

● ● ● ● ● ● ● ● ● ● ● ● ● ● ● ● ● ● ●

甲. 黃先生喺唔喺處呀?

Wong⁴ sin¹saang¹ hai² m⁴ hai² chyu³ a³?

乙. 佢啱啱出咗去.

Koey⁵ ngaam¹ngaam¹ choet¹ zo² hoey³.

甲. 佢幾時番嚟呀?

Koey⁵ gei²si⁴ faan¹ lai⁴ a³?

乙. 佢好快脆就會番嚟嘅嘞。

Koey⁵ hou² faai³choey³ zau⁶ wui⁵ faan¹lai⁴ ge³ laak³.

甲. 你知唔知佢去咗邊度啞?

Nei⁵ zi¹ m⁴ zi¹ koey⁵ hoey³ zo² bin¹dou⁶ a⁴?

乙. 佢冇話低噃, 請入嚟坐吓先啦。

Koey⁵ mou⁵ wa⁶ dai¹ bo³, cheng² yap⁶lei⁴ cho⁵ ha⁵ sin¹ la¹.

● ● ● ● ● ● ● ● ● ● ● ● ● ● ● ● ● ● ●

甲. 你爸爸喺唔喺屋企呀?

Nei⁵ ba⁴ba¹ hai² m⁴ hai² uk¹kei² a³?

乙. 佢番咗工。

Koey⁵ faan¹ zo² gung¹.

甲. 佢幾時至會喺處?

Koey⁵ gei²si⁴ zi³ wui⁵ hai² chyu³?

乙. 佢好多時七點鐘就番到嚟嘅嘞。

Koey⁵ hou²do¹si⁴ chat¹ dim²zung¹ zau⁶ faan¹ dou³ lai⁴ ge³ laak³.

乙. 你有冇嘢要話低呀?

Nei⁵ yau⁵ mou⁵ ye⁵ yiu³ wa⁶ dai¹ a³?

甲. 我姓李嘅, 今晚再嚟過啦。

Ngo⁵ sing³ Lei⁵ ge³, gam¹maan⁵ zoi³ lai⁴ gwo³ la¹.

請問邊位搵佢? Cheng^2 man^6 bin^{1}wai^{2*} wan^2 koey^5?

어느 분이 그를 찾으시죠? (请问哪一位找他呢)

張師奶喺唔喺呢度住㗎? Zoeng^1 si^{1}naai^{1*} hai^2 m^4 hai^2 ni^{1}dou^6 zyu^6 ga^3?

미세스 쳉은 여기 사십니까?(张太太是不是住在这儿)

★의문문에서 㗎 ga^{3}는 궁금함을 나타내는 어기가 있음

佢搬咗成個禮拜囉。 Koey^5 bun^1 zo^2 seng^{4}go^3 lai^{5}baai^3 lo^3.

그는 이사한지 일주일 됩니다. (他搬家一个星期了)

★成個禮拜 seng^{4}go^3 lai^{5}baai^{3}는 꼬박 한 주일을 가리킴.

聽講話 teng^1 gong^2 wa^6 : 들은 바에 의하면 ; '聽講'과 같음.

搬咗去界限街 bun^1 zo^2 hoey^3 Gaai^{3}haan^{6}gaai^1

가이한 街로 이사 갔다. (搬到界限街去了)

★搬咗去 bun^1 zo^2 hoey^3 : …로 이사 갔다

"搬咗去 Ⓐ"는 만다린의 "搬到 Ⓐ 去了"와 다른 구조임에 유의.

★喎 wo^5 : 남의 말을 전할 때나 의구심을 느낄 때 사용.

你知唔知幾多號門牌呀? Nei^5 zi^1 m^4 zi^1 gei^{2}do^1 hou^6 mun^{4}paai^4 a^3?

문패가 몇 번인지 압니까? (你知不知道门牌是多少号)

好似話係 hou^{2}chi^5 wa^6 hai^6 : …라고 말한 것 같습니다.

好快脆就會番嚟 hou^2 faai^{3}choey^3 zau^6 wui^5 faan^{1}lai^4 : 매우 빨리 돌아올 겁니다

★快脆 : 얼른, 빠르게

佢冇話低嗮 Koey^5 mou^5 wa^6 dai^1 bo^3 : 말을 남기지 않았다

★여기서 '低'는 '留下'의 의미를 지니며 동사 뒤에 위치함.

請入嚟坐吓先啦。 cheng² yap⁶lei⁴ cho⁵ ha⁵ sin¹ la¹.

먼저 들어와 앉아계십시오. (请先进来坐坐吧)

★'好多時'는 '통상적으로'의 의미; '番到嚟'는 '番嚟'를 가리킴.

你有冇嘢要話低呀? Nei⁵ yau⁵ mou⁵ ye⁵ yiu³ wa⁶ dai¹ a³?

남길 메모가 있습니까? (你有没有条子要留下)

甲. 你而家要番去呢咩?
Nei⁵ yi⁴ga¹ yiu³ faan¹hoey³ ne¹me¹?

乙. 係呀，我得閑至嚟過喇。
Hai⁶ a³, ngo⁵ dak¹haan⁴ zi³ lai⁴ gwo³ la³.

甲. 同我問候吓令壽堂。
Tung⁴ ngo⁵ man⁶hau⁶ ha⁵ ling⁶sau⁶tong².

乙. 你有心，我會話佢知。
Nei⁵ yau⁵ sam¹, ngo⁵ wui⁵ wa⁶ koey⁵ zi¹.

甲. 再見。
Zoi³ gin³.

● ● ● ● ● ● ● ● ● ● ● ● ● ● ● ● ● ● ●

甲. 伍太，我亞嫲問候你，幾好呀嘛?
Ng⁵taai², ngo⁵ a³ma⁴ man⁶hau⁶ nei⁵, gei² hou² a¹ma³?

乙. 幾好，你亞嫲眞係有心。佢近來好呀嘛?
Gei² hou², nei⁵ a³ma⁴ zan¹hai⁶ yau⁵ sam¹. Koey⁵ gan⁶loi⁴ hou² a¹ma³?

甲. 佢冇乜嘢。多謝你。
Koey⁵ mou⁵ mat¹ye⁵. Do¹ze⁶ nei⁵.

乙. 唔該你話佢知, 我第日去探佢。
M⁴ goi¹ nei⁵ wa⁶ koey⁵ zi¹, ngo⁵ dai⁶yat⁶ hoey³ taam³ koey⁵.

甲. 好呀, 第日至緊嚟坐嘢。
Hou² a³, dai⁶yat⁶ zi³gan² lai⁴ cho⁵ bo³.

• • • • • • • • • • • • • • • • • • •

甲. 劉先生, 我啱啱想搵你。
Lau⁴ sin¹saang¹, ngo⁵ ngaam¹ngaam¹ soeng² wan² nei⁵.

乙. 哦, 搵我有乜嘢事呀?
O⁶, wan² ngo⁵ yau⁵ mat¹ye⁵ si⁶ a³?

甲. 冬薇叫我問候你。
Dung¹mei⁴ giu³ ngo⁵ man⁶hau⁶ nei⁵.

乙. 佢眞係有我心。 佢幾好呀嘛?
Koey⁵ zan¹hai⁶ yau⁵ ngo⁵ sam¹. Koey⁵ gei² hou² a¹ma³?

甲. 佢冇乜點, 佢已經習慣咗嗰邊嘅生活, 叫你唔使掛心。
Koey⁵ mou⁵ mat¹ dim², koey⁵ yi²ging¹ zaap⁶gwaan³ zo² go²bin¹ ge³ saang¹wut⁶, giu³ nei⁵ m⁴ sai² gwa³sam¹.

乙. 要你特登嚟話我知, 唔該晒你嘢。
Yiu³ nei⁵ dak⁶dang¹ lai⁴ wa⁶ ngo⁵ zi¹, m⁴ goi¹ saai³ nei⁵ bo³.

甲. 唔使唔該。 再見。
M⁴ sai² m⁴ goi¹. Zoi³ gin³.

◆ ◆ ◆ ◆ ◆ ◆ ◆ ◆ ◆ ◆ ◆ ◆ ◆ ◆

鮮奶 sin^{1}naai^5 : fresh milk

橙汁 chaang^{4}zap^1 : orange juice

香蕉 hoeng^{1}ziu^1 : banana

荔枝 lai^{6}zi^1 : lichee

酸牛奶 syun^{1}ngau^{4}naai^5 : yogurt

鑛泉水 kwong^{3}chyun^{4}soey^2 : mineral water

威士忌 wai^{1}si^{6}gei^2 : whisky

啤酒 be^{1}zau^2 : beer

你而家要番去呢咩? Nei⁵ yi⁴ga¹ yiu³ faan¹hoey³ ne¹me¹?

지금 귀환하려고 합니까? (你现在要回去吗)

★呢咩 ne¹me¹ : 약간 뜻밖이라는 기분으로 반문하는 어기

我得閑至嚟過喇。Ngo⁵ dak¹haan⁴ zi³ lai⁴ gwo³ la³.

시간나면 다시 오겠어요. (有空我再来)

★여기서 "至嚟過"는 "再嚟過"와 같은 뜻으로서 '至'는 '再'의 의미로 廣東語 단어 '過'의 의미를 분명히 하는 역할을 함.

令壽堂 ling⁶sau⁶tong²: 상대방 모친에 대한 존칭, 자당(慈堂),

我會話佢知。ngo⁵ wui⁵ wa⁶ koey⁵ zi¹.

그분께 말씀 드리겠다. (我会告诉他)

近來 gan⁶loi⁴ : '요즈음'의 뜻으로 '呢排 ni¹paai²'와 비슷한말.

佢冇乜嘢。Koey⁵ mou⁵ mat¹ye⁵.

별고 없으십니다. (他没什么特别的事)

我第日去探佢。Ngo⁵ dai⁶yat⁶ hoey³ taam³ koey⁵.

다음에 만나러 가겠다. (我改天去访问他)

★때로는 '第日'을 '第時' 라고도 하는데, '第時'는 다른 날이 아닌 다른 때를 가리킴. 또한 다른 곳은 '第度', 다른 책은 '第本書', 다른 펜은 '第枝筆' 이라고 함.

我啱啱想搵你。Ngo⁵ ngaam¹ngaam¹ soeng² wan⁴ nei⁵.

나는 막 그대를 찾으려고 생각중이다. (我正想着找你)

★"冇乜點 mou⁵ mat¹ dim²"은 "冇乜嘢"와 비슷한 뜻임.

習慣咗喞邊嘅生活 zaap⁶gwaan³ zo² go²bin¹ ge³ saang¹wut⁶

그 쪽의 생활에 익숙해 있다. (对那里的生活习惯了)

唔使掛心 m^4 sai^2 gwa^{3}sam^1 : 걱정 필요 없다 (不用担心)

要你特登嚟話我知, 唔該晒你㗎。 일부러 제게 알려주니 고맙군요.

Yiu^3 nei^5 dak^{6}dang^1 lai^4 wa^6 ngo^5 zi^1, m^4 goi^1 saai^3 nei^5 bo^3.

第十五課 交通

甲. 請問呢架車去唔去新蒲崗㗎?

Cheng² man⁶ ni¹ ga³ che¹ hoey³ m⁴ hoey³ San¹pou⁴gong¹ ga³?

乙. 呢架車唔經過嗰度，搭五號啦。

Ni¹ ga³ che¹ m⁴ ging¹gwo³ go²dou⁶, daap³ ng⁵ hou⁶ la¹.

甲. 我想去飛機場，搭幾號車至啱呀?

Ngo⁵ soeng² hoey³ fei¹gei¹choeng⁴, daap³ gei² hou⁶ che¹ zi³ ngaam¹ a³?

乙. 你最好搭十三號巴士。

Nei⁵ zoey³hou² daap³ sap⁶saam¹ hou⁶ ba¹si².

甲. 唔該。

M⁴ goi¹.

●●●●●●●●●●●●●●●●●●●●

甲. 呢架車係唔係去跑馬地㗎?

Ni¹ ga³ che¹ hai⁶ m⁴ hai⁶ hoey³ paau²ma⁵dei² ga³?

乙. 係呀，上車啦。

Hai⁶ a³, soeng⁵ che¹ la¹.

甲. 要畀幾多錢㗎?

Yiu³ bei² gei²do¹ chin² ga³?

乙. 三毫子, 入錢啦。

Saam¹ hou⁴zi², yap⁶ chin² la¹.

● ● ● ● ● ● ● ● ● ● ● ● ● ● ● ● ● ●

甲. 喂, 的士!

Wai¹, dik¹si²!

乙. 去邊度呀, 太太?

Hoey³ bin¹dou⁶ a³, taai³taai²?

甲. 車我去山頂纜車站。一個骨到唔到得呀?

Che¹ ngo⁵ hoey³ Saan¹ding² laam⁶che¹zaam⁶. Yat¹ go³ gwat¹ dou³ m⁴ dou³ dak¹ a³?

乙. 四個字左右啦, 呢條路都幾塞車㗎。

Sei³ go³ zi⁶ zo²yau⁶ la¹, ni¹ tiu⁴ lou⁶ dou¹ gei² sak¹che¹ ga³.

甲. 唔該你開快啲, 我約咗朋友。

M⁴ goi¹ nei⁵ hoi¹ faai³ di¹, ngo⁵ yoek³ zo² pang⁴yau².

乙. 開到好快嘅嘞, 安全最緊要呀嘛, 你話啱唔啱?

Hoi¹ dou³ hou² faai³ ge³laak³, ngon¹chyun⁴ zoey³ gan²yiu³ a¹ma³, nei⁵ wa⁶ ngaam¹ m⁴ ngaam¹?

◆ ◆ ◆ ◆ ◆ ◆ ◆ ◆ ◆ ◆ ◆ ◆ ◆ ◆ ◆

北角 Bak¹gok³ : North Point

銅鑼灣 Tung⁴lo⁴waan¹ : Causeway Bay

灣仔 waan¹zai² : Wan Chai

中環 Zung¹waan⁴ : Central District

上環 Soeng^{6}waan^4 : Sheung Wan

油麻地 Yau^{4}ma^{4}dei^2 : Yau Ma Tei

旺角 Wong^{6}gok^3 : Mong Kok

尖沙咀 Zim^{1}sa^{1}zoey^2 : Tsim Sha Tsui

九龍塘 Gau^{2}lung^{4}tong^4 : Kowloon Tong

荃灣 Chyun^{4}waan^1 : Tsuen Wan

淺水灣 Chin^{2}soey^{2}waan^1 : Repulse Bay

呢架車唔經過嗰度 Ni¹ ga³ che¹ m⁴ ging¹gwo³ go²dou⁶.

이 차는 그곳을 안 지나갑니다. (这辆车不经过那儿)

搭幾號車至啱呀? daap³ gei² hou⁶ che¹ zi³ ngaam¹ a³?

몇 번 차를 타야 됩니까? (乘几路车才好呢)

★新蒲崗 San¹pou⁴gong¹, 跑馬地 Paau²ma⁵dei²*는 홍콩 지명

要畀幾多錢㗎? Yiu³ bei² gei²do¹ chin²* ga³?

얼마 내죠? (要多少钱)

入錢啦。 Yap⁶ chin²* la¹. 돈 넣으세요. (把钱放进去吧)

★외래어 가운데 "的士 dik¹si²*, 巴士 ba¹si²*, 菲林 fei¹lam²*, 恤衫 soet¹saam¹, 熱狗 yit⁶gau² (핫도그)" 등은 국제적으로 광범위하게 통용되는 廣東語 어휘라고 볼 수 있다.

山頂纜車 Saan¹ding² laam⁶che¹ : 피크 트램 (the Peak Tram)

到唔到得呀? dou³ m⁴ dou³ dak¹ a³?

도착 가능 합니까? (到得了到不了)

四個字左右啦。 Sei³ go³ zi⁶ zo²yau⁶ la¹.

이십분 정도 (二十分钟左右吧)

幾塞車㗎 gei² sak¹che¹ ga³ : 매우 차가 막힙니다

★㗎 ga³ 는 서술문에서 경고나 의지표명을 할 때 사용함.

唔該你開快啲。 M⁴ goi¹ nei⁵ hoi¹ faai³ di¹.

빨리 좀 운전 하세요. (请你开快一点)

我約咗朋友。 Ngo⁵ yoek³ zo² pang⁴yau².

친구와 약속 있어요 (我跟朋友约会了)

開到好快嘅嘞 Hoi^1 dou^3 hou^2 faai^3 ge^{3}laak^3 : 매우 빨리 몰고 있어요.

★여기서 '到'는 정태보어를 이끄는 관화의 '得'과 같은 용법 임.

你話啱唔啱? Nei^5 wa^6 ngaam^1 m^4 ngaam^1?

옳다고 생각되지 않습니까? (你说对不对)

中级篇 II

甲. 師奶, 唔該你借過下。

Si¹naai¹, m⁴goi¹ nei⁵ ze³gwo³ ha⁵.

乙. 對唔住, 阻住你添。

Doey³m⁴zyu⁶, zo²zyu⁶ nei⁵ tim¹.

甲. 哎呀! 對唔住, 踹親你隻脚添。

Ai¹ a⁴! Doey³m⁴zyu⁶, yai²chan¹ nei⁵ zek³ goek³ tim¹.

乙. 唔緊要。

M⁴ gan²yiu³

甲. 重痛唔痛呀?

Zung⁶ tung³ m⁴ tung³ a³?

乙. 而家冇咁痛囉。

Yi⁴ga¹ mou⁵ gam³ tung³ lo³.

● ● ● ● ● ● ● ● ● ● ● ● ● ● ● ● ● ● ●

甲. 琴日嘅事認真對唔住。

Kam⁴yat⁶ ge³ si⁶ ying⁶zan¹ doey³m⁴zyu⁶.

乙. 算數啦。過去嘅事重提嚟做乜嘢啊?

Syun³sou³ la¹. Gwo³hoey³ ge³ si⁶ zung⁶ tai⁴ lai⁴ zou⁶ mat¹ye⁵ a¹?

甲. 係我唔啱, 我係應該向你道歉嘅。

Hai⁶ ngo⁵ m⁴ ngaam¹, ngo⁵ hai⁶ ying¹goi¹ hoeng³ nei⁵ dou⁶hip³ ge³.

乙. 咁又唔使道歉，我明白嘅。
Gam³yau⁶ m⁴sai² dou⁶hip³, ngo⁵ ming⁴baak⁶ ge³.

甲. 你唔會怪我呀嘛?
Nei⁵ m⁴ wui⁵ gwai³ ngo⁵ a¹ma³?

乙. 傻啦，我唔會記喺個心度嘅。
So⁴ la¹, ngo⁵ m⁴ wui⁵ gei³ hai² go³ sam¹dou⁶ ge³.

＊＊＊＊＊＊＊＊＊＊＊＊＊＊＊＊＊＊＊

甲. 施小姐，我嚟遲咗，好對唔住。
Si¹ siu²ze², ngo⁵ lai⁴ chi⁴ zo², hou² doey³m⁴zyu⁶.

乙. 唔緊要，梗係塞車塞得好犀利定嘞。
M⁴gan²yiu³, gang²hai⁶ sak¹ che¹ sak¹dak¹ hou² sai¹lei⁶ ding⁶ laak³.

甲. 累你等咗咁耐，真係唔好意思。
Loey⁶ nei⁵ dang² zo² gam³ noi⁶, zan¹hai⁶ m⁴ hou² yi³si³.

乙. 冇，等咗一陣啫。
Mou⁵, dang² zo² yat¹zan⁶ ze¹.

＊＊＊＊＊＊＊＊＊＊＊＊＊＊＊＊＊＊

甲. 喂，羅先生，真係對唔住嘞。
Wai¹, Lo⁴ sin¹saang¹, zan¹hai⁶ doey³m⁴zyu⁶ laak³.

乙. 乜嘢事咁巴閉呀。
Mat¹ye⁵ si⁶ gam³ ba¹bai³ a³?

甲. 我唔見咗你本字典呀。
Ngo⁵ m⁴ gin³ zo² nei⁵ bun² zi⁶din² a³.

乙. 哦，好閒啫。

O^6, hou^2 haan^4 ze^1.

甲. 我想買番本畀你。

Ngo^5 soeng^2 maai^5 faan^1 bun^2 bei^2 nei^5.

乙. 唔使咯，我重有一本。

M^{4}sai^2 lok^3, ngo^5 zung^6 yau^5 yat^1 bun^2.

唔該你借過下。 M⁴goi¹ nei⁵ ze³gwo³ ha⁵.

지나가게 해주십시오. "借過"는 "借光過去"의 의미 임.

阻住你添。 Zo²zyu⁶ nei⁵ tim¹.

★'阻'는 "阻止", 즉 가로막음을 의미함 ; "阻住"의 '住'는 상태의 계속을 나타내는 조사 임

踹親你隻脚添。 Yai²chan¹ nei⁵ zek³ goek³ tim¹.

★'踹'는 "밟다"의 의미로 보통화의 '踩'에 해당되는 말.

★"踹親"의 '親'은 모종의 상황이 가해졌음을 나타내는 조사.

重痛唔痛呀? Zung⁶ tung³ m⁴ tung³ a³?

아직 통증이 있습니까?

而家冇咁痛囉。 Yi⁴ga¹ mou⁵ gam³ tung³ lo³.

지금은 그렇게 아픈 편이 아닙니다.

認眞對唔住。 Ying⁶zan¹ doey³m⁴zyu⁶.

참으로 미안합니다. ★'認'을 ying⁶ 으로 발음하는 것에 주의.

算數啦 syun³sou³ la¹ : 됐다 ; 해결된 것으로 간주하자.

重提嚟做乜嘢啊? Zung⁶ tai⁴ lai⁴ zou⁶ mat¹ye⁵ a¹?

다시 언급해서 뭐하겠어요?

★係我唔啱 Hai⁶ ngo⁵ m⁴ ngaam¹ : 제가 올바르지 않았습니다.

咁又唔使道歉。 Gam³yau⁶ m⁴sai² dou⁶hip³

그렇게 또 사과할 필요 없어요.

唔會記喺個心度。 M⁴ wui⁵ gei³ hai² go³ sam¹dou⁶

마음속에 담아 둘 리가 없어요.

梗係塞車塞得好犀利定。 Gang²hai⁶ sak¹ che¹ sak¹dak¹ hou² sai¹lei⁶

ding^6

필시 차가 매우 심하게 막혔을 겁니다.

乜嘢事咁巴閉呀 : 무슨 일인데 그렇게 소란을 피워요

好閒啫 hou^2 haan^4 ze^1 : 별것 아니에요

買番本畀你 maai^5 faan^1 bun^2 bei^2 nei^5 : 새로 한 권 사 주겠다

甲. 任生，好多謝你幫我手。

Yam⁴ saang¹, hou² do¹ze⁶ nei⁵ bong¹ ngo⁵ sau².

乙. 唔好嚟講。

M⁴hou² gam² gong².

甲. 眞係唔好意思，阻你咁多時候。

Zan¹hai⁶ m⁴hou² yi³si³, zo² nei⁵ gam³ do¹ si⁴hau⁶.

乙. 唔阻，橫掂我得閒喀。

M⁴ zo², waang⁴dim⁶ ngo⁵ dak¹haan⁴ ze¹.

甲. 多謝晒你嘞，得閒請嚟坐。

Do¹ze⁶ saai³ nei⁵ bo³, dak¹haan⁴ cheng² lai⁴ cho⁵.

乙. 再見嘞。如果有乜嘢要幫手，就話我知得喇。

Zoi³ gin³ laak³. Yu⁴gwo² yau⁵ mat¹ye⁵ yiu³ bong¹sau², zau⁶ wa⁶ ngo⁵ zi¹ dak¹ la³.

● ● ● ● ● ● ● ● ● ● ● ● ● ● ● ● ● ● ●

甲. 你陪我哋玩咗成個下晝，眞係麻煩晒。

Nei⁵ pui⁴ ngo⁵dei⁶ waan²zo² seng⁴go³ ha⁶zau³, zan¹hai⁶ ma⁴faan⁴ saai³.

乙. 你太客氣咯，我同埋你哋一齊玩，都唔知幾開心。

Nei⁵ taai³ haak³hei³ lok³, ngo⁵ tung⁴maai⁴ nei⁵dei⁶ yat¹chai⁴ waan², dou¹ m⁴ zi¹ gei² hoi¹sam¹.

甲. 你待我哋咁好，我哋好感激你。
Nei⁵ doi⁶ ngo⁵dei⁶ gam³ hou², ngo⁵dei⁶ hou² gam²gik¹ nei⁵.

乙. 唔使咁客氣，第時得閒請多啲嚟行啦。
M⁴sai² gam³ haak³hei³, dai⁶si⁴ dak¹haan⁴ cheng² do¹di¹ lai⁴haang⁴ la¹.

甲. 我哋會嘅嘞。
Ngo⁵dei⁶ wui⁵ ge³ laak³.

●●●●●●●●●●●●●●●●●●●

甲. 你嚟睇過未呀?
Nei⁵ lai⁴ tai² gwo³ mei⁶ a³?

乙. 未曾睇過。
Mei⁶ chang⁴ tai² gwo³.

甲. 你叫乜嘢名? 幾多歲?
Nei⁵ giu³ mat¹ye⁵ meng²? Gei²do¹ soey³?

乙. 我叫何華生，二十歲。
Ngo⁵ giu³ Ho⁴ Wa⁴saang¹, yi⁶sap⁶ soey³.

甲. 住喺邊處? 電話幾多號?
Zyu⁶ hai² bin¹chyu³? Din⁶wa² gei²do¹ hou⁶?

乙. 住喺土瓜灣，電話係30987564。
Zyu⁶ hai² Tou²gwa¹waan¹, din⁶wa² hai⁶ 30987564.

●●●●●●●●●●●●●●●●●●●

甲. 有冇發燒?
Yau⁵ mou⁵ faat³siu¹?

乙. 冇。
Mou⁵.

甲. 見邊度唔妥?
Gin³ bin¹dou⁶ m⁴ to⁵?

乙. 我個肚痛得好交關。
Ngo⁵ go³ tou⁵ tung³dak¹ hou² gaau¹gwaan¹.

甲. 我同你檢查下。
Ngo⁵ tung⁴ nei⁵ gim²cha⁴ ha⁵.

乙. 唔該你。
M⁴goi¹ nei⁵.

好多謝你幫我手。Hou² do¹ze⁶ nei⁵ bong¹ ngo⁵ sau².

"幫我手"는 "幫我忙"으로 대치될 수 있음. (很感谢你帮我忙)

唔好噉講。M⁴hou² gam² gong². 그런 식으로 말하지 마세요.

★'噉'과 '咁'의 차이가 동사수식어, 형용사 수식어 차이임에 유의.

阻咁多時候 zo² gam³ do¹ si⁴hau⁶ : 매우 많은 시간동안 방해하다.

★광동인은 사람이 많은 것을 보고 "咁多人"이라고 함. 물론 '咁'은 "이렇게, 그렇게"
  등으로 번역될 수 있음.

如果 ..., 就話我知得喇。yu⁴gwo² ..., zau⁶ wa⁶ ngo⁵ zi¹ dak¹ la³.

만약...하면 제게 알려주면 됩니다.

陪我哋玩咗成個下晝。Pui⁴ ngo⁵dei⁶ waan²zo² seng⁴go³ ha⁶zau³

우리를 배동하고 오후 내내 놀았다. 成個下晝 : 오후 내내

同埋 A 一齊玩 tung⁴maai⁴ A yat¹chai⁴ waan² : A와 함께 놀다

唔知幾開心 m⁴ zi¹ gei² hoi¹sam¹ : 얼마나 즐거운지 모른다

你待我哋咁好, 我哋好感激你。Nei⁵ doi⁶ ngo⁵dei⁶ gam³ hou², ngo⁵dei⁶
hou² gam²gik¹ nei⁵. 우리를 그렇게 잘 대해 주시니 무척 감사합니다.

(您对待我们那么好, 我们感激不尽)

第時得閒 ... dai⁶si⁴ dak¹haan⁴ ... : 다음에 시간 있으면 ...

請多啲嚟行啦 ceng² do¹di¹ lai⁴haang⁴ la¹ : 자주 오십시오

第時 dai⁶si⁴ : 다른 때 ; 이후에 (以后 ; 改天 ; 別的時候)

我哋會嘅嘞。ngo⁵dei⁶ wui⁵ ge³ laak³. 그렇게 하겠습니다.

★'會'는 白讀音이 wui⁵, 文讀音이 wui⁶ 이다. 그러나 "會議"에서는 文讀音이나 "會員,
  社會, 夜總會" 등 에서는 wui²* 로서 文讀音이 高昇變調로 변화됨.

見邊度唔妥 gin³ bin¹dou⁶ m⁴ to⁵ : 어디가 불편하다고 느낍니까 (觉得哪里 不舒服)

★ '見'은 여기서 "...라고 느끼다"의 의미이며 "唔妥"는 "타당치 않다 ; 정상이 아니다" 의 의미 임.

甲. 你發燒有幾耐?

Nei⁵ faat³siu¹ yau⁵ gei² noi⁶?

乙. 琴晚半夜起嘅。

Kam⁴maan⁵ bun³ye⁶ hei² ge³.

甲. 重有邊度唔妥?

Zung⁶ yau⁵ bin¹dou⁶ m⁴ to⁵?

乙. 個肚好痛，心口好似翳住噉。

Go³ tou⁵ hou² tung³, sam¹hau² hou²ci⁵ ngai³zyu⁶ gam².

甲. 哦，打支針，食啲藥，休息吓就冇事嘅嘞。

O⁶, da² zi¹ zam¹, sik⁶ di¹ yoek⁶, yau¹sik¹ ha⁵ zau⁶ mou⁵ si⁶ ge³ laak³.

乙. 醫生，我係乜嘢病呀?

Yi¹saang¹, ngo⁵ hai⁶ mat¹ye⁵ beng⁶ a³?

甲. 係流行性感冒。

Hai⁶ lau⁴hang⁴sing³ gam²mou⁶.

乙. 食唔食得飯呀?

Sik⁶ m⁴ sik⁶dak¹ faan⁶ a³?

甲. 食啲易消化嘅嘢好啲，煲啲粥食下或者食啲粉啦。

Sik⁶ di¹ yi⁶ siu¹fa³ ge³ ye⁵ hou² di¹, bou¹ di¹ zuk¹ sik⁶ ha⁵ waak⁶ze² sik⁶ di¹ fan² la¹.

乙. 哦, 唔該醫生。

O^6, m^{4}goi^1 yi^{1}saang^1.

●●●●●●●●●●●●●●●●●●●

甲. 醫生, 我隻眼好痛。

Yi^{1}saang^1, ngo^5 zek^3 ngaan^5 hou^2 tung^3.

乙. 有冇游過水?

Yau^5 mou^5 yau^4 gwo^3 soey^2?

甲. 前日下晝去游過。

Chin^{4}yat^6 ha^{6}zau^3 hoey^3 yau^4 gwo^3.

乙. 你隻眼係紅眼症。

Nei^5 zek^3 ngaan^5 hai^6 hung^{4}ngaan^{5}zing^3.

甲. 會唔會傳染畀人㗎?

Wui^5 m^4 wui^5 chyun^{4}yim^5 bei^2 yan^4 ga^3?

乙. 會㗎, 最好認開自己嘅面盆同手巾。

Wui^5 ga^3, zoey^{3}hou^2 ying^{6}hoi^1 zi^{6}gei^2 ge^3 min^{6}pun^2 tung^4 sau^{2}gan^1.

甲. 要幾多日至好得㗎?

Yiu^3 gei^{2}do^1 yat^6 zi^3 hou^2 dak^1 ga^3?

乙. 大約一個禮拜啦。

Daai^{6}yoek^3 yat^{1}go^3 lai^{5}baai^3 la^1.

●●●●●●●●●●●●●●●●●●

甲. 我隻牙好痛。

Ngo^5 zek^3 nga^4 hou^2 tung^3.

乙. 畀我睇下，你隻牙爛得好犀利。
Bei² ngo⁵ tai² ha⁵, nei⁵ zek³ nga⁴ laan⁶ dak¹ hou² sai¹lei⁶.

甲. 唔剝得唔得呀?
M⁴ mok¹ dak¹ m⁴ dak¹ a³?

乙. 噉呀，同你補番佢啦。
gam² a³, tung⁴ nei⁵ bou² faan¹ koey⁵ la¹.

甲. 幾時至補得?
Gei²si⁴ zi³ bou² dak¹?

乙. 食完樽藥水再嚟睇下啦。
Sik⁶ yun⁴ zoen¹ yoek⁶soey² zoi³ lai⁴ tai² ha⁵ la¹.

● ● ● ● ● ● ● ● ● ● ● ● ● ● ● ● ● ● ● ●

甲. 姑娘，呢啲藥水點食㗎?
Gu¹noeng⁴, ni¹di¹ yoek⁶soey² dim² sik⁶ ga³?

乙. 一日食三次，每次食一格。
Yat¹ yat⁶ sik⁶ saam¹ chi³, mui⁵chi³ sik⁶ yat¹ gaak³.

甲. 飽肚食抑或空肚食?
Baau² tou⁵ sik⁶ yik¹waak⁶ hung¹ tou⁵ sik⁶?

乙. 食啲嘢先好啲。
Sik⁶ di¹ ye⁵ sin¹ hou² di¹.

甲. 呢啲丸仔係唔係日日食兩次呀?
Ni¹di¹ yun²zai² hai⁶ m⁴ hai⁶ yat⁶yat⁶ sik⁶ loeng⁵ chi³a³?

乙. 係呀，番去啋下啦。
Hai⁶ a³, faan¹ hoey³ tau² ha⁵ la¹.

甲. 唔該, 姑娘。
M⁴ goi¹, gu¹noeng⁴.

發燒有幾耐? Faat³siu¹ yau⁵ gei² noi⁶?

열이 난지 얼마나 오래 되었읍니까?

心口好似翳住噉。Sam¹hau² hou²chi⁵ ngai³zyu⁶ gam².

명치가 답답한 듯합니다.

★心口 sam¹hau² : 명치(胸口)

★ 翳 ngai³ : 답답(갑갑)하다　★好似Ⓐ噉 : 마치 Ⓐ한 듯 하다

打支針, 食啲藥, 休息下。Da² zi¹ zam¹, sik⁶ di¹ yoek⁶, yau¹sik¹ ha⁵.

주사 맞고 약 먹고 좀 휴식하다

食唔食得飯呀? Sik⁶ m⁴ sik⁶dak¹ faan⁶ a³?

밥을 먹을 수 있어요?

★"밥을 먹을 수 없다"는 "唔食得飯" 임.

食啲易消化嘅嘢好啲。Sik⁶ di¹ yi⁶ siu¹fa³ ge³ ye⁵ hou² di¹.

쉽게 소화되는 것을 먹으면 괜찮습니다.

煲啲粥食下或者食啲粉啦。bou¹ di¹ zuk¹ sik⁶ha⁵ waak⁶ze² sik⁶ di¹ fan² la¹.

죽을 좀 끓여 드시거나 쌀국수를 드세요.

最好認開自己嘅面盆同手巾。Zoey³hou² ying⁶hoi¹ zi⁶gei² ge³ min⁶ pun²* tung⁴ sau²gan¹.

★認開 : 구분하다

要幾多日至好得㗎? Yiu³ gei²do¹ yat⁶ zi³ hou² dak¹ ga³?

몇 일이 있어야 좋아질 수 있죠?

隻牙爛得好犀利。Zek³ nga⁴ laan⁶ dak¹ hou² sai¹lei⁶.

이가 몹시 심하게 상했다.

★"破爛"의 의미를 나타낼 때 보통화는 '破'를, 광동어는 '爛'을 주로 사용함.

食完樽藥水再嚟睇下啦。 Sik^6 yun^4 zoen^1 yoek^{6}soey^2 zoi^3 lai^4 tai^2 ha^5 la^1.

물약 한 병 다 먹고 진찰받으러 오시오.

飽肚食抑或空肚食? Baau^2 tou^5 sik^6 yik^{1}waak^6 hung^1 tou^5 sik^6?

배부른 후와 공복 중 어느 때 먹습니까?

食啲嘢先好啲。 Sik^6 di^1 ye^5 sin^1 hou^2 di^1.

식후에 드시는 것이 좋아요. (먼저 뭘 좀 드시는 것이 좋죠)

第四課 冇話低囉

甲. 喂!

Wai²!

乙. 喂! 係唔係5-1234567呀?

Wai²! hai⁶ m⁴ hai⁶ 5−1234567 a³?

甲. 你搭錯線呀, 呢處係5-2345789。

Nei⁵ daap³ cho³ sin³ a³, ni¹ chyu³ hai⁶ 5−2345789.

乙. 請問呢度係唔係姓劉㗎?

Cheng² man⁶ ni¹dou⁶ hai⁶ m⁴ hai⁶ sing³ Lau⁴ ga³?

甲. 唔係, 呢處係慢李書店。

M⁴ hai⁶, ni¹chyu³ hai⁶ maan⁶lei⁵ syu¹dim³.

乙. 對唔住。

Doey³m⁴zyu⁶.

• • • • • • • • • • • • • • • • • • •

甲. 喂, 你想搵邊位聽電話呀?

Wai², nei⁵ soeng² wan² bin¹wai² teng¹ din⁶wa²?

乙. 我想搵何健聽電話。

Ngo⁵ soeng² wan² Ho⁴ Gin⁶ teng¹ din⁶wa².

甲. 請你等一陣啦。

Cheng² nei⁵ dang² yat¹zan⁶ la¹.

乙. 好，唔該你。
　　Hou², m⁴goi¹ nei⁵.

● ● ● ● ● ● ● ● ● ● ● ● ● ● ● ● ● ●

甲. 你想搵邊個聽電話?
　　Nei⁵ soeng² wan² bin¹go³ teng¹ din⁶wa²?

乙. 喂! 我係李詠詩，係唔係余先生呀?
　　Wai²! Ngo⁵ hai⁶ Lei⁵ Wing⁶si¹, hai⁶ m⁴ hai⁶ Yu⁴ sin¹saang¹ a³?

甲. 係呀，有乜嘢貴幹?
　　Hai⁶ a³, yau⁵ mat¹ye⁵ gwai³gon³?

乙. 余先生，你而家得唔得閑呀?
　　Yu⁴ sin¹saang¹, nei⁵ yi⁴ga¹ dak¹ m⁴ dak¹haan⁴ a³?

甲. 得閑，有乜嘢指教?
　　dak¹haan⁴, yau⁵ mat¹ye⁵ zi²gaau³?

乙. 我而家想嚟見你。
　　Ngo⁵ yi⁴ga¹ soeng² lai⁴ gin³ nei⁵.

甲. 好，我喺寫字樓等你。
　　Hou², ngo⁵ hai² se²zi⁶lau⁴ dang² nei⁵.

● ● ● ● ● ● ● ● ● ● ● ● ● ● ● ● ● ●

甲. 喂，呢度係唔係龍宮酒店?
　　Wai², ni¹dou⁶ hai⁶ m⁴ hai⁶ lung⁴gung¹ zau²dim³?

乙. 係呀，搵邊位?
　　Hai⁶ a³, wan² bin¹wai²?

甲. 唔該你同我搭634號房啦。

M^4 goi^1 nei^5 tung^4 ngo^5 daap^3 634 hou^6 fong^2 la^1.

乙. 小姐，呢處冇人接電話嘑。

Siu^{2}ze^2, ni^{1}chyu^3 mou^5 yan^4 zip^3 din^{6}wa^2 bo^3.

甲. 呢度打緊樁，好嘈，唔該你大聲啲。

Ni^{1}dou^6 da^2 gan^2 zong^1, hou^{2}chou^4, m^4 goi^1 nei^5 daai^{6}seng^1 di^1.

● ● ● ● ● ● ● ● ● ● ● ● ● ● ● ● ● ● ●

甲. 周先生啱啱出咗去。

Zau^1 sin^{1}saang^1 ngaam^{1}ngaam^1 choet^1 zo^2 hoey^3.

乙. 佢有冇話低幾時番嚟呀?

Koey^5 yau^5 mou^5 wa^6 dai^1 gei^{2}si^4 faan^{1}lai^4 a^3?

甲. 佢冇話低嘑。

Koey^5 mou^5 wa^6 dai^1 bo^3.

● ● ● ● ● ● ● ● ● ● ● ● ● ● ● ● ● ●

甲. 喂，馬小姐，唔該你同我接街線。

Wai^2, Ma^5 siu^{2}ze^2, m^{4}goi^1 nei^5 tung^4 ngo^5 zip^3 gaai^{1}sin^3.

乙. 搭幾多號呀?

Daap^3 gei^{2}do^1 hou^6 a^3?

甲. 3-7890117。

3-7890117。

乙. 好，請等一陣。

Hou^2, cheng^2 dang^2 yat^{1}zan^6.

甲．唔該。
M⁴goi¹

乙．先生，你嘅電話搭通咗嘞。
Sin¹saang¹, nei⁵ ge³ din⁶wa² daap³tung¹ zo² laak³.

係唔係5-1234567呀? Hai^6 m^4 hai^6 ng^5 yat^1 yi^6 saam^1 sei^4 ng^5 luk^6 chat^1 a^3?

搭錯線 : (전화) 잘 못 걸었다. (선을 잘 못 올렸다)

搭錯線에는 "상황을 잘못 이해하여 동문서답 하다"의 의미도 있음.

呢處係5-2345789。Ni^1 chyu^3 hai^6 ng^5 yi^6 saam^1 sei^4 ng^5 chat^1 baat^3 gau^2.

有乜嘢貴幹? Yau^5 mat^{1}ye^5 gwai^{3}gon^3?

무슨 용무가 있습니까?

貴幹 : 용무; 용건

有乜嘢指敎? Yau^5 mat^{1}ye^5 zi^{2}gaau^3?

무슨 지도할 것이 있습니까?

指敎 : 가르침 ; 지도

★"貴幹, 指敎" 등은 보통화와 공유하는 어휘 임.

而家想嚟見你。Yi^{4}ga^1 soeng^2 lai^4 gin^3 nei^5.

지금 만나 뵈러 가고자 해요.

★'去'가 아니고 '嚟'를 씀에 유의.

寫字樓 se^{2}zi^{6}lau^4 : 사무실

打緊樁 : 타장공사(打樁工事) 중이다 ; pile을 박는 중이다

好嘈 hou^{2}chou^4 : 매우 시끄럽다 (非常吵闹)

呢度打緊樁, 好嘈, 唔該你大聲啲。Ni^{1}dou^6 da^{2}gan^{2}zong^1, hou^{2}chou^4, m^4 goi^1 nei^5 daai^{6}seng^1 di^1. 여기는 타장공사 중이라 시끄러워요, 큰 소리로 말해요 (这儿正在打桩, 非常吵闹, 请你大声一点)

啱啱出咗去。Ngaam^{1}ngaam^1 choet^1 zo^2 hoey^3

방금 외출했다.

★"出咗去"를 "出去咗"로 하면 틀림.

有冇話低幾時番嚟 Yau^5 mou^5 wa^6 dai^1 gei^{2}si^4 faan^{1}lai^4

언제 돌아 오겠다는 말을 남겼습니까

★"高低"에서 아래 쪽을 나타내는 '低'는 "話低, 留低" 등 광동어에서 자주 등장하는데 이들 단어는 보통화의 "說下, 留下"에 해당될 수 있다.

同我接街線。Tung^4 ngo^5 zip^3 gaai^{1}sin^3. 절 위해 외부전화 걸어 줘요.

搭通咗嘞。Daap^{3}tung^1 zo^2 laak^3. 전화 연결되었습니다.

第五課　一於噉話

甲. 喂, 鄧姑娘啞, 禮拜六晚你得唔得閑呀?

Wai^2, Dang^6 gu^{1}noeng^4 a^4, lai^{5}baai^{3}luk^6 maan^5 nei^5 dak^1 m^4 dak^1 haan^4 a^3?

乙. 得嘅, 有乜嘢事呀?

Dak^1 ge^3, yau^5 mat^{1}ye^5 si^6 a^3?

甲. 冇, 我想搵你傾下偈嗻。

Mou^5, ngo^5 soeng^2 wan^2 nei^5 king^1 ha^5 gai^2 zek^1.

乙. 好呀. 你乜嘢時候嚟呀?

Hou^2 a^3, Nei^5 mat^{1}ye^5 si^{4}hau^6 lai^4 a^3?

甲. 八點零鐘, 好唔好?

Baat^3 dim^2 ling^4 zung^1, hou^2 m^4 hou^2?

乙. 好嘅。

Hou^2 ge^3.

• • • • • • • • • • • • • • • • • • • •

甲. 洪小姐, 搵日去屋企坐吓, 歡唔歡迎?

Hung^4 siu^{2}ze^2, wan^2 yat^6 hoey^3 uk^{1}kei^2 cho^5 ha^5, fun^1 m^4 fun^{1}ying^4?

乙. 歡迎, 歡迎, 你幾時嚟啊?

Fun^{1}ying^4, fun^{1}ying^4, nei^5 gei^{2}si^4 lai^4 a^1?

甲. 唔知你邊個時候得閑呢?

M⁴ zi¹ nei⁵ bin¹go³ si⁴hau⁶ dak¹haan⁴ ne¹?

乙. 夜晚我多數都喺屋企嘅。

Ye⁶maan⁵ ngo⁵ do¹sou³ dou¹ hai² uk¹kei² ge³.

甲. 噉我禮拜五晚七點半嚟啦。

Gam² ngo⁵ lai⁵baai³ng⁵ maan⁵ chat¹ dim² bun³ lai⁴ la¹.

乙. 好嘅, 一於噉話。

Hou² ge³. Yat¹yu¹ gam²wa⁶.

●●●●●●●●●●●●●●●●●●●●

甲. 莊生, 廿八號嗰日你得唔得閑呀?

Zong¹ saang¹, ya⁶ baat³ hou⁶ go²yat⁶ nei⁵ dak¹ m⁴ dak¹haan⁴ a³?

乙. 嗰日係禮拜, 有乜嘢事呢?

Go²yat⁶ hai⁶ lai⁵baai³, yau⁵ mat¹ye⁵ si⁶ ne¹?

甲. 我哋嗰日去旅行, 你去唔去?

Ngo⁵dei⁶ go²yat⁶ hoey³ loey⁵hang⁴, nei⁵ hoey³ m⁴ hoey³?

乙. 去呀, 你哋喺邊處齊集?

Hoey³ a³, nei⁵dei⁶ hai² bin¹chyu³ chai⁴zaap⁶?

甲. 喺北角碼頭喇。嗱, 定實朝頭早八點鐘, 咪遲到呀。

Hai² Bak¹gok³ ma⁵tau⁴ la³. Na⁴, ding⁶sat⁶ ziu¹tau⁴zou² baat³ dim²zung¹, mai⁵ chi⁴dou³ a³.

乙. 好嘅, 我一於準時到。

Hou² ge³, ngo⁵ yat¹yu¹ zoen²si⁴ dou³.

●●●●●●●●●●●●●●●●●●●●

甲. 丁先生，我想同你傾一陣。

Ding¹ sin¹saang¹, ngo⁵ soeng² tung⁴ nei⁵ king¹ yat¹zan⁶.

乙. 有乜嘢事呢?

Yau⁵ mat¹ye⁵ si⁶ ne¹?

甲. 我禮拜二怕唔去得你處囉。

Ngo⁵ lai⁵baai³yi⁶ pa³ m⁴ hoey³ dak¹ nei⁵ chyu³ lo³.

乙. 點解呀?

Dim²gaai² a³?

甲. 我爸爸突然病咗。

Ngo⁵ ba⁴ba¹ dat⁶yin⁴ beng⁶ zo².

乙. 哦，咁蹺，係乜嘢病呀?

O⁶, gam³ kiu², hai⁶ mat¹ye⁵ beng⁶ a³?

甲. 而家重未知，醫生話要同佢檢查下喎。

Yi⁴ga¹ zung⁶mei⁶ zi¹, yi¹saang¹ wa⁶ yiu³ tung⁴ koey⁵ gim²cha⁴ha⁵ wo³.

乙. 你同我問候下佢老人家啦。

Nei⁵ tung⁴ ngo⁵ man⁶hau⁶ ha⁵ koey⁵ lou⁵yan⁴ga¹ la¹.

甲. 你有心，等家父啲病好番，至嚟你處啦。

Nei⁵ yau⁵ sam¹, dang² ga¹fu⁶ di¹ beng⁶ hou²faan¹, zi³ lai⁴ nei⁵ chyu³ la¹.

● ● ● ● ● ● ● ● ● ● ● ● ● ● ● ● ● ●

甲. 杜筠，對唔住，廿八號我唔得閒去旅行。

Dou⁶gwan¹ doey³m⁴zyu⁶, ya⁶ baat³ hou⁶ ngo⁵ m⁴ dak¹haan⁴ hoey³ loey⁵hang⁴.

乙. 點解咁掃興呀?

Dim² gaai² gam³ sou³ hing³ a³?

甲. 咁啱我大佬嗰日去泰國, 我要去送機。

Gam³ ngaam¹ ngo⁵ daai⁶ lou² go² yat⁶ hoey³ Taai³ gwok³, ngo⁵ yiu³ hoey³ sung³ gei¹.

乙. 原來係嗽樣。

Yun⁴ loi⁴ hai⁶ gam² yoeng².

甲. 唔該你話畀佢哋聽啦。

M⁴ goi¹ nei⁵ wa⁶ bei² koey⁵ dei⁶ teng¹ la¹.

乙. 好, 再見。

Hou², zoi³ gin³.

想搵你傾下偈嚓。Soeng² wan² nei⁵ king¹ ha⁵ gai² zek¹.

그대를 찾아가 얘기 좀 나누고 싶어요.

★ '嚓'과 '喏'는 별 특별한 일이 없음을 표하는 어기조사 임.

搵日去屋企坐下, 歡唔歡迎? 언제 집을 방문하면 환영하겠어요?

★ "搵日"은 날짜를 잡는다는 의미 임.

唔知你邊個時候得閑呢? M⁴ zi¹ nei⁵ bin¹go³ si⁴hau⁶ dak¹haan⁴ ne¹?

언제 시간 있는지 모르겠는 데요 ?

★ "邊個時候"는 "乜嘢時間, 乜嘢時候" 등으로 대치될 수 있음.

夜晚我多數都喺屋企嘅。Ye⁶maan⁵ ngo⁵ do¹sou³ dou¹ hai² uk¹kei² ge³.

전 저녁에 대체로 집에 있어요. "多數"는 "대부분, 거의"를 의미.

噉我禮拜五晚七點半嚟啦。Gam² ngo⁵ lai⁵baai³ng⁵ maan⁵ chat¹ dim²

bun³ lai⁴ la¹. 그럼 금요일 저녁 일곱 시 반에 가겠어요.

一於噉話 yat¹yu¹ gam²wa⁶ : 그렇게 하기로 한 거에요

★ "一於噉話"는 보통화의 "一言爲定"과 비슷한 뜻임.

廿八號嗰日 ya⁶ baat³ hou⁶ go²yat⁶ : 28일 그 날

★ 일요일은 "禮拜日"이지만 "禮拜"라고도 함.

喺邊處齊集? Hai² bin¹chyu³ chai⁴zaap⁶? 어디서 집합합니까?

★ "實嚟嘅"는 "꼭 올 겁니다"의 의미인데 '實'이 '定'과 연합 한 "定實" 역시 "一定 yat¹ding⁶"과 함께 통용되고 있음.

咪遲到呀。Mai⁵ chi⁴dou³ a³. 지각하지 마세요.

★ 보통화의 '別'에 해당되는 '咪'는 "唔好"보다 사용빈도 높음.

怕唔去得你處囉。Pa^3 m^4 hoey^3 dak^1 nei^5 chyu^3 lo^3.

당신네 쪽에 갈 수 없을 것 같아요.

好番, 至嚟你處啦。Hou^{2}faan^1, zi^3 lai^4 nei^5 chyu^3 la^1.

회복되면 당신네 한테 가겠어요.

★'怕'는 "우려가 되다" ; "好番"은 "본래 상태로 좋아지게 되다"

甲. 早晨，先生想買啲乜嘢呢?

Zou^{2}san^4, sin^{1}saang^1 soeng^2 maai^5 di^1 mat^{1}ye^5 ne^1?

乙. 我想買一對景泰藍花樽。

Ngo^5 soeng^2 maai^5 yat^1 doey^3 ging^{2}taai^{3}laam^4 fa^{1}zoen^1.

甲. 你睇啱邊個?

Nei^5 tai^2 ngaam^1 bin^{1}go^3?

乙. 唔該攞嗰個嚟畀我睇下。

M^{4}goi^1 lo^2 go^{2}go^3 lai^4 bei^2 ngo^5 tai^2 ha^5.

甲. 請隨便睇啦。

Cheng^2 choey^{4}bin^2 tai^2 la^1.

乙. 你真係好相與。

Nei^5 zan^{1}hai^6 hou^2 soeng^{1}yu^5.

* * * * * * * * * * * * * * * * * * *

甲. 唔該畀張抽紗枱布我。

M^{4}goi^1 bei^2 zoeng^1 chau^{1}sa^1 toi^{2}bou^3 ngo^5.

乙. 重有乜嘢要呀?

Zung^6 yau^5 mat^{1}ye^5 yiu^3 a^3?

甲. 要一堂蚊帳，一張竹蓆添，計下共埋幾多錢?

Yiu^3 yat^1 tong^4 man^{1}zoeng^3, yat^1 zoeng^1 zuk^{1}zik^6 tim^1, gai^3 ha^5 gung^{6}maai^4 gei^{2}do^1 chin^2?

乙. 總共係九十二文零四毫子。
Zung² gung⁶ hai⁶ gau² sap⁶ yi⁶ man¹ ling⁴ sei³ hou⁴zi².

甲. 唔該你同我包好啲。
M⁴goi¹ nei⁵ tung⁴ ngo⁵ baau¹ hou² di¹.

●●●●●●●●●●●●●●●●●●●

乙. 呢樣嘢唔錯嘞, 要乜嘢價錢?
Ni¹yoeng⁶ ye⁵ m⁴ cho³ bo³, yiu³ mat¹ye⁵ ga³chin⁴?

甲. 價錢唔貴, 你買, 計平啲啦。
Ga³chin⁴ m⁴ gwai³, nei⁵ maai⁵, gai³ peng⁴ di¹ la¹.

甲. 就噉收你三十文啦。
Zau⁶ gam² sau¹ nei⁵ saam¹ sap⁶ man¹ la¹.

乙. 買咁多嘢都唔計平啲?
Maai⁵ gam³ do¹ ye⁵ dou¹ m⁴ gai³ peng⁴ di¹?

甲. 減咗個零頭畀你嘅喇, 重話唔平?
Gaam² zo² go³ ling⁴tau² bei² nei⁵ ge³ la³, zung⁶ wa⁶ m⁴peng⁴?

●●●●●●●●●●●●●●●●●●

甲. 有冇啲教人講英文嘅錄音帶書賣呀?
Yau⁵ mou⁵ di¹ gaau³ yan⁴ gong² ying¹man⁴ ge³ luk⁶yam¹daai³ syu¹ maai⁶ a³?

乙. 有, 唔知你想要邊種?
Yau⁵, m⁴ zi¹ nei⁵ soeng² yiu³ bin¹zung²?

甲. 我想要一本《英語初級會話》。
Ngo⁵ soeng² yiu³ yat¹ bun²《Ying¹yu⁵ cho¹kap¹ wui⁶wa²》.

乙. 嗱，慢慢睇下內容啦.

Na⁴, maan⁶maan² tai² ha⁵ noi⁶yiung⁴ la¹.

甲. 係唔係慢李書店出㗎? 要幾多錢呀?

Hai⁶ m⁴ hai⁶ maan⁶lei⁵ syu¹dim³ choet¹ ga³? Yiu³ gei²do¹ chin² a³?

乙. 係慢李出㗎, 二十五文一本.

Hai⁶ maan⁶lei⁵ choet¹ ga³. yi⁶ sap⁶ ng⁵ man¹ yat¹ bun².

甲. 係唔係連埋錄音帶㗎?

Hai⁶ m⁴ hai⁶ lin⁴maai⁴ luk⁶yam¹daai³ ga³?

乙. 連埋晒一齊嘅嘞.

Lin⁴maai⁴ saai³ yat¹chai⁴ ge³ laak³.

甲. 有乜嘢幫襯呢? 小姐.

Yau⁵ mat¹ye⁵ bong¹chan³ ne¹? Siu²ze².

乙. 我想要兩對襪褲.

Ngo⁵ soeng² yiu³ loeng⁵ doey³ mat⁶fu³.

甲. 呢種質地好靚㗎, 擔保唔係化學嘢.

Ni¹zung² zat¹dei² hou² leng³ ga³, daam¹bou² m⁴ hai⁶ fa³hok⁶ ye⁵.

乙. 要幾多錢呀?

Yiu³ gei²do¹ chin² a³?

甲. 共埋十二文.

Gung⁶maai⁴ sap⁶ yi⁶ man¹.

乙. 乜咁貴㗎? 計平啲啦.

Mat¹ gam³ gwai³ ga³? Gai³ peng⁴ di¹ la¹.

甲. 對唔住, 我哋價錢好老實嘅.

Doey³m⁴zyu⁶, ngo⁵dei⁶ ga³chin⁴ hou² lou⁵sat⁶ ge³.

景泰藍花樽 Ging²taai³laam⁴ fa¹zoen¹ : 경태람 꽃병

★景泰藍은 明朝 第七代 景泰帝 이후 생산된 銅器 로서 파란색에 붉고 노란 색채가
특징인 明代를 대표하는 器物 임.

睇啱邊個? Tai² ngaam¹ bin¹go³?

보시기에 어떤 것이 마음에 드십니까?

唔該攞嗰個嚟畀我睇下。 M⁴goi¹ lo² go²go³ lai⁴ bei² ngo⁵ tai² ha⁵.

저걸 가져다 내게 보여주세요.

★攞 lo² : 가지다; 잡다

★好相與 hou² soeng¹yu⁵ : 무척 마음에 들게 대할 줄 안다

抽紗枱布 chau¹sa¹ toi²·bou³ : 실로 짠 테이블 보

蚊帳 man¹zoeng³ : 모기장

竹蓆 zuk¹zik⁶ : 대죽 돗자리

計下共埋幾多錢 : 모두 얼마인지 계산 합시다

共埋 gung⁶maai⁴ : 전부 합하여 (总共)

你買, 計平啲啦。 Nei⁵ maai⁵, gai³ peng⁴ di¹ la¹.

사신다면 좀 저렴하게 계산하겠습니다.

買咁多嘢都唔計平啲? Maai⁵ gam³ do¹ ye⁵ dou¹ m⁴ gai³ peng⁴ di¹?

그렇게 많은 물건을 샀는데도 좀 싸게 안 합니까?

減咗個零頭畀你嘅喇, 重話唔平? Gaam² zo² go³ ling⁴tau²· bei² nei⁵ ge³
la³, zung⁶ wa⁶ m⁴peng⁴?

우수리를 빼고 준 것인데 아직 안 싸다고 말합니까?

係唔係連埋錄音帶㗎? Hai⁶ m⁴ hai⁶ lin⁴maai⁴ luk⁶yam¹daai³ ga³?

카셋테이프와 연계 된 것입니까?

質地 zat¹dei²* : 품질

連埋晒一齊嘅嘞。Lin⁴maai⁴ saai³ yat¹chai⁴ ge³ laak³.

함께 다 연계된 것입니다.

襪褲 mat⁶fu³ : 팬티스타킹

擔保唔係化學嘢。Daam¹bou² m⁴ hai⁶ fa³hok⁶ ye⁵.

부실한 물건이 아님을 보증합니다.

乜咁貴㗎? Mat¹ gam³ gwai³ ga³? 뭐가 그리 비싸요?

甲. 試下呢件，啱唔啱?

Si^3 ha^5 ni^1 gin^6, ngaam^1 m^4 ngaam^1?

乙. 唔啱，有冇大件啲㗎?

M^4 ngaam^1, yau^5 mou^5 daai^6 gin^6 di^1 ga^3?

甲. 對唔住，大件嘅啱啱賣晒，淨係得番呢個碼啫。

Doey^{3}m^{4}zyu^6 daai^{6}gin^6 ge^3 ngaam^{1}ngaam^1 maai^6 saai^3, zing^{6}hai^6 dak^{1}faan^1 ni^{1}go^3 ma^5 ze^1.

乙. 我要一件笠衫，一條牛仔褲。

Ngo^5 yiu^3 yat^1 gin^6 lap^{1}saam^1, yat^1 tiu^6 ngau^{4}zai^{2}fu^3.

甲. 重要啲乜嘢添呢?

Zung^6 yiu^3 di^1 mat^{1}ye^5 tim^1 ne^1?

乙. 冇乜嘢要咯，就買住咁多先啦。

Mou^5 mat^{1}ye^5 yiu^3 lok^3, zau^6 maai^5 zyu^6 gam^3 do^1 sin^{1}la^1.

●●●●●●●●●●●●●●●●●●●●

甲. 小姐，飲乜嘢茶?

Siu^{2}ze^2, yam^2 mat^{1}ye^5 cha^4?

乙. 普洱啦（水仙，壽眉）。

Pou^{2}nei^2 la^1 (Soey^{2}sin^1, Sau^{6}mei^2).

甲. 小姐，叫啲乜嘢食呀?

Siu^{2}ze^2, giu^3 di^1 mat^{1}ye^5 sik^6 a^3?

乙. 畀個菜牌嚟睇下先。
Bei² go³ choi³paai² lai⁴ tai² ha⁵ sin¹.

甲. 小姐，菜牌喺度。
Siu²ze², choi³paai² hai² dou⁶.

乙. 我要一碗叉燒飯。
Ngo⁵ yiu³ yat¹ wun² cha¹siu¹faan⁶.

甲. 呢度嘅豆腐煲好靚㗎，想唔想試下？
Ni¹dou⁶ ge³ dau⁶fu²bou¹ hou² leng³ ga³, soeng² m⁴ soeng² si³ ha⁵?

乙. 噉就嚟個海鮮豆腐煲先啦。
Gam² zau⁶ lai⁴ go³ hoi²sin¹ dau⁶fu²bou¹ sin¹ la¹.

甲. 伙記，埋單。
Fo²gei³, maai⁴daan¹.

● ● ● ● ● ● ● ● ● ● ● ● ● ● ● ● ● ● ●

甲. 你要咖啡抑或奶茶？
Nei⁵ yiu³ ga³fe¹ yik¹waak⁶ naai⁵cha⁴?

乙. 兩樣都唔係幾啱，我要杯熱鮮奶。
Loeng⁵ yoeng⁶ dou¹ m⁴ hai⁶ gei² ngaam¹, ngo⁵ yiu³ bui¹ yit⁶sin¹naai⁵.

甲. 伙記，畀杯熱鮮奶，一杯鮮橙汁添。
Fo²gei³, bei² bui¹ yit⁶sin¹naai⁵, yat¹ bui¹ sin¹chaang⁴zap¹ tim¹.

● ● ● ● ● ● ● ● ● ● ● ● ● ● ● ● ● ● ●

甲. 邊位叫奶茶？
Bin¹wai² giu³ naai⁵cha⁴?

乙. 佢要奶茶，我要咖啡。
Koey⁵ yiu³ naai⁵cha⁴, ngo⁵ yiu³ ga³fe¹.

乙. 你要唔要糖?
Nei⁵ yiu³ m⁴ yiu³ tong⁴?

丙. 要呀，唔該。
Yiu³ a³, m⁴goi¹.

乙. 你要幾多粒?
Nei⁵ yiu³ gei²do¹ nap¹?

丙. 我要兩粒。
Ngo⁵ yiu³ loeng⁵ nap¹.

乙. 你要唔要啲三文治呀?
Nei⁵ yiu³ m⁴ yiu³ di¹ saam¹man⁴zi⁶ a³?

丙. 唔使嘞，多謝。
M⁴ sai² laak³, do¹ze⁶.

● ● ● ● ● ● ● ● ● ● ● ● ● ● ● ● ● ● ●

甲. 你係唔係叫咗碗豬雜粥?
Nei⁵ hai⁶ m⁴ hai⁶ giu³ zo² wun² zyu¹zaap⁶zuk¹?

乙. 唔係，我叫咗魚球粥。
M⁴ hai⁶, ngo⁵ giu³ zo² yu⁴kau⁴zuk¹.

丙. 畀一碗雲吞麵我。
Bei² yat¹ wun² wan⁴tan¹min⁶ ngo⁵.

乙. 佢要一碗艇仔粥。
Koey⁵ yiu³ yat¹ wun² teng⁵zai²zuk¹.

丙. 畀多一碟蠔油撈麵。

Bei² do¹ yat¹ dip⁶ hou⁴yau⁴ lou¹min⁶.

乙. 伙記，睇數。

Fo²gei³, tai²sou³.

大件嘅啱啱賣晒。Daai^{6}gin^6 ge^3 ngaam^{1}ngaam^1 maai^6 saai^3.

큰 옷은 금방 다 팔렸어요.

淨係得番呢個碼啫。Zing^{6}hai^6 dak^{1}faan^1 ni^{1}go^3 ma^5 ze^1.

단지 이 치수만 가능합니다.

笠衫 lap^{1}saam^1 : 내복

牛仔褲 ngau^{4}zai^{2}fu^3 : 블루진

重要啲乜嘢添呢? Zung^6 yiu^3 di^1 mat^{1}ye^5 tim^1 ne^1?

뭘 좀 또 원하시는 게 있습니까?

就買住咁多先啦。Zau^6 maai^5 zyu^6 gam^3 do^1 sin^{1}la^1.

먼저 그렇게 많이 샀는 걸요.

★광동어에 등장하는 "...添, ...先" 등은 후치부사 보다는 조사로 간주하는 것이 한층 중국어 적이라고 볼 수 있다. 왜냐하면 보통화의 경우 동태조사나 어기조사 등이 모두 기본적으로 동사 뒤에 위치하며 부사는 항상 전치성분으로 있기 때문이다.

普洱 Pou^{2}nei^2 : 포울레이 ; 보이차

畀個菜牌嚟睇下先。Bei^2 go^3 choi^{3}paai^{2*} lai^4 tai^2 ha^5 sin^1.

먼저 메뉴판을 보여주세요.

菜牌 choi^{3}paai^{2*} : 메뉴; 메뉴판

叉燒飯 cha^{1}siu^{1}faan^6 : 바비큐 라이스

海鮮豆腐煲 hoi^{2}sin^1 dau^{6}fu^{2}bou^1 : 생선두부 뚝백이

伙記 fo^{2}gei^3 : 점원

★보통화는 "伙计"로 기록함에 유의.

奶茶 naai^{5}cha^4 : 홍차에 밀크를 섞은 milk tea를 가리킴

兩樣都唔係幾啱 : 두 가지 모두 별로 마음에 안 들다

鮮橙汁 $sin^1chaang^4zap^1$: 오렌지 쥬스

三文治 $saam^1man^4zi^6$: 샌드위치

★艇仔粥 $teng^5zai^2zuk^1$: 홍콩 에버딘의 水上생활자들의 음식

蠔油撈麵 hou^4yau^4 lou^1min^6 : 굴기름 비빔면

睇數 tai^2sou^3: 식사 후 계산하는 것을 가리킴; "埋單 $maai^4daan^1$"

第八課 好聲行

甲. 好多謝你哋請食飯。
Hou² do¹ze⁶ nei⁵dei⁶ cheng² sik⁶ faan⁶.

乙. 難得你哋咁賞面，嚟食餐冇餸飯，失禮晒。
Naan⁴dak¹ nei⁵dei⁶ gam³ soeng²min², lai⁴ sik⁶ chaan¹ mou⁵ sung³ faan⁶, sat¹lai⁵ saai³.

乙. 請過嚟呢處坐, 你想飲啲乜嘢酒?
Cheng² gwo³lai⁴ ni¹chyu³ cho², nei⁵ soeng² yam² di¹ mat¹ye⁵ zau²?

甲. 多謝, 我唔識飲酒嘅。
Do¹ze⁶, ngo⁵ m⁴ sik¹ yam² zau² ge³.

乙. 唔啱飲杯啤酒啦。
M⁴ ngaam¹ yam² bui¹ be¹zau² la¹.

甲. 唔使拘嘞, 多謝。
M⁴ sai² koey¹ laak³, do¹ze⁶.

乙. 你飲過呢樣湯未呀? 試飲下, 好掂㗎。
Nei⁵ yam² gwo³ ni¹yoeng⁶ tong¹ mei⁶ a³? Si³ yam² ha⁵, hou² tim⁴ ga³.

甲. 呢啲乜嘢湯嚟㗎? 咁好飲嘅。够晒火路, 眞係靓。
Ni¹di¹ mat¹ye⁵ tong¹ lai⁴ ga³? Gam³ hou² yam² ge³. Gau³ saai³ fo²lou⁶, zan¹hai⁶ leng³.

• • • • • • • • • • • • • • • • • • •

甲. 等我同你添飯。

Dang^2 ngo^5 tung^4 nei^5 tim^1 faan^6.

乙. 唔該，要半碗够嘞。

M^{4}goi^1, yiu^3 bun^3 wun^2 gau^3 laak^3.

甲. 千祈唔好客氣，請自便。

Chin^{1}kei^4 m^{4}hou^2 haak^{3}hei^3, cheng^2 zi^{6}bin^2.

乙. 我食飽嘞，多謝。

Ngo^5 sik^{6}baau^2 laak^3, do^{1}ze^6.

甲. 請試下呢啲嶺南特產熟木瓜，重有荔枝。

Cheng^2 si^3 ha^5 ni^{1}di^1 ling^{5}naam^4 dak^{6}chaan^2 suk^{6}muk^{6}gwa^1, zung^6 yau^5 lai^{6}zi^1.

乙. 呀，好香好掂，眞係名不虛傳。

A^3, hou^2 hoeng^1 hou^2 tim^4, zan^{1}hai^6 ming^{4}bat^1−hoey^{1}chyun^4.

甲. 試下啲糯米茲荔枝啦，唔錯㗎。

Si^3 ha^5 di^1 no^{6}mai^{5}zi^{4}lai^{6}zi^1 la^1, m^{4}cho^3 ga^3.

乙. 我試過嘞，好靚。

Ngo^5 si^3 gwo^3 laak^3, hou^2 leng^3.

●●●●●●●●●●●●●●●●●●●●

甲. 嘩，好夜㗎嘞，我要番屋企咯。

Wa^4, hou^2 ye^6 ga^{3}laak^3, ngo^5 yiu^3 faan^1 uk^{1}kei^2 lok^3.

乙. 唔坐多一陣至扯?

M^4 cho^5 do^1 yat^{1}zan^6 zi^3 che^2?

甲. 太過夜嘞，近來治安又唔好。

Taai^3 gwo^3 ye^6 laak^3, gan^{6}loi^4 zi^{6}ngon^1 yau^6 m^4 hou^2.

乙. 噉第日嚟坐過啦，唔留你嘞。
Gam² dai⁶yat⁶ lai⁴ cho⁵ gwo³ la¹, m⁴ lau⁴ nei⁵ laak³.

甲. 早唞。
Zou² tau².

乙. 慢慢行。
Maam⁶maan² haang⁴.

● ● ● ● ● ● ● ● ● ● ● ● ● ● ● ● ● ● ●

甲. 好嘞，麥先生，我走嘞。
Hou² laak³, Mak⁶ sin¹saang¹, ngo⁵ zau² laak³.

乙. 坐多陣添啦。
Cho⁵ do¹ zan⁶ tim¹ la¹.

甲. 唔坐嘞，我兩點鐘約咗人。
M⁴ cho⁵ laak³, ngo⁵ loeng⁵ dim²zung¹ yoek³ zo² yan⁴.

乙. 哦，得閑請嚟坐。
O⁶, dak¹haan⁴ cheng² lai⁴ cho⁵.

甲. 再見。
Zoi³ gin³.

● ● ● ● ● ● ● ● ● ● ● ● ● ● ● ● ● ●

甲. 伍先生，我要走嘞。
Ng⁵ sin¹saang¹, ngo⁵ yiu³ zau² laak³.

乙. 好，再見。
Hou², zoi³ gin³.

248 新 광동어

甲. 再見，我哋後日喺機場見。
Zoi³ gin³, ngo⁵dei⁶ hau⁶yat⁶ hai² gei¹choeng⁴ gin³.

乙. 唔好咁遲嘑。
M⁴hou² gam³ chi⁴ bo³.

甲. 我會早啲嚟嘅。
Ngo⁵ wui⁵ zou² di¹ lai⁴ ge³.

●●●●●●●●●●●●●●●●●●●●

甲. 多謝你哋咁好招呼。
Do¹ze⁶ nei⁵dei⁶ gam³ hou² ziu¹fu¹.

乙. 招呼唔到就眞。
Ziu¹fu¹ m⁴ dou³ zau⁶zan¹.

甲. 我哋今晚玩得好開心。
Ngo⁵dei⁶ gam¹maan⁵ waan² dak¹ hou² hoi¹sam¹.

乙. 多謝大家咁賞面。
Do¹ze⁶ daai⁶ga¹ gam³ soeng²min².

甲. 陸先生，再見。
Luk⁶ sin¹saang¹, zoi³ gin³.

乙. 再見，好聲行，唔送嘞。
Zoi³ gin³, hou²seng¹ haang⁴, m⁴ sung³ laak³.

賞面 : 체면을 세워주다

難得 : 모처럼 ; 어렵게

嚟食餐冇餸飯 : 식사에 변변한 음식이 없다

難得你哋咁賞面, 嚟食餐冇餸飯, 失禮晒。Naan⁴dak¹ nei⁵dei⁶ gam³ soeng²min²*, lai⁴ sik⁶ chaan¹ mou⁵ sung³ faan⁶, sat¹lai⁵ saai³.

여러분 모처럼 왕림하셨는데 부실한 식사라서 송구합니다.

★唔啱 m⁴ ngaam¹: 그렇지 않으면 = 唔係嘅話 m⁴hai⁶ge³wa²*

唔使拘嘞 m⁴ sai² koey¹ laak³ : 개의치 마세요

呢啲乜嘢湯嚟㗎? Ni¹di¹ mat¹ye⁵ tong¹ lai⁴ ga³? 이것들은 무슨 탕 입니까?

★"嚟㗎"의 '嚟'는 사실을 강조하기 위해 사용함.

够晒火路, 眞係靚。Gau³ saai³ fo²lou⁶, zan¹hai⁶ leng³.

충분하고 적절히 요리되어 정말 훌륭합니다.

火路 : 요리를 위해 불로 익히는 시간 (火候)

好夜㗎嘞 Hou²ye⁶ ga³laak³ : 매우 밤이 깊어졌어요

噉第日嚟坐過啦, 唔留你嘞。Gam² dai⁶yat⁶ lai⁴ cho⁵ gwo³ la¹, m⁴ lau⁴ nei⁵ laak³. : 그럼 다음에 다시 와요, 안 머물게 하겠어요.

坐多陣添啦。Cho⁵ do¹ zan⁶ tim¹ la¹. 아직 좀 더 앉아 있으세요.

★북경관화 "还多坐一会儿吧"와 통사구조가 다름에 유의.

唔好咁遲潘。M⁴hou² gam³ chi⁴ bo³. 늦지 마세요.

多謝你哋咁好招呼。Do¹ze⁶ nei⁵dei⁶ gam³ hou² ziu¹fu¹.

여러분 매우 잘 접대해 주셔서 고맙습니다.

招呼唔到就眞。Ziu^{1}fu^1 m^4 dou^{2*} zau^{6}zan^1. 정말 접대가 미비했습니다.

★"就眞"의 반댓말은 "就假 zau^{6}ga^2", 따라서 "唔食就假"는 "거짓으로 안 먹는다" 라
는 뜻임.

今晚玩得好開心 gam^{1}maan^5 waan^2 dak^1 hou^2 hoi^{1}sam^1 : 오늘 저녁
매우 즐겁게 놀았다.

開心 : 기쁘다 ; 즐겁다

好聲行 hou^{2}seng^1 haang^4 : 조심해 가십시오

第九課　公共秩序

甲. 香港政府敎育香港市民眞係失敗嘞。

Hoeng¹gong² zing³fu² gaau³yiuk⁶ Hoeng¹gong² si⁵man⁴ zan¹hai⁶ sat¹baai⁶ laak³.

乙. 你講邊方面嘅敎育呢?

Nei⁵ gong² bin¹ fong¹min⁶ ge³ gaau³yiuk⁶ ne¹?

甲. 好多方面啦, 尤其是一般嘅公共秩序方面。

Hou²do¹ fong¹min⁶ la¹, yau⁴kei⁴si⁶ yat¹bun¹ ge³ gung¹ gung⁶ dit⁶zoey⁶ fong¹min⁶.

乙. 咦! 前便有個警察好似要檢控個汽車司機㗎! 我哋去睇下啦。

yi²! Chin⁴bin⁶ yau⁵ go³ ging²chaat³ hou²chi⁵ yiu³ gim²hung³ go³ hei³che¹ si¹gei¹ bo³! Ngo⁵dei⁶ hoey³ tai² ha⁵ la¹.

丙. 先生, 你睇唔睇到嗰盞交通燈呀?

Sin¹saang¹, nei⁵ tai² m⁴ tai²dou² go² zaan² gaau¹tung¹dang¹ a³?

丁. 睇到啊!

Tai²dou² a¹!

丙. 你睇唔睇到係紅燈呀?

Nei⁵ tai² m⁴ tai²dou² hai⁶ hung⁴dang¹ a³?

丁. 睇到啊!

Tai²dou² a¹!

丙. 噉, 點解你重要衝紅燈呢?

Gam², dim²gaai² nei⁵ zung⁶ yiu³ chung¹ hung⁴dang¹ ne¹?

丁. 因爲我睇唔到你!

Yan¹wai⁶ ngo⁵ tai²m⁴dou² nei⁵!

甲. 張先生，你睇下，呢啲就係香港人對一般公共秩序嘅教育嘞!

Zoeng¹ sin¹saang¹, nei⁵ tai² ha⁵, ni¹di¹ zau⁶ hai⁶ Hoeng¹gong²
yan⁴ doey³ yat¹bun¹ gung¹gung⁶ dit⁶zoey⁶ ge³ gaau³yiuk⁶ laak³!

乙. 每個社會都有一啲壞份子，唔好話個個人都一樣，香港嘅教育都有好
嘅方面嘅。

Mui⁵go³ se⁵wui² dou¹ yau⁵ yat¹di¹ waai⁶ fan⁶zi², m⁴hou² wa⁶
go³go³ yan⁴ dou¹ yat¹yoeng⁶, Hoeng¹gong² ge³ gaau³yiuk⁶ dou¹
yau⁵ hou² ge³ fong¹min⁶ ge³.

敎育香港市民 : 홍콩시민을 교육하다.

你講邊方面嘅敎育呢? : 어느쪽 교육을 말하는 겁니까

檢控個汽車司機 : 자동차 운전기사를 검문하다.

檢控 gim²hung³ : 검사하고 제재하다.

嗰盞交通燈 : 저 교통신호등

衝紅燈 chung¹ hung⁴dang¹ : 교통신호를 위반하다.

睇唔到 tai²m⁴dou²* : "唔睇得到", 즉 못 보았다는 뜻.

★여기서 '到'는 동작의 달성을 의미하므로 고승변조가 됨.

"睇到啊"의 '啊 a¹'는 당연하다는 어기를 나타냄.

香港人對一般公共秩序嘅敎育 Hoeng¹gong² yan⁴ doey³ yat¹bun¹ gung¹ gung⁶ dit⁶zoey⁶ ge³ gaau³yiuk⁶ : 일반 공공질서에 대한 홍콩인의 교육.

壞份子 waai⁶ fan⁶zi² : 불한당 ; 불량배

唔好話個個人都一樣 m⁴hou² wa⁶ go³go³ yan⁴ dou¹ yat¹yoeng⁶ : 사람들이 모두 같다고 말하지 마시오.

香港嘅敎育都有好嘅方面嘅 Hoeng¹gong² ge³ gaau³yiuk⁶ dou¹ yau⁵ hou² ge³ fong¹min⁶ ge³ : 홍콩의 교육도 바람직한 방면의 것이 있어요

第十課 讀書辛苦

甲. 我覺得香港學生讀書眞係辛苦嘞。

Ngo⁵ gok³dak¹ Hoeng¹gong² hok⁶saang¹ duk⁶syu¹ zan¹hai⁶
san¹fu² laak³.

乙. 係呀! 我都同意。佢哋每日都要讀中文,英文,數學,地理,歷史同科學。
而且平均每個禮拜都有兩三科要測驗。

Hai⁶ a³! Ngo⁵ dou¹ tung⁴yi³. keoy⁵dei⁶ mui⁵yat⁶ dou¹ yiu³ duk⁶
zung¹man⁴、ying¹man⁴、sou³hok⁶、dei⁶lei⁵、lik⁶si² tung⁴ fo¹hok⁶.
Yi⁴che² ping⁴gwan¹ mui⁵ go³ lai⁵baai³ dou¹ yau⁵ loeng⁵ saam¹ fo¹
yiu³ chaak¹yim⁶.

甲. 重有呀! 佢哋嘅課本又重又多, 每日要帶番學校嘅課本同練習簿就唔
會少過十磅重。

Zung⁶ yau⁵ a³! Koey⁵dei⁶ ge³ fo³bun² yau⁶ chung⁵ yau⁶ do¹, mui⁵yat⁶
yiu³ daai³ faan¹ hok⁶haau⁶ ge³ fo³bun² tung⁴ lin⁶zaap⁶bou² zau¹
m⁴wui⁵ siu² gwo³ sap⁶ bong⁶ chung⁵.

丙. 我個仔今年只係十歲之嘛, 喺小學讀書。但係佢晚晚都要溫習差唔
多四個鐘頭先至可以做完啲功課。我唔明白啲先生上堂嘅時候點樣教
書嘅。

Ngo⁵ go³ zai² gam¹nin² zi²hai⁶ sap⁶ soey³ zi¹ma³, hai² siu²hok⁶
duk⁶syu¹, daan⁶hai⁶ koey⁵ maan⁵maan⁵ dou¹ yiu³ wan¹zaap⁶
cha¹m⁴do¹ sei³ go³ zung¹tau⁴ sin¹zi³ ho²yi⁵ zou⁶ yun⁴ di¹ gung¹fo³.
Ngo⁵ m⁴ ming⁴baak⁶ di¹ sin¹saang¹ soeng⁵tong⁴ ge³ si⁴hau⁶
dim²yoeng² gaau³ syu¹ ge³.

甲. 我話喺中學教書重麻煩呀! 又要教佢哋又要管佢哋, 尤其是管佢哋, 因為而家啲後生仔個個都唔中意被人管嘅喇。

Ngo⁵ wa⁶ hai² zung¹hok⁶ gaau³ syu¹ zung⁶ ma⁴faan⁴ a³! Yau⁶ yiu³ gaau¹ koey⁵dei⁶ yau⁶ yiu³ gwun² koey⁵dei⁶, yau⁴kei⁴si⁶ gwun² koey⁵dei⁶, yan¹wai⁶ yi⁴ga¹ di¹ hau⁶saang¹zai² go³go³ dou¹ m⁴ zung¹yi³ bei⁶ yan⁴ gwun² ge³ la³.

乙. 好彩我哋個個都唔係教書先生啫. 如果唔係, 我哋都冇時間一齊喺呢處傾偈喇。

Hou²choi² ngo⁵dei⁶ go³go³ dou¹ m⁴ hai⁶ gaau³ syu¹ sin¹saang¹ ze¹. Yu⁴gwo² m⁴ hai⁶, ngo⁵dei⁶ dou¹ mou⁵ si⁴gaan³ yat¹chai⁴ hai² ni¹chyu³ king¹gai² la³.

測驗 chaak^{1}yim^6 : 시험; 테스트

又重又多 yau^6 chung^5 yau^6 do^1: 무겁기도 하고 많기도 하다.

★여기서 '重'은 白讀音 chung^{5}이 사용되며 文讀音은 zung^{6}이다.

要帶番學校嘅課本 : 등교시 지녀야하는 교과서

唔會少過十磅重 : (무게가) 10파운드 이상이다

★少過十磅 siu^2 gwo^3 sap^6 bong^6 : 10파운드 보다 적다

★之嘛 zi^{1}ma^3 : 사실이 그렇다는 점을 강조하는 어기조사

四個鐘頭先至可以做完 : 네 시간이 되어야 다 할 수 있다

上堂 soeng^{5}tong^4 : 수업하다 = 上課 soeng^{5}fo^3

而家啲後生仔 yi^{4}ga^1 di^1 hau^{6}saang^{1}zai^2 : 요즘 젊은 아이들

唔中意被人管 : 남에게 관리 받는 것을 안 좋아 한다

我話喺中學敎書重麻煩呀 : Ngo^5 wa^6 hai^2 zung^{1}hok^6 gaau^3 syu^1 zung^6 ma^{4}faan^4 a^3 내가 보기엔 중학교 교편 잡는 것 또한 귀찮은 일이야

好彩我哋個個都唔係敎書先生啫 Hou^{2}choi^2 ngo^{5}dei^6 go^{3}go^3 dou^1 m^4 hai^6 gaau^3 syu^1 sin^{1}saang^1 ze^1 : 다행히 우리 모두는 학교선생이 아냐

一齊喺呢處傾偈 : 함께 여기서 잡담을 나누다

甲. 小姐, 我要搭一五零號班機去倫敦。請問我喺呢處報到, 啱唔啱?

Siu²ze², Ngo⁵ yiu³ daap³ Yat¹ng⁵ling⁴ hou⁶ baan¹gei¹ hoey³ Loen⁴doen¹. Cheng²man⁶ ngo⁵ hai² ni¹syu³ bou³dou³, ngaam¹ m⁴ ngaam¹?

乙. 一五零號班機喺下晝四點半鐘起飛去倫敦。你喺呢處報到就啱嘞。
請你交你嘅護照、簽証同飛機票畀我啦。

Yat¹ng⁵ling⁴ hou⁶ baan¹gei¹ hai² ha⁶zau³ sei³ dim² bun³ zung¹ hei²fei¹ hoey³ Loen⁴doen¹. Nei⁵ hai² ni¹syu³ bou³dou³ zau⁶ ngaam¹ laak³. Cheng² nei⁵ gaau¹ nei⁵ ge³ wu⁶jiu³、chim¹zing³ tung⁴ fei¹gei¹piu³ bei² ngo⁵ la¹.

甲. 呢兩件係我嘅行李, 請你帮我過磅啦。

Ni¹ loeng⁵ gin⁶ hai⁶ ngo⁵ ge³ hang⁴lei⁵, Cheng² nei⁵ bong¹ ngo⁵ gwo³bong² la¹.

乙. 先生, 你嘅行李過重嘑! 重有冇其他行李呀?

Sin¹saang¹, nei⁵ ge³ hang⁴lei⁵ gwo³chung⁵ bo³! Zung⁶ yau⁵ mou⁵ kei⁴ta¹ hang⁴lei⁵ a³?

甲. 重有兩件手提行李都係好輕嘅. 我嘅行李過重咗幾多磅呀?

Zung⁶ yau⁵ loeng⁵ gin⁶ sau²tai⁴ hang⁴lei⁵ dou¹ hai⁶ hou² heng¹ ge³. Ngo⁵ ge³ hang⁴lei⁵ gwo³chung⁵ zo² gei²do¹ bong⁶ a³?

乙. 唔算好多, 只係兩磅啫。

M⁴ syun³ hou² do¹, zi²hai⁶ loeng⁵ bong⁶ ze¹.

甲. 對唔住，請你通融一下啦，得嘛?

Doey³m⁴zyu⁶, cheng² nei⁵ tung¹yiung⁴ yat¹ha⁵ la¹, dak¹ ma³?

乙. 問題唔大，但係下次你就要多啲注意行李嘅重量喇。好嘞，你攞番你嘅護照同機票啦。

Man⁶tai⁴ m⁴ daai⁶, daan⁶hai⁶ ha⁶chi³ nei⁵ zau⁶ yiu³ do¹ di¹ zyu³yi³ hang⁴lei⁵ ge³ chung⁵loeng⁶ la³. Hou² laak³, nei⁵ lo² faan¹ nei⁵ ge³ wu⁶ziu³ tung⁴ gei¹piu³ la¹.

甲. 唔該你話我知旅遊保險嘅櫃檯喺邊處呀? 免稅洋酒又喺邊處買呢?

M⁴ goi¹ nei⁵ wa⁶ ngo⁵ zi¹ loey⁵yau⁴ bou²him² ge³ gwai⁶toi² hai² bin¹syu³ a³? Min⁵soey³ yoeng⁴zau² yau⁶ hai² bin¹syu³ maai⁵ ne¹?

乙. 嗰兩個櫃檯都喺四號閘口附近，你唔會搵唔到嘅。

Go² loeng⁵ go³ gwai⁶toi² dou¹ hai² sei³ hou⁶ zaap⁶hau² fu⁶gan⁶, nei⁵ m⁴ wui⁵ wan²m⁴dou² ge³.

甲. 唔該晒。

M⁴ goi¹ saai³.

搭班機去倫敦 : 런던으로 정기여객기를 타고 가다

喺呢處報到就喘嘞 : 여기서 등록하면 됩니다

報到 bou³dou³ : 도착했음을 알리다 ; 등록하다

★交 A 畀我啦 : A를 저에게 제출 하십시오

請你帮我過磅啦 : 저를 위해 무게를 달아주세요

過磅 gwo³bong²ˊ : 공항에서 짐 부치기 위해 무게 재는 것을 가리킴

過重咗幾多磅呀 : 몇 파운드가 초과되었습니까?

★通融 tung¹yiung⁴ : 융통성 있게 하다

攞番你嘅護照同機票啦 : 여권과 탑승권을 도로 가져 가세요

櫃檯都喺四號閘口附近 : 카운터는 모두 4번 게이트 근처에 있어요

唔會揾唔到嘅 : 못 찾을 리가 없다

甲. 李小姐, 你申請做我哋公司嘅秘書, 我啱啱見過你打字嘞, 表現都幾
好。 你識唔識用電腦呀?

Lei^5 siu^{2}ze^2, nei^5 san^{1}ching^2 zou^6 ngo^{5}dei^6 gung^{1}si^1 ge^3 bei^{3}syu^1,
ngo^5 ngaaam^{1}ngaam^1 gin^3 gwo^3 nei^5 da^2 zi^6 laak^3, biu^{2}yin^6 dou^1
gei^{2}hou^2. Nei^5 sik^1 m^4 sik^1 yiung^6 din^{6}nou^5 a^3?

乙. 經理先生, 對唔住, 我唔識。

Ging^{1}lei^5 sin^{1}saang^1 doey^{3}m^{4}zyu^6 ngo^5 m^4 sik^1.

甲. 唔識咩? 今時今日唔識用電腦唔得㗎! 噉,你識唔識用傳眞機呀?

M^4 sik^1 me^1? Gam^{1}si^4–gam^{1}yat^6 m^4 sik^1 yiung^6 din^{6}nou^5 m^{4}dak^1
bo^3! Gam^2, nei^5 sik^1 m^4 sik^1 yiung^6 chyun^{4}zan^{1}gei^{1}a^3?

乙. 呢啲先進嘅設備我見都未見過,當然唔識用喇。不過如果經理肯畀機
會我, 我會好畀心機學嘅。

Ni^{1}di^1 sin^{1}zoen^3 ge^3 chit^{3}bei^6 ngo^5 gin^3 dou^1 mei^6 gin^3 gwo^3,
dong^{1}yin^4 m^4 sik^1 yiung^6 la^3. bat^{1}gwo^3 yu^{4}gwo^2 ging^{1}lei^5 hang^2
bei^2 gei^{1}wui^6 ngo^5, ngo^5 wui^5 hou^2 bei^2 sam^{1}gei^1 hok^6 ge^3.

甲. 你喺柬埔寨做過幾多年秘書呀?

Nei^5 hai^2 Gaan^{2}pou^{2}zaai^6 zou^{6}gwo^3 gei^{2}do^1 nin^4 bei^{3}syu^1 a^3?

乙. 差唔多有七年嘞。

Cha^{1}m^{4}do^1 yau^5 chat^1 nin^4 laak^3.

甲. 喺嗰個度嘅寫字樓有幾多位秘書呀?

Hai^2 go^{2}dou^6 ge^3 se^{2}zi^{6}lau^4 yau^5 gei^{2}do^1 wai^2 bei^{3}syu^1 a^3?

乙. 只有我一個係秘書, 我要獨立處理一切公司嘅文件。而且要直接向經理負責。

Zi²yau⁵ ngo⁵ yat¹ go³ hai⁶ bei³syu¹, ngo⁵ yiu³ duk⁶laap⁶ chyu²lei⁵ yat¹chai³ gung¹si¹ ge³ man⁴gin². Yi⁴che² yiu³ zik⁶zip³ hoeng³ ging¹lei⁵ fu⁶zaak³.

甲. 好啦! 我就請你啦。不過第一個月係試用期, 我想睇下你嘅工作表現先。其他詳細嘅福利同工作條件,等過咗試用期再講啦。你聽日可以嚟開工嘞。

Hou² la¹! Ngo⁵ zau⁶ cheng² nei⁵ la¹. Bat¹gwo³ dai⁶ yat¹ go³ yut⁶ hai⁶ si³yiung⁶kei⁴, ngo⁵ soeng² tai² ha⁵ nei⁵ ge³ gung¹zok³ biu²yin⁶ sin¹. Kei⁴ta¹ choeng⁴sai³ ge³ fuk¹lei⁶ tung⁴ gung¹zok³ tiu⁴gin⁶, dang² gwo³ zo² si³yiung⁶kei⁴ zoi³ gong² la¹. Nei⁵ teng¹yat⁶ ho²yi⁵ lai⁴ hoi¹gung¹ laak³.

乙. 多謝經理。聽日見。

Do¹ze⁶ ging¹lei⁵. Teng¹yat⁶ gin³.

★今時今日 gam¹si⁴-gam¹yat⁶ : 오늘날의 세계 ; 오늘날

傳眞機 chyun⁴zan¹gei¹ : 팩시밀리; 팩스기

肯畀機會我 : 내게 기회를 주려고하다.

好畀心機學 : 매우 열심히 배우다

★畀心機 bei² sam¹gei¹ : 마음을 기울이다; 전념하다

柬埔寨 Gaam²pou²zaai⁶ : 캄보디아

直接向經理負責 : 직접 부장에게 책임 진다

第一個月係試用期 : 첫째 달은 수습기간 이다

福利同工作條件 : 복지와 업무 조건

等過咗試用期再講 : 수습기간이 지난 다음 말하다

可以嚟開工嘞 : 업무를 시작해도 된다

甲. 威廉，點解你咁客氣請我嚟呢間餐廳食飯呀？ 係唔係你今日生日呀？
恭喜! 恭喜!

Wai¹lim⁴, dim²gaai² nei⁵ gam³ haak³hei³ cheng² ngo⁵ lai⁴ ni¹ gaan¹ chaan¹teng¹ sik⁶ faan⁶ a³? Hai⁶ m⁴ hai⁶ nei⁵ gam¹yat⁶ saang¹yat⁶ a³? gung¹hei²! gung¹hei²!

乙. 我唔係今日生日。冇特別意義嘅， 只係我聽到一個消息話呢間餐廳就快要拆喇。我又好中意喺呢間餐廳食嘢， 所以我就邀請你嚟一齊食飯啫。

Ngo⁵ m⁴ hai⁶ gam¹yat⁶ saang¹yat⁶. Mou⁵ dak⁶bit⁶yi³yi⁶ ge³, zi²hai⁶ ngo⁵ teng¹dou² yat¹ go³ siu¹sik¹ wa⁶ ni¹ gaan¹ chaan¹teng¹ zau⁶ faai³ yiu³ chaak³ la³, ngo⁵ yau⁶ hou² zung¹yi³ hai² ni¹ gaan¹ chaan¹teng¹ sik⁶ ye⁵, so²yi⁵ ngo⁵ zau⁶ yiu¹ching² nei⁵ lai⁴ yat²chai⁴ sik⁶ faan⁶ ze¹.

甲. 我唔知道你咁中意呢間舊餐廳嘅喎。

Ngo⁵ m⁴ zi¹dou⁶ nei⁵ gam³ zung¹yi³ ni¹gaan¹ gau⁶ chaan¹teng¹ ge³ bo³.

乙. 係呀。我重好中意懷舊添。咦!. 點解今日餐牌啲餸貴過琴日嘅咁多嘅？ 我琴日啱啱先至喺呢處食過飯啫!

Hai⁶ a³, ngo⁵ zung⁶ hou² zung¹yi³ waai⁴gau⁶ tim¹. Yi²... dim²gaai² gam¹yat⁶ chaan¹pai² di¹ sung³ gwai³ gwo³ kam⁴yat⁶ ge³ gam³ do¹ ge²? Ngo⁵ kam⁴yat⁶ ngaam¹ngaam¹ sin¹zi³ hai² ni¹syu³ sik⁶ gwo³ faan⁶ ze¹!

丙. 對唔住喇，先生。你哋真係唔好彩嘞。我哋間餐廳啱啱由今日開始加價。如果你哋琴日嚟食飯，我哋嘅餐廳重未加價。

Doey³m⁴zyu⁶ la³,sin¹saang¹. Nei⁵dei⁶ zan¹hai⁶ m⁴ hou²choi² laak³. Ngo⁵dei⁶ gaan¹ chaan¹teng¹ ngaam¹ngaam¹ yau⁴ gam¹yat⁶ hoi¹ chi² ga¹ga³. Yu⁴gwo² nei⁵dei⁶ kam⁴yat⁶ lai⁴ sik⁶ faan⁶, ngo⁵dei⁶ ge³ chaan¹teng¹ zung⁶ mei⁶ ga¹ga³.

乙. 你哋琴日嘅食物全部都係賣舊價嗱?

Nei⁵dei⁶ kam⁴yat⁶ ge³ sik⁶mat⁶ chyun⁴bou⁶ dou¹ hai⁶ maai⁶ gau⁶ga³ a⁴?

丙. 係呀。

Hai⁶ a³.

乙. 好呃。我要一條琴日你哋賣剩嘅游水魚,一斤琴日賣剩嘅游水蝦，同埋一啲琴日賣剩嘅生果添。

Hou² ak³. Ngo⁵ yiu³ yat¹ tiu⁴ kam⁴yat⁶ nei⁵dei⁶ maai⁶zing⁶ ge³ yau⁴soey² yu², yat¹ gan¹ kam⁴yat⁶ maai⁶zing⁶ ge³ yau⁴soey² ha¹, tung⁴maai⁴ yat¹ di¹ kam⁴yat⁶ maai⁶zing⁶ ge³ saang¹gwo² tim¹.

丙. 哈! 原來你對食物都懷舊嘅。

Ha¹! Yun⁴loi⁴ nei⁵ doey³ sik⁶mat⁶ dou¹ waai⁴gau⁶ ge³.

呢間餐廳就快要拆喇 : 이 음식점은 곧 철거 된다

邀請你嚟一齊食飯啫 : 함께 식사할 것을 요청했을 뿐이다

★重好中意懷舊添 : 또한 옛것을 그리워하기를 매우 좋아하죠

點解貴過琴日嘅咁多嘅 dim²gaai² gwai³ gwo³ kam⁴yat⁶ ge³ gam³ do¹ ge² : 어째서 어제 것보다 많이 비쌉니까

琴日啱啱先至喺呢處食過飯啫 kam⁴yat⁶ ngaam¹ngaam¹ sin¹zi³ hai² ni¹syu³ sik⁶ gwo³ faan⁶ ze¹ : 어제 금방 여기서 식사했을 뿐인 데요!

加價 ga¹ga³ : 가격을 올리다

舊價 gau⁶ga³ : 이전 가격

賣剩嘅游水魚 : 팔고 남은 활어

游水蝦 : 살아있는 새우

1. 이것들은 무엇입니까?	이것들은 차잎입니다.
2. 그것은 뭐라고 부릅니까?	그것은 전자시계라고 합니다.
3. 당신은 무엇을 말합니까?	저는 거리에 나가지 않겠어요.
4. 당신은 이름이 무엇입니까?	저는 아팀(阿添)이라고 합니다.
5. 무슨 일이 발생했습니까?	저기서 누군가 강도질합니다.
6. 오늘은 무슨 날입니까?	오늘은 팔월 십오일 입니다.
7. 내일은 무슨 요일입니까?	내일은 목요일입니다.
8. 지금 몇 시 입니까?	지금 여섯 시 십오 분입니다.
9. 당신 여기서 뭘 하십니까?	전 텔레비죤을 고칩니다.
10. 당신은 뭘 사고 싶습니까?	저는 스웨터를 사고 싶어요.
11. 당신은 얼마나 크게 입죠?	저는 특대호의 것을 요합니다.
12. 또 관심 있는 물건 있나요?	필요한 게 없어요.
13. 수속비는 얼마죠?	이십이 달러 육십 센트
14. 그는 왜 시간이 없어요?	그는 출근해야 합니다
15. 그와 뭘 좀 말하고 싶죠?	저는 그와 잡담을 나누고 싶습니다.
16. 무슨 사업을 하는 분입니까?	전 수출입 비즈니스를 하는 사람이죠.
17. 당신네는 매일 뭘 드십니까?	우린 끼니마다 밥을 먹어요.
18. 당신 오빠는 뭘 하십니까?	제 오빠는 회계 일을 합니다.
19. 당신은 뭔 일로 그를 찾죠?	입사면접 가려고 그를 찾습니다.
20. 당신 의사는 어떻습니까?	저는 안 가려고 생각해요.
21. 당신 무슨 계획 있습니까?	저는 내년에야 갈 작정 입니다.

22. 오늘 날씨 어떨 걸로 봅니까?　오늘 매우 지독하게 덥습니다.

23. 당신은 누구입니까?　저는 중 다이와이(鐘大偉) 입니다.

24. 그는 누구 찾으러 왔습니까?　그는 의사 웡(王)을 찾으러 왔습니다.

● ● ● ● ● ● ● ● ● ● ● ● ● ● ● ● ● ● ●

거리에 나가다 : 行街　　　　　강도질 하다 : 打劫
고치다, 수리하다 : 整番　　　　스웨터 : 冷衫
특대호 : 加大碼　　　　　　　　출근하다 : 番工
수출입 비즈니스 : 出入口生意　끼니마다 : 餐餐
무슨 계획 : 乜打算 ; 乜嘢打算　매우 지독하다 : 好犀利

****

25. 저 여자아이는 누구입니까?　저 여자아이는 그의 외사촌동생 이죠.

26. 오늘 누군가 온 적 있습니까?　오늘 아무도 온 적 없습니다.

27. 누가 말하여 주었습니까?　막 사모님이 제게 말해주었어요

28. 누가 여기서 얘기합니까?　고모가 할아버지와 얘기합니다.

29. 이방은 누가 묵었습니까?　마 선생이 이방에 거주하고 있습니다.

30. 누가 그의 오랜 친구입니까?　송형이 그의 오랜 친구입니다.

31. 그들은 누구입니까?　그들은 그의 학우 입니다.

32. 누가 먼저 갑니까?　우리는 함께 갑니다.

33. 그는 언제 옵니까?　그는 저녁 여덟시에 옵니다.

34. 당신은 언제가 편합니까?　저는 낮이 가장 편리합니다.

35. 당신은 언제 다 합니까?　모레 비로서 다 합니다.

36. 그는 언제 돌아옵니까?　그는 매우 빨리 곧 돌아옵니다.

37. 오늘저녁 그는 올 수 있습니까?　그는 꼭 올 것입니다.

38. 당신은 언제 필리핀 갑니까?　저는 이번 주에 필리핀 갑니다.

39. 당신은 언제 싱가폴로 돌아가죠?   전 다음달에 싱가폴로 돌아갑니다.

40. 당신은 언제 식사합니까?   정각 한시면 바로 식사할 수 있습니다.

41. 그는 언제 이사 갔죠?   그는 지난 달 이사 갔습니다.

42. 어디 계십니까?   그곳에 있습니다.

43. 그는 어디 삽니까?   그는 파우마데이에 삽니다.

44. 당신은 어디서 귀환합니까?   저는 인니에서 돌아옵니다.

45. 묻겠는데 어디가시죠?   저는 공항에 비행기를 맞이하러갑니다.

46. 당신은 어디에 내 짐들을 두었죠?   당신 짐은 방 안 쪽에 놓았습니다.

47. 당신은 어디서 하차 합니까?   저는 코즈웨이베이에서 하차합니다.

48. 당신은 어디서 일 합니까?   저는 센터(중완)에서 일합니다.

49. 아직 얼마나 오래 기다려야해요?   아직 십오 분 더 기다리세요.

50. 묻겠는데 성씨는 뭡니까?   성은 임이고, 동쳉 이라고 부릅니다.

51. 저 몸에 입어보고 싶은데 되나요?   당신 편한대로 해보세요.

52. 좀 저렴하게 계산할 수 있나요?   이미 매우 싸게 계산되었습니다.

● ● ● ● ● ● ● ● ● ● ● ● ● ● ● ● ● ●

이야기하다 : 傾偈	오랜 친구 : 老友記
다 하다 : 做妥	꼭 올거다 : 實嚟嘅
정각 한 시 : 踏正一點	이사 했다 : 搬咗
코즈웨이베이 : 銅羅灣	오래 기다리다 : 等耐
몸에 입어보다 : 試下身	매우 싸게 계산되다 : 計到好平

****

53. 당신 사장님은 여기 계십니까?   우리 사장님은 외출했습니다.

54. 찬 선생님은 집에 있습니까?   찬 선생님 안 돌아 왔습니다.

55. 저 사람은 당신 아들입니까?   저 사람은 내 손자입니다.

56. 빈 테이블이 있습니까?　　　아직 두 빈 자리가 있습니다.

57. 당신 식사 하셨습니까?　　　전 아직 식사 못했습니다.

58. 당신 공부 다 했습니까?　　　저 공부 다 했습니다.

59. 당신들은 세 논 방이 있습니까?　아직 빈 방 몇 개가 있습니다.

60. 당신 담배 핍니까?　　　　　전 담배 필 줄 모릅니다.

61. 당신은 그를 압니까?　　　　저는 그를 모릅니다.

62. 당신 볼펜 있습니까?　　　　저는 만년필이 있습니다.

63. 당신 광동요리 먹는거 좋아해요?　전 광동요리 먹는거 제일 좋아해요.

64. 당신넨 제게 맞는 솜옷이 있나요?　당신은 큰 치수 걸 입어야 맞습니다.

65. 걔 얼마나 큰 칫수 입는지 아니?　걘 중간 칫수 입으면 맞아.

66. 이 물건이 얼마나 오래 사용 보증 하는지 압니까?

　　　이런 것은 좀 부실해서 사용 보증 안 합니다.

67. 이 버스들은 그곳에 갑니까?　　그곳은 지나가는 버스가 없어요.

68. 문패가 몇 번인지 압니까?　　　조도도우 팔호.

69. 날마다 해저터널을 건너려 합니까?　전 어떤때 해저터널로 바다를 건너죠.

70. 네 전화 빌려 쓰는 거 가능하니?　편한대로 걸어.

71. 네 아빠 담배 피우니?　　　　내 아빠는 흡연 음주하는 사람 매우 싫

　　　　　　　　　　　　　　어해.

72. 아까 너 나한테 전화 걸었니?　건 적 없어.

73. 너 분실한 지갑 도로 찾았니?　도로 찾았어.

●●●●●●●●●●●●●●●●●●●

사장님 : 事頭 ; 老細	외출했다 : 出咗門	
찬 선생님 : 陳先生	안 돌아왔다 : 未番嚟	
당신 아들 : 你個仔	내 손자 : 我個孫	
빈 테이블 : 空檯	공부를 다 하다 : 做晒功課	
세 논 방 있다 : 有房租	담배 피다 : 食烟	

만년필 : 墨水筆　　　　　　　중간치수 : 中碼
제일 좋아하다 : 最中意　　　사용보증 : 包用
부실하다 : 化學　　　　　　 해저터널 : 海底隧道
어떤 때 : 有陣時　　　　　　...를 돌아서 : 運 ...
가능 합니까 : 得唔得　　　　매우 싫어하다 : 好憎
분실한 지갑 : 失咗個銀包　　도로 찾다 : 搵番

高级篇

廣州係廣東省嘅省會，喺珠江三角洲北部。

Gwong²zau¹ hai⁶ Gwong²dung¹saang² ge³ saang²wui⁶, hai² Zyu¹ gong¹ saam¹gok³zau¹ bak¹bou⁶.

傳說好耐以前，有五位仙人着住唔同顏色嘅衫，

Chyun⁴syut³ hou²noi⁶ yi⁵chin⁴, yau⁵ ng⁵ wai² sin¹yan⁴ zoek³ zyu⁶ m⁴ tung⁴ ngaan⁴sik¹ ge³ saam¹,

騎住唔同顏色嘅羊，帶住穀粒飽滿嘅禾穗，嚟到廣州。

ke⁴ zyu⁶ m⁴ tung⁴ ngaan⁴sik¹ ge³ yoeng⁴, daai³ zyu⁶ guk¹lap¹ baau²mun⁵ ge³ wo⁴soey⁶, lai⁴dou³ Gwong²zau¹.

佢哋畀廣州人民帶嚟豐收。所以廣州又叫穗城，羊城。

Koey⁵dei⁶ bei² Gwong²zau¹ yan⁴man⁴ daai³lai⁴ fung¹sau¹. So²yi⁵ Gwong²zau¹ yau⁶ giu³ Soey⁶sing⁴, Yoeng⁴sing⁴.

廣州氣候溫和，四季鮮花盛開，所以又叫花城。

Gwong²zau¹ hei³hau⁶ wan¹wo⁴, sei³gwai³ sin¹fa¹ sing⁶hoi¹, so²yi⁵ yau⁶ giu³ Fa¹sing⁴.

廣州係廣東省嘅省會 : 廣州는 광동성의 성도(省都) 이다.

Gwong²zau¹ hai⁶ Gwong²dung¹saang² ge³ saang²wui⁶

喺珠江三角洲北部 : 珠江 삼각주 북부에 위치한다.

hai² Zyu¹gong¹ saam¹gok³zau¹ bak¹bou⁶.

好耐以前 hou²noi⁶ yi⁵chin⁴ : 오래 전에

有五位仙人着住唔同顔色嘅衫, 騎住唔同顔色嘅羊,

yau⁵ ng⁵ wai² sin¹yan⁴ zoek³ zyu⁶ m⁴ tung⁴ ngaan⁴sik¹ ge³ saam¹, ke⁴ zyu⁶ m⁴ tung⁴ ngaan⁴sik¹ ge³ yoeng⁴

다섯 신선이 각기 다른 색의 옷을 입고 각기 다른 색의 양을 타고

帶住穀粒飽滿嘅禾穗, 嚟到廣州。

daai³ zyu⁶ guk¹lap¹ baau²mun⁵ ge³ wo⁴soey⁶, lai⁴dou³ Gwong²zau¹.

알곡이 가득한 벼 이삭을 갖고 廣州에 왔다.

佢哋畀廣州人民帶嚟豊收。所以廣州又叫穗城, 羊城。

Koey⁵dei⁶ bei² Gwong²zau¹ yan⁴man⁴ daai³lai⁴ fung¹sau¹. So²yi⁵ Gwong²zau¹ yau⁶ giu³ Soey⁶sing⁴, Yoeng⁴sing⁴.

그들은 광주 백성에게 풍요를 가져왔다. 그래서 廣州는 또 이삭의 고을, 양의 고을 이라고 부른다.

廣州氣候溫和, 四季鮮花盛開, 所以又叫花城。

Gwong²zau¹ hei³hau⁶ wan¹wo⁴, sei³gwai³ sin¹fa¹ sing⁶hoi¹, so²yi⁵ yau⁶ giu³ Fa¹sing⁴.

廣州는 날씨가 온화하고 사계절 모두 싱싱한 꽃이 만개하여 또한 꽃의 고을 이라고도 한다.

276 新 광동어

飲茶係廣州飲食嘅一個特色。

Yam^{2}cha^4 hai^6 Gwong^{2}zau^1 yam^{2}sik^6 ge^3 yat^1 go^3 dak^{6}sik^1.

喺港澳同海外唐人街都好流行。

Hai^2 Gong^2 Ou^3 tung^4 hoi^{2}ngoi^6 Tong^{4}yan^{4}gaai^1 dou^1 hou^2 lau^{4}hang^4.

本來飲茶係喺朝早一邊飲茶, 一邊食啲點心。

Bun^{2}loi^4 Yam^{2}cha^4 hai^6 hai^2 ziu^{1}zou^2 yat^{1}bin^1 yam^2 cha^4 yat^{1}bin^1 sik^6 di^1 Dim^{2}sam^1.

而家唔單只朝早可以飲早茶, 而且晏晝、下晝都可以飲茶。

Yi^{4}ga^1 m^4 daan^{1}zi^2 ziu^{1}zou^2 ho^{2}yi^5 yam^2 zou^2 cha^4, yi^{4}che^2 ngaan^{3}zau^3、 ha^{6}zau^3 dou^1 ho^{2}yi^5 yam^2 cha^4.

飲茶嘅點心有好多:

Yam^{2}cha^4 ge^3 Dim^{2}sam^1 yau^5 hou^2 do^1:

蝦餃、燒賣、糯米鷄、風爪、牛百葉、馬蹄糕、叉燒包,

Ha^{1}gaau^2、 Siu^{1}maai^1、 No^{6}mai^{5}gai^1、 Fung^{1}zau^2、 Ngau^{4}baak^{3}yip^6、 Ma^{5}tai^{4}gou^1、 Cha^{1}siu^{1}baau^1,

各式各種嘅點心,　由服務員推住車仔

gok^{3}sik^{1}gok^{3}zung^2 ge^3 Dim^{2}sam^1, yau^4 fuk^{6}mou^{6}yun^4 toey^{1}zyu^6 che^{1}zai^2

喺顧客之間行嚟行去, 等顧客自己揀。

hai^2 gu^{3}haak^3 zi^{1}gaan^1 haang^4 lai^4 haang^4 hoey^3, dang^2 gu^{3}haak^3 zi^{6}gei^2 gaan^2.

飲茶嘅人有啲係一個人嚟，一邊飲茶，一邊睇報祇；

Yam²cha⁴ ge³ yan⁴ yau⁵di¹ hai⁶ yat¹ go³ yan⁴ lai⁴, yat¹bin¹ yam² cha⁴ yat¹bin¹ tai² bou³zi²;

有啲係幾個朋友利用飲茶嚟聚會、傾偈；

yau⁵di¹ hai⁶ gei²go³ pang⁴yau² lei⁶yiung⁶ Yam²cha⁴ lai⁴ zoey⁶wui⁶、king¹gai²;

有啲係一邊飲茶，一邊傾生意。

yau⁵di¹ hai⁶ yat¹bin¹ yam² cha⁴ yat¹bin¹ king¹ saang¹yi³.

飲茶係廣州飲食嘅一個特色 : 얌차는 廣州 먹을거리의 한 특색
Yam²cha⁴ hai⁶ Gwong²zau¹ yam²sik⁶ ge³ yat¹ go³ dak⁶sik¹.

港澳同海外唐人街 : 홍콩, 마카오와 해외의 차이나 타운
Gong² Ou³ tung⁴ hoi²ngoi⁶ Tong⁴yan⁴gaai¹

本來飲茶係喺朝早一邊飲茶, 一邊食啲點心。
Bun²loi⁴ Yam²cha⁴ hai⁶ hai² ziu¹zou² yat¹bin¹ yam² cha⁴ yat¹bin¹ sik⁶ di¹
Dim²sam¹.

본래 얌차 라는 것은 아침에 차 마시며 딤섬을 먹는 것이다

而家唔單只朝早可以飲早茶, 而且晏晝、下晝都可以飲茶。
Yi⁴ga¹ m⁴ daan¹zi² ziu¹zou² ho²yi⁵ yam² zou² cha⁴, yi⁴che² ngaan³zau³、
ha⁶zau³ dou¹ ho²yi⁵ yam² cha⁴.

지금은 아침에 차 마실 뿐만 아니라 점심, 저녁도 모두 얌차가 가능하다.

蝦餃、燒賣、糯米雞、鳳爪、牛百葉、馬蹄糕、叉燒包,
Ha¹gaau²、Siu¹maai²、No⁶mai⁵gai¹、Fung¹zau²、Ngau⁴baak³yip⁶、
Ma⁵tai⁴gou¹、Cha¹siu¹baau¹ (하가우, 슈마이 등 각종 딤섬을 가리킴)

由服務員推住車仔, 喺顧客之間行嚟行去, 等顧客自己揀。
yau⁴ fuk⁶mou⁶yun⁴ toey¹zyu⁶ che¹zai², hai² gu³haak³ zi¹gaan¹ haang⁴ lai⁴
haang⁴ hoey³, dang² gu³haak³ zi⁶gei² gaan².

종업원이 수래 밀고 손님 사이 다니며 손님이 골르길 기다린다

有啲係一個人嚟, 一邊飲茶, 一邊睇報紙
yau⁵di¹ hai⁶ yat¹ go³ yan⁴ lai⁴, yat¹bin¹ yam² cha⁴ yat¹bin¹ tai² bou³zi² : 어떤
경우는 혼자 와서 차 마시며 신문 보고
有啲係幾個朋友利用飲茶嚟聚會、傾偈yau⁵di¹ hai⁶ gei²go³pang⁴yau²

lei⁶yiung⁶ Yam²cha⁴ lai⁴ zoey⁶wui⁶、king¹gai² : 어떤 경우는 친구들이 얌차를 통해 모임 갖고 잡담을 나눈다

有啲係一邊飲茶, 一邊傾生意 : 또한 얌차하며 비즈니스도 한다

yau⁵di¹ hai⁶ yat¹bin¹ yam² cha⁴ yat¹bin¹ king¹ saang¹yi³

廣州嘅古蹟有鎮海樓、光孝寺、六榕花塔、五仙觀、黃埔軍校、
Gwong²zau¹ ge³ gu²zik¹ yau⁵ Zan³hoi²lau⁴、Gwong¹haau³zi²、Luk⁶
yiung⁴ fa¹taap³、Ng⁵sin¹gun¹、Wong⁴bou³ gwan¹haau⁶、

黃花崗七十二烈士墓、農民運動講習所。公園有越秀公園、
Wong⁴fa¹gong¹ chat¹ sap⁶ yi⁶ lit⁶si⁶mou⁶、Nung⁴man⁴ wan⁶dung⁶ gong²
zaap⁶so². Gung¹yun² yau⁵ Yut⁶sau³ gung¹yun².

烈士陵園、流化公園、東山湖公園、荔灣湖公園、動物園、
Lit⁶si⁶ ling⁴yun⁴、Lau⁴fa³ gung¹yun²、Dung¹saan¹wu⁴ gung¹yun²、Lai⁶
waan¹wu⁴ gung¹yun²、Dung⁶mat⁶yun⁴ 、

華南植物園、文化公園等等。遊樂園有南湖遊樂園、東方樂園、
Wa⁴naam⁴ zik⁶mat⁶yun⁴、Man⁴fa³ gung¹yun² dang²dang². Yau⁴
lok⁶yun⁴ yau⁵ Naam⁴wu⁴ yau⁴lok⁶yun⁴、Dung¹fong¹ lok⁶yun⁴.

太陽島樂園、電視塔文化遊樂中心。羊城八景係紅陵旭日、
Taai³yoeng⁴dou² lok⁶yun⁴、Din⁶si⁶taap³ man⁴fa³ yau¹lok⁶ zung¹sam.¹
Yoeng⁴sing⁴ baat³ging² hai⁶ Hung⁴ling⁴ yiuk¹yat⁶、

珠海丹心、白雲松濤、雙橋烟雨、鵝潭夜月、越秀遠眺、
Zyu¹hoi² daan¹sam¹、Baak⁶wan⁴ chung⁴tou⁴、Soeng¹kiu⁴ yin¹yu⁵、Ngo⁴
taam⁴ ye⁶yut⁶、Yut⁶sau³ yun⁵tiu¹、

東湖春曉、羅崗香雪。
Dung¹wu⁴ choen¹hiu²、Lo⁴gong¹ hoeng¹syut³.

鎭海樓 Zan³hoi²lau⁴ : 일명 "五層樓", 越秀山에 있음. 明 洪武13年 건축
光孝寺 Gwong¹haau³zi²* : 東吳 孫權시 건축, 7세기 唐朝이후 크게 增築
六榕花塔 Luk⁶yiung⁴ fa¹taap³ : 6세기 南朝때 처음 건축한 六榕寺의 탑
五仙觀 Ng⁵sin¹gun¹ : 다섯 仙人 기념 도교사원. 明代의 鍾樓가 있음
黃埔軍校 Wong⁴bou³ gwan¹haau⁶ : 淸末 쑨원이 북벌을 위해 세움
黃花崗七十二烈士墓 Wong⁴fa¹gong¹ chat¹ sap⁶ yi⁶ lit⁶si⁶mou⁶ : 1918년
해외 화교들이 쑨원의 廣州봉기에서 희생된 열사를 기념코자 건립
農民運動講習所 Nung⁴man⁴ wan⁶dung⁶ gong²zaap⁶so² : 1924년 中共이
창립
越秀公園 Yut⁶sau³ gung¹yun²* : 광주시 북부 구릉지대에 위치함
烈士陵園 Lit⁶si⁶ ling⁴yun⁴ : 1927년 희생된 中共 열사 추모 능원
流化公園 Lau⁴fa³ gung¹yun²* : 廣州시 서부에 위치함
東山湖公園 Dung¹saan¹wu⁴ gung¹yun²* : 동남방 珠江 유역에 위치
荔灣湖公園 Lai⁶waan¹wu⁴ gung¹yun²* : 珠江과 연결된 샛강에 조성
動物園 Dung⁶mat⁶yun⁴ : 廣州시 동북부에 위치, 중국의 4대 동물원
華南植物園 Wa⁴naam⁴ zik⁶mat⁶yun⁴ : 아열대 식물 위주의 식물원
文化公園 Man⁴fa³ gung¹yun²* : 廣州 남부 기차역 인근에 위치함
羊城八景 Yoeng⁴sing⁴ baat³ging² : 廣州를 가리키는 羊城의 八大 경치
紅陵旭日 Hung⁴ling⁴ yiuk¹yat⁶ : 烈士陵園의 경치를 가리킴
珠海丹心 Zyu¹hoi² daan¹sam¹ : 珠海廣場의 경치를 가리킴
白雲松濤 Baak⁶wan⁴ chung⁴tou⁴ : 廣州 근교 白雲山 摩星嶺의 경치
雙橋烟雨 Soeng¹kiu⁴ yin¹yu⁵ : 서쪽 珠江 兩大 지류와 雙橋의 경치

鵝潭夜月 Ngo⁴taam⁴ ye⁶yut⁶ : 珠江 유역 白鵝潭 달밤의 경치

越秀遠眺 Yut⁶sau³ yun⁵tiu¹ : 越秀山 정상 鎭海樓 에서 보는 경치

東湖春曉 Dung¹wu⁴ choen¹hiu² : 東湖의 섬 과 수목의 경치

羅崗香雪 Lo⁴gong¹ hoeng¹syut³ : 冬至 전후 羅崗廟앞 울창한 숲의 눈 꽃을 방불케 하는 은백색의 만발한 꽃들을 보는 경치

*廣東지역의 경제성장으로 遊樂園의 수는 증가하는 추세에 있음.

南湖遊樂園 Naam⁴wu⁴ yau⁴lok⁶yun⁴

東方樂園Dung¹fong¹ lok⁶yun⁴

太陽島樂園 Taai³yoeng⁴dou² lok⁶yun⁴

電視塔文化遊樂中心 Din⁶si⁶taap³ man⁴fa³ yau⁴lok⁶ zung¹sam¹

第四課　迎春花市

一年一度嘅迎春花市係廣州特有嘅傳統習俗。
Yat¹nin⁴ yat¹dou⁶ ge³ Ying⁴choen¹ Fa¹si⁵ hai⁶ Gwong²zau¹ dak⁶yau⁵ ge³ chyun⁴tung² zaap⁶zuk⁶.

春節前幾日，市區內嘅濱江路、東川路、教育路、
Choen¹jit³ chin⁴ gei² yat⁶, si⁵koey¹ noi⁶ ge³ Ban¹gong¹lou⁶、Dung¹ chyun¹lou⁶、Gaau³yiuk⁶lou⁶、

逢源路就搭起咗牌坊，紮好咗層層花架。
Fung⁴yun⁴lou⁶ zau⁶ daap³ hei² zo² paai⁴fong¹, zaat³hou² zo² chang⁴ chang⁴ fa¹ga².

花市從舊曆年廿八開始，各種花卉：桃花、梅花、
Fa¹si⁵ chung⁴ gau⁶lik⁶ nin⁴ ya⁶baat³ hoi¹chi², gok³zung² fa¹wai⁵: Tou⁴fa¹、Mui⁴fa¹、

吊鐘、芍藥、菊花、劍蘭、水仙、牧丹，重有金橘、
Diu³zung¹、Choek³yoek⁶、Guk¹fa¹、Gim³laan⁴、Soey²sin¹、Mau⁵daan¹, zung⁶ yau⁵ Gam¹gat¹、

四季橘同各種盆景，應有盡有。唔怪得大家叫廣州做"花城"。
Sei³gwai³gat¹ tung⁴ gok³zung² pun⁴ging², ying¹yau⁵-zoen⁶yau⁵. M⁴ gwai³ dak¹ daai⁶ga¹ giu³ Gwong²zau¹ zou⁶ "Fa¹sing⁴".

廣州人年廿八前，家家都掃屋，將屋企執得整整齊齊，
Gwong²zau¹ yan⁴ nin⁴ ya⁶baat³ chin⁴, ga¹ga¹ dou¹ sou³ uk¹, zoeng¹ uk¹kei² zap¹ dak¹ zing²zing² chai⁴chai⁴.

然後去行花街，買盆金橘、買枝桃花、

Yin⁴hau⁶ hoey³ haang⁴ fa¹gaai¹, maai⁵ pun⁴ Gam¹gat¹、maai⁵ zi¹
Tou⁴fa¹、

買紥鮮花嚟裝飾屋企嘅客廳，年卅晚食完團年飯，

maai⁵ zaat³ sin¹fa¹ lai⁴ zong¹sik¹ uk¹kei² ge³ haak³teng¹, Nin⁴ sa¹
maan⁵ sik⁶ yun⁴ tyun⁴nin⁴faan⁶,

行花街嘅人就更多嘞，半夜花市到咗高潮，

haang⁴ fa¹gaai¹ ge³ yan⁴ zau⁶ gang³ do¹ laak³, Bun³ye⁶ Fa¹si⁵ dou³
zo² gou¹chiu⁴,

眞係人山人海。不過年初一一早花市就冇晒嘞。

zan¹hai⁶ yan⁴saan¹–yan⁴hoi². Bat¹gwo³ Nin⁴cho¹yat¹ yat¹zou² Fa¹si⁵
zau⁶ mou⁵ saai³ laak³.

連花架、牌坊都拆晒嘞。

Lin⁴ fa¹ga²、paai⁴fong¹ dou¹ chaak³ saai³ laak³.

어휘 및 문법 (4)

迎春花市係廣州特有嘅傳統習俗 : Ying⁴choen¹ Fa¹si⁵ hai⁶ Gwong²zau¹ dak⁶yau⁵ ge³ chyun⁴tung² zaap⁶zuk⁶.

봄맞이 화훼축제는 광저우 특유의 전통 습속이다.

搭起咗牌坊, 紮好咗層層花架 : daap³ hei² zo² paai⁴fong¹, zaat³hou² zo² chang⁴chang⁴ fa¹ga²*.

패방을 만들어 세우고 화분 받침대를 충충이 묶어둔다

從舊曆年卄八開始, 各種花卉, 重有金橘、四季橘同各種盆景, 應有盡有 chung⁴ gau⁶lik⁶ nin⁴ ya⁶baat³ hoi¹chi², gok³zung² fa¹wai⁵ zung⁶ yau⁵ Gam¹gat¹、Sei³gwai³gat¹ tung⁴ gok³zung² pun⁴ging², ying¹yau⁵-zoen⁶ yau⁵

음력 28일부터 시작하며 각종 화훼와 또 금귤, 사계귤과 각종 분재 등이 모두 갖추어져 있다.

桃花、梅花、吊鐘、芍藥、菊花、劍蘭、水仙、牧丹 (각종화훼)
Tou⁴fa¹、Mui⁴fa¹、Diu³zung¹、Choek³yoek⁶、Guk¹fa¹、Gim³laan⁴、Soey² sin¹、Mau⁵daan¹

家家都掃屋, 將屋企執得整整齊齊
ga¹ga¹ dou¹ sou³ uk¹, zoeng¹ uk¹kei²* zap¹ dak¹ zing²zing² chai⁴chai⁴
집집마다 집 청소하고 집을 가지런히 정리 한다

買紮鮮花嚟裝飾屋企嘅客廳, 年卅晚食完團年飯, 行花街嘅人就更多嘞, 半夜花市到咗高潮, 眞係人山人海。不過年初一一早花市就冇晒嘞。連花架、牌坊都拆晒嘞。

maai⁵ zaat³ sin¹fa¹ lai⁴ zong¹sik¹ uk¹kei²* ge³ haak³teng¹, Nin⁴ sa¹
maan⁵ sik⁶ yun⁴ tyun⁴nin⁴faan⁶, haang⁴ fa¹gaai¹ ge³ yan⁴ zau⁶ gang³
do¹ laak³, Bun³ye⁶ Fa¹si⁵ dou³ zo² gou¹chiu⁴, zan¹hai⁶ yan⁴saan¹-
yan⁴hoi². Bat¹gwo³ Nin⁴cho¹yat¹ yat¹zou² Fa¹si⁵ zau⁶ mou⁵ saai³ laak³.
Lin⁴ fa¹ga²*、paai⁴fong¹ dou¹ chaak³ saai³ laak³.

생화를 사서 집 거실 장식하고 그믐 저녁 명절음식 먹으면 꽃 축제거리
거니는 사람 많아져 한밤중 축제는 절정 이르고 정말 인산인해다.
그러나 초하루 아침이면 꽃 축제는 사라진다. 화분 받침대와 패방도
모두 철거된다.

第五課　華僑華人

華僑華人大約有五千五百萬。分布喺東南亞嘅大概有三千五百萬。喺北美洲嘅有五百萬。其餘一千五百萬分布喺其他各國。

Wa⁴kiu⁴ wa⁴yan⁴ daai⁶yoek³ yau⁵ ng⁵ chin¹ ng⁵ baak³ maan⁶. Fan¹bou³ hai² Dung¹naam⁴nga³ ge³ daai⁶koey¹ yau⁵ saam¹ chin¹ ng⁵ baak³ maan⁶. Hai² Bak¹ Mei⁵zau¹ ge³ yau⁵ ng⁵ baak³ maan⁶. Kei⁴yu⁴ yat¹ chin¹ ng⁵ baak³ maan⁶ fan¹bou³ hai² kei⁴ta¹ gok³gwok³.

由上個世紀起，啲飄落異鄉嘅中國人始終發揚勤奮節儉，艱苦創業嘅精神，爲今日華僑華人提高經濟實力打好基礎。佢哋好多原先

Yau⁴ soeng⁶go³ sai³gei³ hei², di¹ piu¹lok⁶–yi⁶hoeng¹ ge³ Zung¹gwok³yan⁴ chi²zung¹ faat³yoeng⁴ kin⁴fan⁵ zit³gim⁶, gaan¹fu² chong³yip⁶ ge³ zing¹san⁴, wai⁶ gam¹yat⁶ wa⁴kiu⁴ wa⁴yan⁴ tai⁴gou¹ ging¹zai³ sat⁶lik⁶ da²hou² gei¹cho². Koey⁵dei⁶ hou²do¹ yun⁴sin¹

靠"三把刀"起家，即係菜刀、剪刀、剃頭刀。而家呢，搞呢啲行當嘅重有，但係越嚟越華僑華人成咗"六種師",即係律師、醫師、

kau³ "saam¹ ba² dou¹" hei²ga¹, zik¹hai⁶ choi³dou¹、zin²dou¹、tai³tau⁴ dou¹. Yi⁴ga¹ ne¹, gaau² ni¹di¹ hang⁴dong³ ge³ zung⁶yau⁵, daan⁶hai⁶ yut⁶ lai⁴ yut⁶ wa⁴kiu⁴ wa⁴yan⁴ seng⁴zo² "luk⁶ zung² si¹", zik¹hai⁶ loet⁶si¹、yi¹si¹、

教師、會計師同埋工程師。有啲人成咗經濟界嘅實力人物，有啲重參咗政，做咗官員，有傑出成就嘅華人絕唔係三九兩丁七喋。

gaau³si¹、wui⁶gai³si¹ tung⁴maai⁴ gung¹ching⁴si¹. Yau⁵di¹ yan⁴ seng⁴zo² ging¹zai³gaai³ ge³ sat⁶lik⁶ yan⁴mat⁶, yau⁵di¹ zung⁶ chaam¹zo² zing^3. zou^{6}zo^2 gun^{1}yun^4, yau^5 git^{6}choet^1 seng^{4}zau^6 ge^3 wa^{4}yan^4 zyut^6 m^4 hai^6 saam^1 gau^2–loeng^5 ding^1 chat^1 ga^3.

　　海外華人發達不忘祖籍國。呢二十幾年好多人嚟中國投資，發展經濟同文化事業。而家佢哋希望喺外國出世嘅第二代第三代唔好

Hoi^{2}ngoi^6 wa^{4}yan^4 faat^{3}daat^6–bat^{1}mong^4 zou^{2}zik^{6}gwok^3. Ni^1 yi^{6}sap^6 gei^2 nin^4 hou^{2}do^1 yan^4 lai^4 Zung^{3}gwok^3 tau^{4}zi^1, faat^{3}zin^2 ging^{1}zai^3 tung^4 man^{4}fa^3 si^{6}yip^6. Yi^{4}ga^1 koey^{5}dei^6 hei^{1}mong^6 hai^2 ngoi^{6}gwok^3 choet^{1}sai^3 ge^3 dai^6 yi^6 doi^6 dai^6 saam^1 doi^6 m^4 hou^2

斷根，所以想方設法叫啲仔女、孫仔、孫女讀中文，學傳統，華夏文化喺佢哋身上發揮出好大嘅凝集力。

tyun^{5}gan^1, so^{2}yi^5 soeng^{2}fong^1–chit^{3}faat^3 giu^3 di^1 zai^{2}noey^2、syun^{1}zai^2、syun^{1}noey^2 duk^6 zung^{1}man^2, hok^6 chyun^{4}tung^2, Wa^{4}ha^6 man^{4}fa^3 hai^2 koey^{5}dei^6 san^{1}soeng^6 faat^{3}fai^1 choet^1 hou^{2}daai^6 ge^3 ying^{4}zaap^{6}lik^6.

飄落異鄉 piu^{1}lok^6-yi^{6}hoeng^1 : 타향에서 생활해 나가다.

勤奮節儉 kin^{4}fan^5 zit^{3}gim^6 : 분투하며 근검절약하다.

艱苦創業 gaan^{1}fu^2 chong^{3}yip^6 : 어려움 가운데 창업하다.

爲今日華僑華人提高經濟實力打好基礎 wai^6 gam^{1}yat^6 wa^{4}kiu^4 wa^{4}yan^4 tai^{4}gou^1 ging^{1}zai^3 sat^{6}lik^6 da^{2}hou^2 gei^{1}cho^2 : 오늘날 화교화인의 경제력 향상을 위해 기초를 다졌다.

佢哋好多原先靠"三把刀"起家 koey^{5}dei^6 hou^{2}do^1 yun^{4}sin^1 kau^3 "saam^1 ba^2 dou^1" hei^{2}ga^1 : 그들은 먼저 三把刀로 자립했다.

★세자루의 칼을 가리키는 "三把刀"는 중화요리용 식칼(菜刀 choi^{3}dou^1)과 재봉용 가위(剪刀 zin^{2}dou^1), 이발용 칼(剃頭刀 tai^{3}tau^{4}dou^1) 등을 의미한다.

搞呢啲行當嘅重有 gaau^2 ni^{1}di^1 hong^{4}dong^3 ge^3 zung^{6}yau^5 : 이런 업종에 종사하는 자가 아직 있다.

行當 : 업종을 가리킴.

★搞 gaau^{2}는 攪 gaau^2 라고도 기록 함.

有啲人成咗經濟界嘅實力人物 Yau^{5}di^1 yan^4 seng^{4}zo^2 ging^{1}zai^{3}gaai^3 ge^3 sat^{6}lik^6 yan^{4}mat^6 : 어떤 이는 경제계의 실력자가 되었다.

有啲重參咗政, 做咗官員 yau^{5}di^1 zung^6 chaam^{1}zo^2 zing^3. zou^{6}zo^2 gun^1 yun^4 : 어떤 이는 또한 정치에 참여했고 관리가 되었다.

絶唔係三九兩丁七㗎 zyut^6 m^4 hai^6 saam^1 gau^2 loeng^5 ding^1 chat^1 ga^3 : 절대로 적은 수가 아니다.

出世 choet^{1}sai^3 출생하다

三九兩丁七 : 매우 적은 수를 가리키는 廣東語 숙어

發達不忘 faat³daat⁶-bat¹mong⁴ : 출세해도 잊지 않는다.

想方設法 soeng²fong¹-chit³faat³ : 온갖 방법을 다 생각하다

唔好斷根 m⁴ hou² tyun⁵ gan¹ : 뿌리가 잘리지 않도록 하다

★'斷'은 '斷絕 dyun⁶zyut⁶'과 같은 단어의 형태소에서와 달리 독자적으로 동사의 역할을 할 경우는 tyun⁵ 으로 발음된다.

第六課　端午節

　　舊曆五月初五係端午節，端午，古時候又稱仲夏端午。仲夏，卽舊曆五月；端，初嘅意思；午，代表中午十二點至一點呢個時間，又因爲"五"同"午"同音，所以五月初五就作爲端午節喇。

Gau⁶lik⁶ ng⁵yut⁶ cho¹ ng⁵ hai⁶ Dyun¹ng⁵zit³, dyun¹ng⁵, gu² si⁴hau⁶ yau⁶ching¹ zung⁶ha⁶dyun¹ng⁵. zung⁶ha⁶, zik¹ gau⁶lik⁶ ng⁵ yut⁶; dyun¹, cho¹ ge³ yi³si³; ng⁵, doi⁶biu² zung¹ng⁵ sap⁶yi dim² zi³ yat¹dim² ni¹go³ si⁴gaan³, yau⁶ yan¹wai⁶ "ng⁵" tung⁴ "ng⁵" tung⁴yam¹, so²yi⁵ ng⁵yut⁶ cho¹ ng⁵ zau⁶ zok³wai⁴ Dyun¹ng⁵zit³ la³.

　　端午節，民間有食粽同埋扒龍船嘅習俗，傳說係同紀念中國古代愛國詩人屈原有關。相傳兩千幾年前，中原地區有七個國家，其中秦國最強，楚國最大。秦國成日諗住吞食其他國家。屈原係楚國

Dyun¹ng⁵zit³, man⁴gaan¹ yau⁵ sik⁶ zung² tung⁴mai⁴ pa⁴ lung⁴syun⁴ ge³ zaap⁶zuk⁶, chyun⁴syut³ hai⁶ tung⁴ gei³nim⁶ Zung¹gwok³ gu²doi⁶ ngoi³gwok³ si¹yan⁴ Wat¹yun⁴ yau⁵gwaan¹. Soeng¹chyun⁴ loeng⁵chin¹ gei²nin⁴chin⁴, zung¹yun⁴ dei⁶koey¹ yau⁵ chat¹go³ gwok³ga¹, kei²zung¹ Choen⁴gwok³ zoey³ koeng⁴, Cho²gwok³ zoey³ daai⁶. Choen⁴gwok³ seng⁴yat⁶ nam²zyu⁶ tan¹sik⁶ kei⁴ta¹ gwok³ga¹. Wat¹yun⁴ hai⁶ Cho²gwok³

嘅大夫，佢主張聯合各國抵抗秦國，但係楚王反而信啲壞人嘅說話，屈原受到迫害，冇官做，重畀人趕出京城添。佢嬲到震，寫咗好多憂國憂民嘅詩歌。後尾,佢聽講楚國嘅首都畀秦國攻落，好

ge³ daai⁶fu¹, koey⁵ zyu²zoeng¹ lyun⁴hap⁶ gok³gwok³ dai²kong³ Choen⁴gwok³, daan⁶hai⁶ Cho²wong⁴ faan²yi⁴ soen³ di¹ waai⁶yan⁴ ge³ syut³wa⁶, Wat¹yun⁴ sau⁶dou³ bik¹hoi⁶, mou⁵ gun¹ zou⁶, zung⁶ bei² yan⁴ gon²choet¹ ging¹sing⁴ tim¹. Koey⁵ nau¹ dou³ zan³, se²zo² hou²do¹ yau¹gwok³ yau¹man⁴ ge³ si¹go¹. Hau⁶mei¹, Koey⁵ ting¹gong² Cho²gwok³ ge³ sau²dou¹ bei² Choen⁴gwok³ gung¹lok⁶, hou²

悲痛，就喺湖南汨羅江跳水自殺。嗰日，係五月初五。嗰時啲人好同情佢，又好敬重佢嘅愛國精神，就爭住撐船打撈。而家每逢端午節各地舉行扒龍船比賽嘅習俗，就係喺嗰陣時傳落嚟嘅。後尾重發展到西人都組織國際隊參賽添。

bei¹tung³, zau⁶ hai² Wu⁴naam⁴ Mik⁶lo⁴gong¹ tiu³ soey² zi⁶saat². Go² yat⁶, hai⁶ ng⁵yut⁶ cho¹ ng⁵. Go² si⁴ di¹ yan⁴ hou² tung⁴ching⁴ koey⁵, yau⁶ hou² ging³zung⁶ koey⁵ ge³ ngoi³gwok³ zing¹san⁴, zau⁶ zing¹zyu⁶ chaang¹syun⁴ da²laau⁴. Yi⁴ga¹ mui⁵ fung⁴ Dyun¹ng⁵zit³ gok³dei⁶ goey²hang⁴ pa⁴ lung⁴syun⁴ bei²choi³ ge³ zaap⁶zuk⁶, zau⁶ hai⁶ hai² go²zan⁶si⁴ chyun⁴lok⁶lai⁴ ge³. hau⁶mei¹ zung⁶ faat³zin² dou³ sai¹yan⁴ dou¹ zou²zik¹ gwok³zai³ doey² chaam¹coi³ tim¹.

嗷點解要食粽呢? 當時啲人驚住啲魚食咗屈原嘅屍體，就將啲糯米放入竹筒度，掉入江度喂魚，後尾又用樹葉包住，用紅線綁住，即係而家嘅粽喇.

Gam² dim²gaai² yiu³ sik⁶ zung² ne¹? Dong¹si⁴ di¹ yan⁴ geng³zyu⁶ di¹ yu² sik⁶zo² Wat¹yun⁴ ge³ si¹tai², zau⁶ zoeng¹ di¹ no⁶mai⁵ fong³yap⁶ zuk¹tung² dou⁶, diu⁶yap⁶ gong¹ dou⁶ wai⁶ yu², hau⁶mei¹ yau⁶ yiung⁶ syu⁶yip⁶ baau¹zyu⁶, yiung⁶ hung⁴sin³ bong²zyu⁶, zik¹hai⁶ yi⁴ga¹ ge³ zung² la³.

舊曆五月初五 gau^{6}lik^6 ng^{5}yut^6 cho^1 ng^5 : 음력 오월 초닷새.

仲夏 zung^{6}ha^6 : 사실상 여름이 시작되는 때인 음력 오월을 가리킴

扒 pa^4 : (노를) 젓다. 보통화의 划船을 扒船이라고 함.

扒龍船比賽 pa^4 lung^{4}syun^4 bei^{2}choi^3 : 용처럼 생긴 긴 배에 여러 사람이 타고 일제히 노를 젓는 경기.

粽 zung^{2*} : 쭝즈. 찹쌀을 대나무 잎에 싸서 찐 음식.

★粽은 본래 陰去聲이나 단독으로 명사역할을 할 때 高昇變調로 됨.

民間有食粽同埋扒龍船嘅習俗 man^{4}gaan^1 yau^5 sik^6 zung^{2*} tung^{4}mai^4 pa^4 lung^{4}syun^4 ge^3 zaap^{6}zuk^6 : 민간에 쭝즈를 먹는 것과 용선에서 노를 젓는 습속이 있다.

同 Ⓐ 有關 : Ⓐ와 관련이 있다

屈原 Wat^{1}yun^4 : 戰國시대 末期 楚國의 大夫. 楚辭로 대표됨.

成日諗住吞食 seng^{4}yat^6 nam^{2}zyu^6 tan^{1}sik^6 : 온종일 삼켜먹기를 생각하고 있다. 諗住 : 생각하고 있다. 住 : 상태의 계속을 가리킴

信啲壞人嘅説話 soen^3 di^1 waai^{6}yan^4 ge^3 syut^{3}wa^6 : 나쁜 사람들의 말을 믿다. 여기서 '説話'는 말 자체를 가리킴.

重畀人趕出京城添 zung^6 bei^2 yan^4 gon^{2}choet^1 ging^{1}sing^4 tim^1 : 또한 京城에서 쫓겨났다. 여기서 '畀'는 피동을 뜻하는 조사임.

★嬲到震 nau^1 dou^3 zan^3 : 분노에 몸을 떨다. 嬲 nau^1: 화가 나다, 짜증스럽다. 震 zan^3: : 떨다. 敬重 ging^{3}zung^6: 존경하다.

嗰時啲人好同情佢 : 그 때 사람들은 매우 그를 동정했다.

爭住撑船打撈 zing^{1}zyu^6 chaang^{1}syun^4 da^{2}laau^4 : 다투어 배를 대고 건

지다. 撑船 : 배를 움직이지 않게 지탱토록 함.

就係喺嗰陣時傳落嚟嘅 : 바로 그 때로부터 전해져온 것이다.

將啲糯米放入竹筒度, 掉入江度喂魚 : 찹쌀을 죽통에 넣어 고기에게 먹이도록 강에 떨어뜨렸다. 驚住 geng^{3}zyu^6: 두려워하다.

第七課　重有張柯打

甲. 先生, 你有乜嘢事呢?

Sin¹saang¹, nei⁵ yau⁵ mat¹ye⁵ si⁶ ne¹?

乙. 小姐, 我想換間大啲嘅房。

Siu²ze², Ngo⁵ soeng² wun⁶ gaan¹ daai⁶ di¹ ge³ fong².

甲. 可以呀, 你要高層還係低層?

Ho²yi⁵ a³, nei⁵ yiu³ gou¹chang⁴ waan⁴hai⁶ dai¹chang⁴?

乙. 高層㗎喇。

Gou¹chang⁴ ga³ la³.

甲. 我同你換住房咭, 你換二十一樓。唔該將呢張柯打交畀二十一樓嘅服務小姐, 佢姓梁, 你有乜嘢事搵佢就得嘞。

Ngo⁵ tung⁴ nei⁵ wun⁶ zyu⁶fong⁴kat¹, nei⁵ wun⁶ yi⁶sap⁶yat¹ lau². M⁴ goi¹ zoeng¹ ni¹ zoeng¹ o¹da² gaau¹bei² yi⁶sap⁶yat¹ lau² ge³ fuk⁶mou⁶ siu²ze², Koey⁵ sing³ loeng⁴, nei⁵ yau⁵ mat¹ye⁵ si⁶ wan² koey⁵ zau⁶ dak¹ laak³

乙. 梁小姐, 住房咭畀你, 重有張柯打。102室喺邊邊?

Loeng⁴ siu²ze², zyu⁶fong⁴kat¹ bei² nei⁵, zung⁶yau⁵ zoeng¹ o¹da². 102 sat¹ hai² bin¹bin¹?

丙. 許生, 左邊, 請。

Hoey² saang¹, zo²bin¹, ching².

乙. 呢間房有冇冷氣㗎?

Ni¹ gaan¹ fong² yau⁵ mou⁵ lang⁵hei³ ga³?

296　新 광동어

丙. 有，我哋呢度係中央空調嘅。
Yau⁵, ngo⁵dei⁶ ni¹dou⁶ hai⁶ zung¹yoeng¹ hung¹tiu⁴ ge³.

乙. 有冇彩電同雪櫃㗎？
Yau⁵ mou⁵ choi²din⁶ tung⁴ syut³gwai⁶ ga³?

丙. 梗係有喇。
Gang²hai⁶ yau⁵ la³.

乙. 被褥乾唔乾淨？
pei⁵yiuk⁶ gon¹ m⁴ gon¹zing⁶?

丙. 雪白乾淨喇，每日一換。如果需要嘅，可以隨時換。
Syut³baak⁶ gon¹zing⁶ la³, mui⁵yat⁶ yat¹wun⁶. yu⁴gwo² soey¹yiu³ ge², ho²yi⁵ choey⁴si⁴ wun⁶.

乙. 嗯，都幾好。咦咦！寫字枱光管唔着。
Ng⁶, dou¹ gei² hou². Yi⁴yi²! se²zi⁶toi² gwong¹gun² m⁴ zoek⁶.

丙. 着，點唔着啞，嘷，唔係着囉。
Zoek⁶, dim² m⁴ zoek⁶ a⁴, na⁴, m⁴hai⁶ zoek⁶ lo¹.

乙. 唔該送壺滾水嚟。
M⁴ goi¹ sung³ wu⁴ gwan²soey² lai⁴.

丙. 送咗咯，喺茶几度，先生。
Sung⁶zo²lok³, hai² cha⁴gei¹ dou⁶, sin¹saang¹.

乙. 咁高嘅樓，唔會有蚊啩？
Gam³ gou¹ ge³ lau², m⁴ wui⁵ yau⁵ man¹ gwa³?

丙. 放心啦，先生，我哋呢度好乾淨㗎，冇蚊唔單止連污蠅、甴曱都絕對冇。
Fong³sam¹la¹, sin¹saang¹, ngo⁵dei⁶ ni¹dou⁶ hou² gon¹zing⁶ ga³, mou⁵ man¹ m⁴ daan¹zi² lin⁴ wu¹ying¹、gaat⁶zaat² dou¹ zyut⁶doey³

mou^5.

乙. 唔，噉就好。

M^6, gam^2 zau^6 hou^2.

丙. 許生，餐廳喺樓下，俱樂部喺後座。你想飲茶就上十六樓"天外天"茶
居。再見!

Hoey^2 saang^1, chaan^{1}ting^1 hai^2 lau^{4}ha^6, koey^{1}lok^{6}bou^6 hai^2 hau^6
zo^6. Nei^5 soeng^2 yam^2 cha^4 zau^6 soeng^5 sap^{6}luk^{6}lau^2 "Tin^{1}ngoi^6
tin^1" cha^4 goey^1. Zoi^{3}gin^3!

我想換間大啲嘅房。Ngo^5 soeng^2 wun^6 gaan^1 daai^6 di^1 ge^3 fong^{2*} 좀 큰 방으로 바꾸고 싶습니다.

你要高層還係低層? Nei^5 yiu^3 gou^{1}chang^4 waan^{4}hai^6 dai^{1}chang^4 고층 저층 어디를 원하죠?

我同你換住房咭, 你換二十一樓。 당신께 투숙카드 교환해줍니다, 21층으로 바꾸세요.

住房咭 zyu^{6}fong^{4}kat^1 : 투숙카드

唔該將呢張柯打交畀二十一樓嘅服務小姐。 이 허가서를 21층의 담당 아가씨에게 제출하세요.

柯打 o^{1}da^2 : 지시서; 오다

你有乜嘢事揾佢就得嘞。 일 있으면 그녀를 찾으면 됩니다

★揾 Ⓐ 就得 : Ⓐ를 찾으면 바로 가능하다

冷氣 lang^{5}hei^3 : 에어콘 ; 냉방

彩電 choi^{2}din^6 : 칼라 TV

雪櫃 syut^{3}gwai^6 : 냉장고

中央空調 zung^{1}yoeng^1 hung^{1}tiu^4 : 중앙통제 시스템의 에어컨

寫字枱光管唔着。 se^{2}zi^{6}toi^{2*} gwong^{1}gun^2 m^4 zoek^6 책상 형광등이 안 켜집니다.

被褥 pei^{5}yiuk^6 : 이불과 요 ; 침구

着, 點唔着啞 Zoek^6, dim^2 m^4 zoek^6 a^4 : 켜져요, 어째서 안 켜져요

送咗㗎, 喺茶几度。 Sung^{6}zo^{2}lok^3, hai^2 cha^{4}gei^1 dou^6. 보냈어요, 차 테이블에 있어요.

★啩 gwa³ : 추측을 나타내는 어기조사

咁高嘅樓, 唔會有蚊啩? 그렇게 높은 층인데 모기 없겠죠?

汚蠅 wu¹ying¹ : 파리

甲由 gaat⁶zaat²* : 바퀴벌레

冇蚊唔單止連汚蠅、甲由都絕對冇。

모기가 없을 뿐만 아니라 파리, 바퀴벌레도 전혀 없습니다

★冇蚊唔單止, 連 Ⓐ 都 Ⓑ = 不仅没有蚊子, 連 Ⓐ 也 Ⓑ

你想飲茶就上十六樓"天外天"茶居。

Nei⁵ seong² yam²cha⁴ zau⁶ soeng⁵ sap⁶luk⁶ lau² "Tin¹ngoi⁶tin¹" cha⁴ goey¹.

얌차 생각 나시면 16층 "틴응오이틴" 다실에 가십시오

第八課　夾手夾脚

甲. 而家你喺邊度做嘢呀?

Yi⁴ga¹ nei⁵ hai² bin¹dou⁶ zuo⁶ ye⁵ a³?

乙. 我喺昌盛電子公司做業務員。

Ngo⁵ hai² Choeng¹sing⁶ din⁶zi² gung¹si¹ zou⁶ yip⁶mou⁶yun⁴

甲. 你哋公司待遇好唔好呀?

Nei⁵dei⁶ gung¹si¹ doi⁶yu⁶ hou² m⁴ hou² a³?

乙. 我哋公司條件幾好㗎, 你想唔想過嚟呀?

Ngo⁵dei⁶ gung¹si¹ tiu⁴gin² gei² hou² ga³, nei⁵ soeng² m⁴ soeng² gwo³lai⁴ a³?

甲. 等我諗下先啦。

Dang² ngo⁵ nam² ha⁵ sin¹ la¹.

乙. 呢排多唔多嘢做呀?

Ni¹paai² do¹ m⁴ do¹ ye⁵ zou⁶ a³?

甲. 呢輪我哋啲嘢做唔切, 想哩番日都唔得。

Ni¹loen⁴ ngo⁵dei⁶ di¹ ye⁵ zou⁶m⁴chit³, soeng² tau² faan¹ yat⁶ dou¹ m⁴ dak¹.

乙. 你哋瘡咗就哩下至做啦。

Nei⁵dei⁶ gui⁶ zo² zau⁶ tau² ha⁵ zi³ zou⁶ la¹.

甲. 大家夾手夾脚, 做埋啲手尾就收工喇。

Dai⁶ga¹ gaap³ sau² gaap³ goek³, zou⁶ maai⁴ di¹ sau²mei¹ zau⁶ sau¹ gung¹ la³.

乙. 睇嚟你做嘢夠爽手，眞係冇得彈。

Tai² lai⁴ nei⁵ zou⁶ ye⁵ gau³ song²sau², zan¹hai⁶ mou⁵dak¹taan⁴.

甲. 你晚黑揸車打醒精神至好呀。

Nei⁵ maan⁵hak¹ za¹ che¹ da² sing² zing¹san⁴ zi³ hou² a³.

乙. 我揸車好穩陣嘅，你放心啦。

Ngo⁵ za¹ che¹ hou² wan²zan⁶ ge³, nei⁵ fong³sam¹ la¹.

甲. 好耐冇見你細佬，佢而家做乜嘢㗎?

Hou² noi⁶ mou⁵ gin³ nei⁵ sai³lou², koey⁵ yi⁴ga¹ zou⁶ mat¹ye⁵ ga³?

乙. 佢原底喺一間餐館打工嘅，舊年畀老細炒咗魷魚喇。

Koey⁵ yun⁴dai² hai² yat¹gaan¹ chaan¹gun² da²gung¹ ge³, gau⁶ nin² bei² lou⁵sai³ chaau²zo² yau⁴yu² la³.

甲. 噉佢而家搵到嘢做未呀?

Gam⁴ koey⁵ yi⁴ga¹ wan² dou² ye⁵ zou⁶ mei⁶ a³?

乙. 正話同人夾份開咗個大排檔。

Zing³wa⁶ tung⁴ yan⁴ gaap³ fan⁶ hoi¹zo⁵ go³ daai⁶ paai⁴dong³.

甲. 呢批貨嘅價錢好似貴咗少少噉。

Ni¹pai¹ fo³ ge³ ga³chin⁴ hou²chi⁵ gwai³zo² siu²siu² gam².

乙. 我唔會搵你笨嘅，呢個價錢係有你着數㗎。

Ngo⁵ m⁴ wui⁵ wan² nei⁵ ban⁶ ge³, ni¹go³ ga³chin⁴ hai⁶ yau⁵ nei⁵ zoek⁶sau³ ga³.

甲. 我睇價錢方面最好大家行一步啦。

Ngo⁵ tai² ga³chin⁴ fong¹min⁶ zoey³hou² daai⁶ga¹ haang⁴ yat¹ bou⁶ la¹.

乙. 睇嚟你係熟客仔，噉就益下你啦。

Tai²lai⁴ nei⁵ hai⁶ suk⁶haak³zai², gam² zau⁶ yik¹ ha⁵ nei⁵ la¹.

甲. 噉我聽日嚟睇下板先，到時至簽份合同啦。

Gam^2 ngo^5 teng^{1}yat^6 lai^4 tai^2 ha^5 baan^2 sin^1, dou^{3}si^4 zi^3 chim^1 fan^6
hap^{6}tung^4 la^1.

等我諗下先啦 dang² ngo⁵ nam² ha⁵ sin¹ la¹ : 먼저 생각 좀 해보겠다.

等我 : 나로 하여금; '等'은 영어 'let'의 의미와 같음

呢輪我哋啲嘢做唔切, 想偷番日都唔得 ni¹loen⁴ ngo⁵dei⁶ di¹ ye⁵ zou⁶m⁴chit³, soeng² tau² faan¹ yat⁶ dou¹ m⁴ dak¹ : 요즘 우린 일을 끝낼 수 없어서 하루 쉬고 싶어도 불가능합니다.

呢輪 ni¹loen⁴ : 요즈음; 呢排; 近來.

做唔切 zou⁶m⁴chit³ : (시간에 맞게) 해낼 수 없다.

★嘢 ye⁵ : 여기서는 일을 가리킴.

偷番日 tau² faan¹ yat⁶ : 하루를 쉬다.

癐咗就偷下至做啦 gui³ zo² zau⁶ tau² ha⁵ zi³ zou⁶ la¹ : 피곤하면 한번 쉬고 나서 하도록 해요.

癐 gui⁶ : 피곤하다.

夾手夾脚 gaap³ sau² gaap³ goek³ : 협력하다

做埋啲手尾就收工 zou⁶ maai⁴ di¹ sau²mei¹* zau⁶ sau¹ gung¹: 잔업을 다 끝내면 퇴근한다.

做埋 : "일을 마치다"의 의미로 보통화의 "做完"에 해당됨.

手尾 sau²mei¹* : 잔무; 잔업

夠爽手 gau³ song²sau² : (능력이) 충분히 뛰어나다; 시원스럽다

冇得彈 mou⁵dak¹taan⁴ : 나무 랄 데가 없다; 지적할 수 없다.

晚黑揸車打醒精神至好 maan⁵hak¹ za¹ che¹ da² sing² zing¹san⁴ zi³ hou² : 밤 운전은 정신 차려야만 돼요.

晚黑 : 밤

揸車好穩陣嘅 za¹ che¹ hou² wan²zan⁶ ge³ : 운전이 매우 안정적이다.

★揸車 za¹ che¹ (차를 운전하다)의 揸는 본래 '잡는다'의 의미임. "젓가락을 잡다" 는 揸筷子 za¹ faai³zi²라고 함

畀老細炒咗魷魚 bei² lou⁵sai³ chaau²zo² yau⁴yu²* : 사장에게 해고되다.

炒魷魚 : 이불을 둘둘 말아 나가는 것을 비유함

大排檔 daai⁶ paai⁴dong³: 음식 노점.

貴咗少少 : 약간 비싸다

唔會揾你笨嘅 : 당신을 속일리가 없다.

着數 : 타산이 맞다

行一步 : 한발 양보하다

熟客仔 : 단골손님

益 : 도움주다

第九課 嗰度嘅天氣

甲. 今日係十二月三十一日，星期日。

Gam^{1}yat^6 hai^6 sap^{6}yi^{6}yut^6 saam^{1}sap^{6}yat^1 yat^6, sing^{1}kei^4 yat^6.

乙. 而家係深圳市氣像臺今日上晝十一點發布嘅未來廿四小時深圳市區
天氣豫報。

Yi^{4}ga^1 hai^6 Sam^{1}zan^{3}si^5 hei^{3}zoeng^{6}toi^4 gam^{1}yat^6 soeng^{6}zau^3
sap^{6}yat^1 dim^2 faat^{3}bou^3 ge^3 mei^{6}loi^4 ya^{6}sei^3 siu^{2}si^4 Sam^{1}zan^3
si^{5}koey^1 tin^{1}hei^3 yu^{6}bou^3.

甲. 今日下晝到聽日上晝，多雲到陰，有陣雨。

Gam^{1}yat^6 ha^{6}zau^3 dou^3 ting^{1}yat^6 soeng^{6}zau^3, do^1 wan^4 dou^3
yam^1, yau^5 zan^{6}yu^5.

乙. 今日下晝最高溫度二十二度。

Gam^{1}yat^6 ha^{6}zau^3 zoey^{3}gou^1 wan^{1}dou^6 yi^{6}sap^{6}yi^6 dou^6.

甲. 聽日早晨最低溫度十三度。

Ting^{1}yat^6 zou^{2}san^4 zoey^{3}dai^1 wan^{1}dou^6 sap^{6}saam^1 dou^6.

乙. 風向東南，風力兩到三級。

Fung^{1}hoeng^3 dung^{1}naam^4, fung^{1}lik^6 loeng^5 dou^3 saam^1 kap^1.

甲. 相對濕度百分之八十。

Soeng^{1}doey^3 sap^{1}dou^6 baak^3 fan^1 zi^1 baat^{3}sap^6.

乙. 今日嘅天氣，唔凍唔熱，聽日又係元旦，唔使番工，今晚出去玩下，都
幾啱個噃。

Gam¹yat⁶ ge³ tin¹hei³ m⁴dung³ m⁴yit⁶, ting¹yat⁶ yau⁶ hai⁶ yun⁴ daan³, m⁴sai² faan¹gung¹, gam¹maan⁵ choet¹hoey³ waan² ha⁵, dou¹ gei² ngaam¹ go³bo³.

甲. 唔係話有陣雨咩?

M⁴hai⁶wa⁶ yau⁵ zan⁶yu⁵ me¹?

乙. 呢度啲陣雨, 卽係話一陣嘅噃, 落唔大嘅。 若果落大, 隨便喺邊度匿埋咪得囉。

Ni¹dou⁶ di¹ zan⁶yu⁵, zik¹hai¹ wa⁶ yat¹zan⁶ ge³ bo³, lok⁶m⁴daai⁶ ge³. yoek⁶gwo² lok⁶daai⁶, choey⁴bin² hai² bin¹dou⁶ nei¹maai⁴ mai⁶ dak¹ lo¹.

甲. 好啊。 噉我哋而家一齊出去玩下啦。

Hou² a¹. Gam² ngo⁵dei⁶ yi⁴ga¹ yat¹chai⁴ choet¹hoey³ waan² ha⁵ la¹.

•••••••••••••••••••

甲. 好耐冇見到你嘞, 去咗邊度呀呢排?

Hou²noi⁶ mou⁵ gin³dou² nei⁵ laak³, hoey³zo² bin¹dou⁶ a³ ni¹paai²?

乙. 包小姐, 我番咗內地睇我個仔。

Baau¹ siu²ze², ngo⁵ faan¹ zo² noi⁶dei⁶ tai² ngo⁵ go³ zai².

甲. 你個仔係唔係叫大明呢? 我同佢重好似係一間學校嘅添噃。 佢而家喺邊度撈世界呀?

Nei⁵ go³ zai² hai⁶ m⁴ hai⁶ giu³ Daai⁶ming⁴ ne¹? Ngo⁵ tung⁴ koey⁵ zung⁶ hou²chi⁵ hai⁶ yat¹ gaan¹ hok⁶haau⁶ ge³ tim¹ bo³. Koey⁵ yi⁴ga¹ hai² bin¹dou⁶ lou¹sai³gaai³ a³?

乙. 喺北方做嘢。

Hai² bak¹fong¹ zou⁶ ye⁵.

甲. 你喺嗰邊住咗幾耐?

Nei⁵ hai² go²bin¹ zyu⁶zo² geo² nou⁶?

乙. 約莫大半年喇。

Yoek³mok² daai⁶ bun³nin⁴ la³.

甲. 嘩, 咁長㗎。你喺北方慣唔慣㗎?

Wa⁴, gam³ choeng⁴ ga³. Nei⁵ hai² bak¹fong¹ gwaan³ m⁴ gwaan³ ga³?

乙. 開始梗係唔慣喇。住嘅, 食嘅, 都唔慣, 特別係嗰度嘅天氣, 成日都好乾嘅。不過後嚟就慢慢好啲咯。一年四季, 春夏秋冬嘅時節好分明。秋天重好涼, 夏天好熱。

Hoi¹chi² gang²hai⁶ m⁴ gwaan³ la³. Zyu⁶ ge³, sik⁶ ge³, dou¹ m⁴ gwaan³, dak⁶bit⁶hai⁶ go²dou⁶ ge³ tin¹hei³, seng⁴yat⁶ dou¹ hou² gon¹gam². Bat¹gwo³ hau⁶lai⁴ zau⁶ maan⁶maan² hou² di¹ lok³. Yat¹nin⁴ sei³gwai³, choen¹ha⁶–chau¹dung¹ ge³ si⁴zit³ hou² fan¹ ming⁴. Chau¹tin¹ zung⁶ hou² loeng⁴, ha⁶tin¹ hou² yit⁶.

甲. 似唔似我哋呢度時常落雨呀?

Chi⁵ m⁴ chi⁵ ngo⁵dei⁶ ni¹dou⁶ si⁴soeng⁴ lok⁶ yu⁵ a³?

乙. 一啲都唔似, 好少落雨同行雷。

Yat¹di¹ dou¹ m⁴ chi⁵, hou² siu² lok⁶ yu⁵ tung⁴ hang⁴ loey⁴.

甲. 秋天又點呀?

Chau¹tin¹ yau⁶ dim² a³?

乙. 秋天? 秋天就好嘞, 天高氣爽, 唔凍唔熱, 都幾舒服㗎。

Chau¹tin¹? Chau¹tin¹ zau⁶ hou² laak³, tin¹gou¹–hei³song² m⁴ dung³ m⁴ yit⁶, dou¹ gei² syu¹fuk⁶ ga³.

甲. 冬天凍唔凍?

Dung¹tin¹ dung³ m⁴ dung³?

乙. 梗係凍喇, 小姐。零下十幾度。落起雪嚟, 成個世界白蒙蒙。啲河水結冰成尺厚。好多人着咗冰鞋, 喺度滑冰, 啲細佬仔滑冰嘅技巧都唔知幾高超, 重噉樣轉圈。開始我重以爲好容易喇。着咗對冰鞋, 連行都唔識, 重差啲撻親條腰添啩。

Gang²hai⁶ dung³ la³, siu²ze². Ling⁴ha⁶ sap⁶ gei² dou⁶. Lok⁶ hei¹ syut³ lai⁴, seng⁴ go³ sai³gaai³ baak⁶ mung¹mung¹.
Di¹ ho⁴soey² git³ bing¹ seng⁴chek³ hau⁵. Hou² do¹ yan⁴ zoek³ zo² bing¹hai⁴, hai² dou⁶ waat⁶bing¹, di¹ sai³lou²zai² waat⁶bing¹ ge³ gei⁶haau² dou¹ m⁴ zi¹ gei² gou¹chiu¹, zung⁶ gam²yoeng⁶ zyun³hyun¹. Hoi¹chi² ngo⁵ zung⁶ yi⁵wai⁴ hou² yiung⁴yi¹ la³. Zoek³ zo² doey³ bing¹hai⁴ lin⁴ haang⁴ dou¹ m⁴ sik¹, zung⁶ cha¹di¹ daat³chan¹ tiu⁴ yiu¹ tim¹ bo³.

甲. 嘩, 林生, 你就唔好咁狂啦。

Wa⁶, Lam⁴saang¹, nei⁵ zau⁶ m⁴hou² gam³ kong⁴ la¹.

乙. 唔知點解, 喺北方, 個個女仔嘅面色都幾好, 皮膚白雪雪, 紅當當, 好似搽咗臙脂噉。

M⁴ zi¹ dim²gaai², hai² bak¹fong¹, go³go³ noey⁵zai² ge³ min⁶sik¹ dou¹ gei² hou², pei⁴fu¹ baak⁶syut¹syut¹, hung⁴dong¹dong¹, hou² chi⁵ cha⁴ zo² yin¹zi¹ gam².

甲. 眞係咩?

Zan¹hai⁶ me¹?

乙. 係, 唔信? 唔信你去北方住下啦, 包你半年省咗千零文扮靚錢。

Hai⁶, m⁴ soen³? M⁴ soen³ nei⁵ hoey³ bak¹fong¹ zyu⁶ ha⁵ la¹, baau¹ nei⁵ bun³nin⁴ saang² zo² chin¹ ling⁴ man¹ baan⁶leng³chin².

甲. 林先生，有冇攪錯呀！你眞識搵人開心嘞。

Lam⁴ sin¹saang¹, yau⁵ mou⁵ gaau²cho³ a³! Nei⁵ zan¹ sik¹ wan²
yan⁴ hoi¹sam¹ laak³.

어휘 및 문법 (9)

廿四小時深圳市區天氣豫報 ya^{6} sei^{3} siu^{2}si^{4} Sam^{1}zan^{3}si^{5}koey^{1} tin^{1}hei^{3} yu^{6}bou^{3} : 24시간 선전 시 지역 일기예보

多雲到陰, 有陣雨 do^{1} wan^{4} dou^{3} yam^{1}, yau^{5} zan^{6}yu^{5} : 구름 많아지다가 흐려짐, 소나기 있음

唔使番工, 今晚出去玩下, 都幾啱個嗰。출근 할 필요 없으니 오늘 저녁 나가 놀아도 무척이나 안성맞춤이다

隨便喺邊度匿埋咪得囉 choey^{4}bin^{2*} hai^{2} bin^{1}dou^{6} nei^{1}maai^{4} mai^{6} dak^{1} lo^{1} : 아무데서나 은닉해 있어도 괜찮지 않은가

匿埋 nei^{1}maai^{4} : 은닉하다 ; 숨다

★咪 mai^{6} = '唔係'의 준말

番咗內地睇我個仔 : 아들 보러 內地로 돌아갔다

佢而家喺邊度撈世界呀? 그는 지금 어디서 밥벌이 하고 있죠?

★撈世界 lou^{1}sai^{3}gaai^{3} : 돈벌다 ; 밥벌이 하다

開始梗係唔慣喇。처음엔 물론 습관이 안됐지

似唔似我哋呢度時常落雨呀? 우리 여기처럼 늘 비 오나요?

★一啲都唔似 : 조금도 같지 않다

落起雪嚟, 成個世界白蒙蒙。눈 내리기 시작하면 온 세상이 새하얗지.

白蒙蒙 baak^{6} mung^{1}mung^{1} : 새하얗다(경치의 형용)

着咗對冰鞋, 連行都唔識 : 스케이트신 신었는데 걸을 줄도 모른다

重差啲撻親條腰添嗰。또 하마터면 넘어져 허리 상할 뻔 했다.

撻親 daat^{3}chan^{1} : 넘어져 버리다

臙脂 yin^{1}zi^{1} : 연지

皮膚白雪雪, 紅當當, 好似搽咗臙脂噉。 피부가 새하얗고 붉으스름 한 데 마치 연지를 바른 듯 하다

★搽 cha⁴ : 바르다

包你半年省咗千零文扮靚錢。 반년 동안 천여 위안의 화장 비용 절약 하는 것을 보장 하겠다

扮靚錢 baan⁶leng³chin²* : 분장비

有冇攪錯呀! 你眞識搵人開心嘞。 착각하지 말아요! 정말로 사람 즐겁 게 할 줄 아는 군요

★包 baau¹ : ...을 보장하다

第十課　花邊生意

甲. 先生，早晨。

Sin¹saang¹, zou²san⁴.

乙. 小姐，早晨。我嚟見工。呢度係唔係招聘業務員呀?

Siu²ze², zou²san⁴. Ngo⁵ lai⁴ gin³gung¹. Ni¹dou⁶ hai⁶ m⁴ hai⁶
ziu¹ping³ yip⁶mou⁶yun⁴ a³?

甲. 係. 請坐。唔該填張表，填好交畀我，等一陣經理會見你。

Hai⁶, cheng²cho⁵. M⁴goi¹ tin⁴ zoeng¹ biu², tin⁴ hou² gaau¹ bei²
ngo⁵, dang² yat¹zan⁶ ging¹lei⁵ wui⁵ gin³ nei⁵.

乙. 使唔使一式兩份? 咊，我重有帶相。

Sai² m⁴ sai² yat¹ sik¹ loeng⁵ fan⁶? M⁶, ngo⁵ zung⁶ mou⁵ daai³
soeng².

甲. 填一張就得嘞，相唔使貼住，請等下。王經理，嚟咗位先生見工。

Tin⁴ yat¹ zoeng¹ zau⁶ dak¹ laak³, soeng² m⁴ sai² tip³zyu⁶, Cheng²
dang² ha⁵. Wong⁴ ging¹lei⁵, lai⁴ zo² wai² sin¹saang¹ gin³gung¹.

丙. 請佢入嚟。

Cheng² koey⁵ yap⁶lai⁴.

甲. 徐先生，波士見你。

Choey⁴ sin¹saang¹, bo¹si² gin³ nei⁵.

乙. 王經理，早晨!

Wong⁴ ging¹lei⁵, zou²san⁴!

丙. 早晨，請坐。徐先生，我呢度係恒昌紡織有限公司，專門經營花邊生
意嘅，向香港、澳門、東南亞各大成衣廠出售花邊。你嘅職位係推銷，即
係每日要同各個大製衣廠聯繫。徐先生，你對嗰嘅工作有冇興趣呀?

Zou²san⁴, cheng²cho⁵. Choey⁴ sin¹saang¹, ngo⁵ ni¹dou⁶ hai⁶ Hang⁴
choeng¹ fong²zik¹ yau⁵haan⁶ gung¹si¹, zyun¹mun⁴ ging¹ying⁴ fa¹bin¹
sang¹yi³ ge³, hoeng³ Hoeng¹gong² Ou³mun² Dung¹nam⁴nga³ gok³
daai⁶ seng⁴yi¹chong² choet¹sau⁶ fa¹bin¹. Nei⁵ ge³ zik¹wai² hai⁶
toey¹siu¹, zik¹hai⁶ mui⁵yat⁶ yiu³ tung⁴ gok³go³ daai⁶ zai³yi¹chong²
lyun⁴hai⁶. Choey⁴ sin¹saang¹, nei⁵ doey³ gam² ge³ gung¹zok³ yau⁵
mou⁵ heng³choey³ a³?

乙. 我睇到公司啲招聘廣告至嚟嘅。

Ngo⁵ tai¹dou² gung¹si¹ di¹ ziu¹ping³ gwong²gou³ zi³ lai⁴ ge³.

丙. 徐生，你前一排喺邊度做嘢?

Choey⁴ saang¹, nei⁵ chin⁴ yat¹ paai² hai² bin¹dou⁶ zou⁶ ye⁵?

乙. 喺裕華國貨公司。

Hai² Yu⁶wa⁴ gwok³fo³gung¹si¹.

丙. 做過乜嘢?

Zou⁶ gwo³ mat¹ye⁵?

乙. 乜都做過。保險、船務、校稿。喺裕華做促銷。

Mat¹ dou¹ zou⁶ gwo³. Bou²him²、syun⁴mou⁶、gaau³gou². Hai²
Yu⁶wa⁴ zou⁶ chuk¹siu¹.

丙. 喺邊度讀書?

Hai² bin¹dou⁶ duk⁶syu¹?

乙. 廣州中山大學。

Gwong²zau¹ Zung¹saan¹ daai⁶hok⁶.

丙. 學乜嘢?

Hok⁶ mat¹ye⁵?

乙. 商務。

Soeng¹mou⁶.

丙. 噉都幾啱個噃。徐生,我諗你嘅英語冇問題喇,卽係日常嘅應酬能唔
能夠應付呢?

Gam² dou¹ gei² ngaam¹ go³ bo³. Choey⁴ saang¹, ngo⁵ lam² nei⁵
ge³ ying¹yu⁵ mou⁵ man⁶tai⁴ la³, zik¹hai⁶ yat⁶soeng⁴ ge³ ying¹
chau⁴ nang⁴ m⁴ nang⁴gau³ ying¹fu⁶ ne¹?

乙. 口語差小小喇。不過我可以喺最短嘅時間內帕時。

Hau²yu⁵ cha¹ siu²siu² la³. Bat¹gwo³ ngo⁵ ho²yi⁵ hai² zoey³ dyun²
ge³ si⁴gan³ noi⁶ pa¹si⁴.

丙. 噉英文嘅柯打,你睇唔睇得懂? 嗱,畀張柯打你睇下。

Gam² ying¹man² ge³ o¹da², nei⁵ tai² m⁴ tai²dak¹dung²? Na⁴, bei²
zoeng¹ o¹da² nei⁵ tai² ha⁵.

乙. 呢張係大友商廈啲訂單,訂袖邊兩百碼,胸邊五百碼…,訂單總價係
五萬文,卽係五盤水。

Ni¹ zoeng¹ hai⁶ Daai⁶yau⁵ soeng¹ha⁶ di¹ ding⁶daan¹, ding⁶
zau⁶bin¹ loeng⁵baak³ ma⁵, hung⁶bin¹ ng⁵baak³ ma⁵…, ding⁶daan¹
zung²ga³ hai⁶ ng⁵maan⁶ man¹, zik¹hai⁶ ng⁵pun⁴soey².

丙. OK! 你時常要做蘇,每日到各個大廠同埋商場聯繫訂貨。

OK! Nei⁵ si⁴soeng⁴ yiu³ zou⁶ sou¹, mui⁵yat⁶ dou¹ gok³ go³ daai⁶
chong² tung⁴mai⁴ soeng¹choeng⁴ lyun⁴hai⁶ ding⁶fo³.

乙. 呢啲我明。

Ni¹di¹ ngo⁵ meng⁴.

丙. 你嚟香港有幾耐?

Nei⁵ lai⁴ Hoeng¹gong² yau⁵ gei² noi⁶?

乙. 約摸三年幾。

Yoek³mok² saam¹ nin⁴ gei².

丙. 卽話港九各度地方, 你唔會生呀嘛?

Zik¹wa⁶ Gong² Gau² gok³ dou⁶ dei⁶fong¹, nei⁵ m⁴ wui⁵ saang¹ a¹ma³?

乙. 嘛嘛地啦。

Ma⁴ma² dei² la¹.

丙. 我哋公司嘅福利同其他大公司一樣, 一年有十三個月人工, 十三日大假, 中午有工作餐, 有醫療保險, 病假憑醫生紙, 扣一般人工, 報銷七十五文。徐先生, 你嘅薪水要幾多?

Ngo⁵dei⁶ gung¹si¹ ge³ fuk¹lei⁶ tung⁴ kei⁴ta¹ daai⁶ gung¹si¹ yat¹yoeng⁶, yat¹ nin⁴ yau⁵ sap⁶saam¹ go³ yut⁶ yan⁴gung¹, sap⁶saam¹ yat⁶ daai⁶ga³, zung¹ng⁵ yau⁵ gung¹zok³chaan¹, yau⁵ yi¹liu⁴bou²him², bing⁶ga³ pang⁴ yi¹saang¹zi², kau³ yat¹bun¹ yan⁴gung¹, bou³siu¹ chat¹sap⁶ng⁵ man¹. Choey⁴ sin¹saang¹, nei⁵ ge³ san¹soey² yiu³ gei² do¹?

乙. 王經理, 我要七千。

Wong⁴ ging¹lei⁵, ngo⁵ yiu³ chat¹ chin¹.

丙. 噉樣, 好喇, 就噉, 試用期三個月。

Gam²yoeng², hou² la³, zau⁶ gam², si³yiung⁶kei⁴ saam¹ go³ yut⁶.

乙. 試用期待遇一樣。

Si³yiung⁶kei⁴ doi⁶yu⁶ yat¹yoeng⁶

丙. 係，徐先生，希望今後爲我哋公司出力。

Hai⁶, Choey⁴ sin¹saang¹, hei¹mong⁶ gam¹hau⁶ wai⁶ ngo⁵dei⁶ gung¹si¹ choet¹lik⁶.

乙. 一定，一定。

Yat¹ding⁶, yat¹ding⁶.

丙. 你去揾前面接待你嘅陳小姐，佢會同你簽約。就噉，你幾時可以番工？

Nei⁵ hoey³ wan² chin⁴min⁶ zip³doi⁶ nei⁵ ge³ Chan⁴ siu²ze², Koey⁵ wui⁵ tung⁴ nei⁵ chim¹yoek³. Zau⁶gam², nei⁵ gei²si⁴ ho²yi⁵ faan¹ gung¹?

乙. 過兩日。我喺裕華重有啲手續未搞掂。王經理，再見！

Gwo³ loeng⁵ yat⁶. Ngo⁵ hai² Yu⁶wa⁴ zung⁶ yau⁵ di¹ sau²zuk⁶ mei⁶ gaau²dim⁶. Wong⁴ ging¹lei⁵, zoi³gin³!

丙. 等住你番工，再見。

Dang²zyu⁶ nei⁵ faan¹gung¹, zoi³gin³.

어휘 및 문법(10)

呢度係唔係招聘業務員呀? Ni¹dou⁶ hai⁶m⁴hai⁶ ziu¹ping³ yip⁶mou⁶yun⁴ a³? : 이곳에서 종업원을 초빙합니까?

塡好交畀我 tin⁴hou²gaau¹bei²ngo⁵: 다 기록하면 제게 주세요

我重冇帶相 ngo⁵zung⁶mou⁵daai³soeng²*아직 사진 안갖고 있어요

相唔使貼住 soeng²* m⁴sai² tip³zyu⁶ : 사진 부칠 필요 없어요

恒昌紡織有限公司 Hang⁴choeng¹ fong²zik¹ yau⁵haan⁶ gung¹si¹ : 항챙 방직주식회사

嚟咗位先生見工 : 어떤 선생이 면접 보러 왔습니다.

向成衣廠出售花邊 : 기성복 공장에 테두리레이스를 납품 합니다

澳門 Ou³mun²* : 마카오

製衣廠 zai³yi¹chong² : 의류생산공장

推銷 toey¹siu¹ : 세일즈

做蘇 : zou⁶ sou¹ 전시회를 가지다

船務 syun⁴mou⁶: 선박업무

校稿 gaau³gou²: 원고교정

保險 bou²him² : 보험

促銷 chuk¹siu¹ : 판촉

★噉都幾啱個番 gam² dou¹ gei² ngaam¹ go³bo³ : 그럼 모두 매우 적합하군요

日常嘅應酬 yat⁶soeng⁴ ge³ ying¹chau⁴ : 일상의 교제

口語差小小喇 hau²yu⁵ cha¹siu²siu²la³ : 구두어는 큰 차이 없어요

帕時 pa¹si⁴ : 패스.

柯打 o¹da² : 오다; 주문서(訂單ding⁶daan¹)

五盤水 ng⁵pun⁴soey² : 오만원(五萬文)

約摸 yoek³mok²* : 대략

★卽話港九各度地方, 你唔會生呀嘛?

港九: 홍콩과 구룡반도

唔會生 : 낯설지 않다

卽話 zik¹wa⁶ : 바로 말하건대 = 卽係話

★嘅樣, 好喇, 就嘅, 試用期三個月: gam²yeong²*, hou²la¹, zau⁶gam², si³yiung⁶kei⁴ saam¹go³yut⁶ 그럼, 좋아요, 그렇게 하죠, 수습기간은 삼개월입니다

待遇一樣 doi⁶yu⁶ yat¹yoeng⁶ : 대우는 동일하다

★佢會同你簽約(chim¹yoek³): 그녀는 당신과 계약을 체결할 것이다

★我喺裕華(Yu⁶wa⁴)重有啲手續未搞掂(gaau²dim⁶) : 저는 裕華에서 아직 처리 못한 수속들이 있습니다.

★等住你番工 dang²zyu⁶ nei⁵ faan¹gung¹ : 당신의 출근을 기다립니다

甲. 請問深圳5325次航班幾點起飛?

Cheng²man⁶ Sam¹zan³ 5325 chi³ hong⁴baan¹ gei²dim² hei²fei¹?

乙. 5325次航班十一點起飛。九點辦理登機證，十點剪票登機。十點半停止辦理乘機手續，而家你要去三號台辦登機證同埋託運行李。

5325 chi³ hong⁴baan¹ sap⁶yat¹ dim² hei²fei¹. Gau² dim² baan⁶lei⁵ dang¹gei¹zing³, sap⁶ dim² zin²piu¹ dang¹gei¹. Sap⁶ dim² bun³ ting⁴zi² baan⁶lei⁵ sing⁴gei¹sau²zuk⁶, yi⁴ga¹ nei⁵ yiu³ hoey³ saam¹ hou⁶ toi² baan⁶ dang¹gei¹zing³ tung⁴maai⁴ tok³wan⁶ hang⁴lei⁵.

甲. 小姐，我咁多多行李，使唔使託運㗎?

Siu²ze², ngo⁵ gam³doe¹doe¹ hang⁴lei⁵, sai²m⁴sai² tok³wan⁶ ga³?

乙. 大件啲嘅行李要過磅託運，每人每張機票可免費託運二十公斤，超重加錢。另外隨身准帶五公斤嘅小件物品。

Daai⁶gin⁶ di¹ ge³ hang⁴lei⁵ yiu³ gwo³bong² tok³wan⁶. Mui⁵ yan⁴ mui⁵ zoeng¹ gei¹piu³ ho² min⁵fai³ tok³wan⁶ yi⁶sap⁶ gung¹gan¹, chiu¹chung⁵ ga¹chin². Ling⁶ngoi⁶ choey⁴san¹ zoen²daai³ ng⁵ gung¹gan¹ ge³ siu²gin⁶ mat⁶ban².

甲. 唔該，我換票先。嘩，小姐，都十點半咯，點解重唔剪票嘅?

M⁴goi¹, ngo⁵ wun⁶piu³ sin¹. Wa⁴, siu²ze², dou¹ sap⁶ dim² bun³ lok³, dim²gaai² zung⁶ m⁴ zin²piu³ ge²?

乙. 先生，電腦牌顯示咗喇。深圳嗰邊天氣唔好，有雷雨，要遲兩個鐘起飛。唔好意思。前邊有個電腦牌會及時通知乘客幾時登機，唔該你關注下啦。

Sin¹saang¹, din⁶nou⁵paai² hin²si⁶ zo² la³. Sam¹zan³, go²bin¹ tin¹hei³ m⁴ hou², yau⁵ loey⁴yu⁵, yiu³ chi⁴ loeng⁵go³ zung¹ hei²fei¹. M⁴ hou² yi³si³. Chin⁴bin¹ yau⁵ go³ din⁶nou⁵paai² wui⁵ kap⁶si⁴ tung¹zi¹ sing⁴haak³ gei²si⁴ dang¹gei¹, m⁴goi¹ nei⁵ gwaan¹zyu³ ha⁵ la¹.

甲. 哎呀，亂晒籠，大擠嘞，深圳嗰邊重有人接我。今日好似唔係幾順利 㗎!

Ai¹ya⁴, lyun⁶saai³lung⁴, daai⁶ zai¹ laak³. Sam¹zan³ go²bin¹ zung⁶ yau⁵ yan⁴ zip³ ngo⁵. Gam¹yat⁶ hou²chi⁵ m⁴ hai⁶ gei² soen⁶lei⁶ bo³!

乙. 先生，放心啦，我哋好負責任嘅，保證送你到目的地。安全第一呀嘛，係咪先?

Sin¹saang¹, fong³sam¹ la¹, ngo⁵dei⁶ hou² fu⁶ zaak³yam⁶ ge³, bou²zing³ sung³ nei⁵ dou³ muk⁶dik¹dei⁶. On¹chyun⁴ dai⁶yat¹ a¹ma³, hai⁶ mai⁶ sin¹?

甲. 小姐，你眞係識鷪人嘞。

Siu²ze², nei⁵ zan¹hai⁶ sik¹ tam³ yan⁴ laak³.

乙. 先生，屏幕顯示嘞，深圳班機嘅乘客登機嘞。祝你一路平安。

Sin¹saang¹, ping⁴mok⁶ hin²si⁶ laak³, Sam¹zan³ baan¹gei¹ ge³ sing⁴haak³ dang¹gei¹ laak³. Zuk¹ nei⁵ yat¹lou⁶—ping⁴on¹.

甲. 多謝小姐。

Do¹ze⁶ siu²ze².

⦁ ⦁ ⦁ ⦁ ⦁ ⦁ ⦁ ⦁ ⦁ ⦁ ⦁ ⦁ ⦁ ⦁ ⦁ ⦁ ⦁ ⦁

甲. 先生太太請坐。你哋想去邊度玩下呢?

Sin¹saang¹ taai³taai² cheng² cho⁵. Nei⁵dei⁶ soeng² hoey³ bin¹dou⁶ waan² ha⁵ ne¹?

乙. 小姐, 我哋想去杭州、黃山、九華山旅遊, 有冇呢條線呀?
Siu²ze², ngo⁵dei⁶ soeng² hoey³ Hong⁴zau¹、Wong⁴saan¹、Gau²wa⁴
saan¹ loey⁵yau⁴, yau⁵ mou⁵ ni¹tiu⁴ sin³ a³?

甲. 先生, 去黃山有三條線, 一條經杭州, 一條經南京, 重有一條經合
肥。嗱, 呢條線啱唔啱 : 香港-合肥-黃山-九華山-杭州-香港?
Sin¹saang¹, hoey³ Wong⁴saan¹ yau⁵ saam¹ tiu⁴ sin³, yat¹ tiu⁴ ging¹
Hong⁴zau¹, yat¹ tiu⁴ ging¹ Naam⁴ging¹, zung⁶ yau⁵ yat¹ tiu⁴ ging¹
Hap⁶fei⁴. Na⁴, ni¹ tiu⁴ sin³ ngaam¹ m⁴ ngaam¹ : Hoeng¹gong²–
Hap⁶fei⁴–Wong⁴saan¹–Gau²wa⁴saan¹–Hong⁴zau¹–Hoeng¹gong²?

乙. 合肥? 好似係包公嗰個合肥, 係唔係?
Hap⁶fei⁴? Hou²chi⁵ hai⁶ Baau¹gung¹ go²go³ Hap⁶fei⁴, hai⁶ m⁴ hai⁶?

丙. 哎呀! 啱呀, 我順路去拜下我嘅老祖宗。
Ai¹ya⁴! Ngaam¹ a³, ngo⁵ soen⁶lou⁶ hoey³ baai³ ha⁵ ngo⁵ ge³ lou⁵
zou²zung¹.

甲. 係. 嗰度有個包公墳。
Hai⁶. Go²dou⁶ yau⁵ go³ Baau¹gung¹fan⁴.

乙. 噉就呢條線囉. 請問游幾日, 費用點講?
Gam² zau⁶ ni¹ tiu⁴ sin³ lo¹. Cheng² man⁶ yau⁴ gei²yat⁶, fai³yiung⁶
dim² gong²?

甲. 呢條線長啲, 冚唪唥係八日, 來回一日, 黃山四日, 九華山一日, 合肥
一日, 杭州一日, 全部費用係一人五千二, 機票、住宿、伙食、車費、參觀
費、門票, 乜都包晒。
Ni¹ tiu⁴ sin³ choeng⁴ di¹, ham⁶baang⁶laang⁶ hai⁶ baat³ yat⁶, loi⁴wui⁴
yat¹ yat⁶, Wong⁴saan¹ sei³ yat⁶, Gau²wa⁴saan¹ yat¹ yat⁶, Hap⁶fei⁴
yat¹ yat⁶, Hong⁴zau¹ yat¹ yat⁶, chyun⁴bou⁶ fai³yiung⁶ hai⁶ yat¹yan⁴

ng⁵ chin¹ yi⁶, gei¹piu³、 zyu⁶suk¹、 fo²sik⁶、 che¹fai³、 chaam¹gun¹fai³、
mun⁴piu³, mat¹ dou¹ baau¹ saai³.

乙． 都幾抵嘅, 有咁多日呀嘛。包氏夫人, 交訂金啦。啊, 係唔係先交押
金?

Dou¹ gei² dai² ge³, yau⁵ gam³ do¹ yat⁶ a¹ma³. Baau¹si⁶ fu¹yan⁴,
gaau¹ ding⁶gam¹ la¹. A², hai⁶ m⁴ hai⁶ sin¹ gaau¹ ngaap³gam¹?

甲． 唔係, 要全部交晒。兩位諗清楚至辦手續。如果有變化要退團, 只畀
退旅遊費八十個撇聲, 出發前四日退團, 只退五十個撇聲, 出發前兩
日就唔准退團嘞。

M⁴ hai⁶, yiu³ chyun⁴bou⁶ gaau¹ saai³. Loeng⁵wai² nam² ching¹cho²
zi³ baan⁶ sau²zuk⁶. Yu⁴gwo² yau⁵ bin³fa³ yiu³ toey³tyun⁴, zi² bei²
toey³ loey⁵yau⁴fai³ baat³sap⁶ go³ pe⁶seng¹, choet¹faat³ chin⁴ sei³
yat⁶ toey³tyun⁴, zi² toey³ ng⁵sap⁶ go³ pe⁶seng¹, choet¹faat³ chin⁴
loeng⁵yat⁶ zau⁶ m⁴ zoen² toey³tyun⁴ laak³.

乙． 磅水啦。唔使咁肉赤㗎, 癐咗一年, 去玩下開心下, 好值得㗎。

Bong⁶soey² la¹. m⁴sai² gam³ yiuk⁶chek³ ga³, gui⁶zo² yat¹nin⁴,
hoey³ waan² ha⁵ hoi¹sam¹ ha⁵, hou² zik⁶dak¹ ga³.

甲． 多謝。唔該先填張表, 寫埋電話號碼。過四日, 卽係五月九號下晝,
我哋呢個旅遊團嘅所有成員, 喺旅行社二樓寫字樓齊集, 導遊小姐同
大家見下面, 卽係重有向各位團員提出一啲小小要求同埋建議。卽
係令到大家旅遊安全、方便嘅喇。噉, 包先生, 喺呢度簽字, 畀你收
據。如果重有乜嘢變化, 我會打電話畀你。兩位好聲行。

Do¹ze⁶. M⁴goi¹ sin¹ tin⁴ zoeng¹ biu², se²maai⁴ din⁶wa² hou⁶ma⁵.
Gwo³ sei³ yat⁶, zik¹hai⁶ ng⁵ yut⁶ gau² hou⁶ ha²zau³, ngo⁵dei⁶ ni¹go³
loey⁵yau⁴tyun⁴ ge³ so²yau⁵ seng⁴yun⁴, hai² loey⁵hang⁴se⁵ yi⁶ lau²
se²zi⁶lau⁴ chai⁴zaap⁶, dou²yau⁴ siu²ze² tung⁴ daai⁶ga¹ gin³ ha⁵ min⁶,
zik¹hai⁶ zung⁶yau⁵ hoeng³ gok³wai² tyun⁴yun⁴ tai⁴choet¹ yat¹di¹

siu²siu² yiu¹kau⁴ tung⁴maai⁴ gin³yi⁵. zik¹hai⁶ ling⁶dou³ daai⁶ga¹ loey⁵yau⁴ on¹chyun⁴、fong¹bin⁶ gam² la³. Na⁴, Baau¹ sin¹saang¹, hai² ni¹dou⁶ chim¹zi⁶, bei² nei⁵ sau¹goey³. Yu⁴gwo² zung⁶ yau⁵ mat¹ye⁵ bin³fa³, ngo⁵ wui⁵ da² din⁶wa² bei² nei⁵. Loeng⁵wai² hou²seng¹ haang⁴.

九點辦理登機證, 十點剪票登機 gau²dim² baan⁶lei⁵ dang¹gei¹zing³, sap⁶dim² zin²piu³ dang¹gei¹ : 아홉 시에 탑승권을 수속하고 열시에 표를 끊고 항공기에 오릅니다.

★咁多多(doe¹doe¹): 반어적 표현

要去三號台辦登機證同埋託運行李 yiu³ hoey³ saam¹ hou⁶ toi²⁺ baan⁶ dang¹ gei¹zing³ tung⁴mai⁴ tok³wan⁶ hang⁴lei⁵ : 삼 번 테이블에서 탑승권과 짐을 부치는 수속을 해야 합니다.

★咁多多行李 gam³doe¹doe¹ hang⁴lei⁵ : 이렇게 적은 짐

過磅 gwo³bong²⁺ : 무게를 달다

大件 daai⁶gin⁶ : 큰 물건

★過磅託運 gwo³bong²tok³wan⁶ : 무게 달아 운송을 기탁하다.

每張機票可免費託運二十公斤 mui⁵ zoeng¹ gei¹piu³ ho² min⁵fai³ tok³ wan⁶ yi⁶sap⁶ gung¹gan¹ : 각 항공권으로 20킬로 무료임.

另外隨身准帶五公斤嘅小件物品 ling⁶ngoi⁶ choey⁴san¹ zoen²daai³ ng⁵ gung¹gan¹ ge³ siu²gin⁶ mat⁶baan² : 별도 휴대용으로는 5킬로의 소량 물품이 허락됩니다.

准帶 : 지니는 것이 허락 된다

電腦牌顯示咗喇 din⁶nou⁵paai²⁺ hin²si⁶ zo² la³ : 전광판이 디스플레이 되었습니다.

電腦牌 : 전광판; 디스플레이

深圳啲邊天氣唔好 Sam¹zan³ go²bin¹ tin¹hei³ m⁴ hou² : 선전 그쪽 날씨 안 좋아요.

遲兩個鐘 : 두시간 늦다

電腦牌會及時通知乘客幾時登機 din^{6}nou^{5}paai^2 wui^5 kap^{6}si^4 tung^{1}zi^1 sing^{4}haak^3 gei^{2}si^4 dang^{1}gei^1 : 전광판이 때 되면 승객이 언제 탑승할지 알릴 것입니다.

關注下啦 : 주시 하세요

好負責任嘅, 保證送你到目的地 hou^2 fu^6 zaak^{3}yam^6 ge^3, bou^{2}zing^3 sung^3 nei^5 dou^3 muk^{6}dik^{1}dei^6 : 잘 책임질 것입니다, 목적지 도착을 보증합니다.

★眞係識膶人嘞 zan^{1}hai^6 sik^1 tam^3 yan^4 laak^3 : 정말 사람을 잘 다독거릴 줄 아는군요.

屛幕顯示嘞 : 스크린에 떴습니다.

老祖宗 lou^{5}zou^{2}zung^1 : 선조, 조상

包公墳 Baau^{1}gung^{1}fan^4 : 포공(包靑天)의 묘소

★佃啤呤 ham^{6}baang^{6}laang^6 : 모두

深圳班機嘅乘客登機嘞 Sam^{1}zan^3 baan^{1}gei^1 ge^3 sing^{4}haak^3 dang^{1}gei^1 laak^3 : 심천 행 항공기의 승객은 탑승하세요.

★都幾抵嘅 dou^1 gei^2 dai^2 ge^3 : 꽤나 가치 있는 것입니다.

要全部交晒 yiu^3 chyun^{4}bou^6 gaau^1 saai^3 : 모두다 내야합니다.

諗淸楚至辦手續 nam^2 ching^{1}cho^2 zi^3 baan^6 sau^{2}zuk^6 : 잘 생각한 다음에 수속을 밟으세요.

★撇聲 pe^{6}seng^1 : 퍼센트

★磅水啦 bong^{6}soey^2 la^1 : 금전을 지불하시오.

唔使咁肉赤㗎 m^{4}sai^2 gam^3 yiuk^{6}chek^3 ga^3 : 그렇게 번민하지 마십시오.

★令到 ling^{6}dou^3 : ...로 하여금

癐咗一年, 去玩下開心下, 好值得㗎 gui⁶zo² yat¹nin⁴, hoey³ waan² ha⁵, hoi¹sam¹ha⁵, hou² zik⁶dak¹ ga³ : 일년간 피로가 쌓였는데 놀고 기분 전환하는 것은 매우 가치 있는 일입니다.

旅遊團嘅所有成員, 喺旅行社二樓寫字樓齊集 loey⁵yau⁴tyun⁴ ge³ so² yau⁵ seng⁴yun⁴, hai² loey⁵hang⁴se⁵ yi⁶lau² se²zi⁶lau⁴ chai⁴zaap⁶ : 여행 단의 모든 구성원이 여행사 2층 사무실에 집합합니다.

甲. 份合同稿整掂晒嘞，睇吓重有冇乜嘢要補充嘅？

fan⁶ hap⁶tung⁴ gou² zing²dim⁶ saai³ laak³, tai² ha⁵ zung⁶ yau⁵ mou⁵ mat¹ye⁵ yiu³ pou²chung¹ ge²?

乙. 我覺得呢份合同將涉及到嘅條款都包括晒嘞。不過有啲重係需要斟酌吓。

Ngo⁵ gok³dak¹ ni¹ fan⁶ hap⁶tung⁴ zoeng¹ sip³kap⁶ dou³ ge³ tiu⁴fun² dou¹ baau¹kut³ saai³ laak³. Bat¹gwo³ yau⁵di¹ zung⁶ hai⁶ soey¹yiu³ zam¹zoek⁶ ha⁵.

甲. 呢次係按成本加運費計價嘅, 應該喺合同度加上句: "喺裝好車後賣方應該電傳通知買方。唔係嘅話, 由此而引起嘅所有損失應由賣方負責"。你哋意見點呀？

Ni¹ chi³ hai⁶ on³ sing⁴bun² ga¹ wan⁶fai³ gai³ga³ ge³, ying¹goi¹ hai⁶ hap⁶ tung⁴ dou⁶ ga¹ soeng⁵ goey³: "Hai² zong¹ hou² che¹ hau⁶ maai⁶fong¹ ying¹goi¹ din⁶chyun⁴ tung¹zi¹ maai⁵fong¹. M⁴ hai⁶ ge³ wa², yau⁴ chi² yi⁴ yan⁵hei² ge³ so²yau⁵ syun²sat¹ ying¹ yau⁴ maai⁶fong¹ fu⁶zaak³". Nei⁵dei⁶ yi³gin³ dim² a¹?

乙. 喺合法嘅文件度, 係唔能夠有咁含糊不清措詞嘅。

Hai² hap⁶fat³ ge³ man⁴gin² dou⁶, hai⁶ m⁴ nang⁴gau³ yau⁵ gam³ ham⁴wu⁴–bat¹ching¹ chou³chi⁴ ge³.

甲. 如果啲嘢冚唪唥搞掂晒嘅話, 我哋今日就簽得合同嘞。

Yu⁴gwo² di¹ ye⁵ ham⁶baang⁶laang⁶ gaau²dim⁶ saai³ ge³ wa², ngo⁵ dei⁶ gam¹yat⁶ zau⁶ chim¹dak¹ hap⁶tung⁴ laak³.

乙. 我哋再檢查下份合同嘅所有條款，確保啲重要項目冚唪唥都冇疏忽到先
得。

Ngo⁵dei⁶ zoi³ gim²cha⁴ ha⁵ fan⁶ hap⁶tung⁴ ge³ so²yau⁵ tiu⁴fun²,
kok³bou² di¹ zung⁶yiu³ hong⁶muk⁶ ham⁶baang⁶laang⁶ dou¹ mou⁵
so¹hat¹ dou³ sin¹ dak¹.

甲. 呢份係我哋起草嘅一份合同樣本，入便有一般嘅銷售條件。

Ni¹ fan⁶ hai⁶ ngo⁵dei⁶ hei²chou² ge³ yat¹ fan⁶ hap⁶tung⁴ yoeng⁶
bun², yap⁶bin⁶ yau⁵ yat¹bun¹ ge³ siu¹sau⁶ tiu⁴gin².

乙. 你哋唔會反對我哋公司喺協議入便加咗呢個條款啦嘛?

Nei⁵dei⁶ m⁴ wui⁵ faan²doey³ ngo⁵dei⁶ gung¹si¹ hai² hip³yi⁵ yap⁶
bin⁶ ga¹ zo² ni¹ go³ tiu⁴fun² la¹ma²?

甲. 我認為我哋已經解決咗有爭議嘅問題. 根據協議, 某啲原則問題可以
包含喺合同嘅補充書度。

Ngo⁵ ying⁶wai⁴ ngo⁵dei⁶ yi⁵ging¹ gaai²kyut³ zo² yau⁵ zang¹yi⁵ ge³
man⁶tai⁴. Gan¹goey³ hip³yi⁵, mau⁵di¹ yun⁴zak¹ man⁶tai⁴ ho²yi⁵ baau¹
ham⁴ hai²hap⁶tung⁴ ge³ bou²chung¹syu¹ dou⁶.

乙. 雙方冇咩唔同意見嘅話, 我哋就委託我哋嘅專家同埋律師準備起草要
簽訂嘅合同嘞。

Soeng¹fong¹ mou⁵ me¹ m⁴ tung⁴ yi³gin³ ge³ wa², ngo⁵dei⁶ zau⁶
wai²tok³ ngo⁵dei⁶ ge³ zyun¹ga¹ tung⁴maai⁴ loet⁶si¹ zoen²bei⁶
hei²chou² yiu³ chim¹ding⁶ ge³ hap⁶tung⁴ laak³.

甲. 一定要事先經過雙方嘅同意, 合同先至可以修改。

Yat¹ding⁶ yiu³ si⁶sin¹ ging¹gwo³ soeng¹fong¹ ge³ tung⁴yi³, hap⁶
tung⁴ sin¹zi³ ho²yi⁵ sau¹goi².

乙. 我想加番條關于終止同延長合同嘅條款, 大家意見點呀?

Ngo⁵ soeng² ga¹faan¹ tiu⁴ gwaan¹yu¹ zung¹zi² tung⁴ yin⁴choeng⁴ hap⁶ tung⁴ ge³ tiu⁴fun², daai⁶ga¹ yi³gin³ dim² a¹?

甲. 我哋覺得一年期嘅合同都係短得滯， 建議至少簽訂一份為期兩年嘅合同。

Ngo⁵dei⁶ gok³dak¹ yat¹ nin⁴ kei⁴ ge³ hap⁶tung⁴ dou¹ hai⁶ dyun² dak¹zai³, gin³yi⁵ zi³siu² chim¹ding⁶ yat¹ fan⁶ wai⁴kei⁴ loeng⁵nin⁴ ge³ hap⁶tung⁴.

乙. 雙方嘅任何一方想終止合同嘅話， 一定要提前六个月通知。

Soeng¹fong¹ ge³ yam⁶ho⁴ yat¹fong¹ soeng² zung¹zi² hap⁶tung⁴ ge³ wa², yat¹ding⁶ yiu³ tai⁴chin⁴ luk⁶ go³ yut⁶ tung¹zi¹.

甲. 我哋一定要喺合同度明確， 貴公司有責任喺合同規定交貨期內完成交貨。

Ngo⁵dei⁶ yat¹ding⁶ yiu³ hai² hap⁶tung⁴ dou⁶ ming⁴kok³, gwai³ gung¹si¹ yau⁵ zaak³yam⁶ hai² hap⁶tung⁴ kwai¹ding⁶ gaau¹fo³kei⁴ noi⁶ yun⁴sing⁴ gaau¹fo³.

乙. 如果唔能夠按照規定喺三個月內交貨嘅話， 合同應該作廢。

Yu⁴gwo² m⁴ nang⁴gau³ on³ziu³ kwai¹ding⁶ hai² saam¹ go³ yut⁶ noi⁶ gaau¹fo³ ge³ wa², hap⁶tung⁴ ying¹goi¹ zok³fai⁶.

甲. 合同將有中文同英文各一份. 中英文嘅效力係一樣嘅。

Hap⁶tung⁴ zoeng¹ yau⁵ Zung¹man² tung⁴ Ying¹man² gok³ yat¹ fan⁶, Zung¹Ying¹man² ge³ haau⁶lik⁶ hai⁶ yat¹yoeng⁶ ge³.

乙. 我哋要將終止協議嘅條件寫入合同。

Ngo⁵dei⁶ yiu³ zoeng¹ zung¹zi² hip³yi⁵ ge³ tiu⁴gin² se²yap⁶ hap⁶ tung⁴.

甲. 合約嘅任何修改都要經過雙方書面同意之後先至可以生效。

Hap⁶yoek³ ge³ yam⁶ho⁴ sau¹goi² dou¹ yiu³ ging¹gwo³ soeng¹ fong¹ syu¹min⁶ tung⁴yi³ zi¹hau⁶ sin¹zi³ ho²yi⁵ saang¹haau⁶.

乙. 本合同喺雙方簽字後卽刻生效。

Bun^2 hap^{6}tung^4 hai^2 soeng^{1}fong^1 chim^{1}zi^6 hau^6 zik^{1}hak^1 saang^1
haau^6.

甲. 呢份協議嘅有效期爲一年，簽署日起開始生效。

Ni^1 fan^6 hip^{3}yi^5 ge^3 yau^{5}haau^{6}kei^4 wai^4 yat^1 nin^4, chim^{1}chyu^5 yat^6
hei^2 hoi^{1}chi^2 saang^{1}haau^6.

份合同稿 fan⁶ hap⁶tung⁴ gou² : 이 계약 원고

整掂晒嘞 zing²dim⁶ saai³ laak³ : 모두 다 작성되었다.

將涉及到嘅條款都包括晒嘞 zoeng¹ sip³kap⁶ dou³ ge³ tiu⁴fun² dou¹
baau¹kut³ saai³ laak³ : 상관된 조항을 모두 포함 한다.

按成本加運費計價 on³ sing⁴bun² ga¹ wan⁶fai³ gai³ga³
원가에 운임을 더한 것에 의거해 가격을 계산하다.

喺裝好車後賣方應該電傳通知買方 hai² zong¹ hou² che¹ hau⁶ maai⁶
fong¹ ying¹goi¹ din⁶chyun⁴ tung¹zi¹ maai⁵fong¹: 전부 차에 탑재한 후
판매인은 응당 구매인 에게 전신으로 통지 한다.

喺合法嘅文件度 hai² hap⁶fat³ ge³ man⁴gin²ʼ dou⁶ : 합법적 문서에 있어서

★斟酌 zam¹zoek⁶ : 고려하다, 숙고하다

係唔能夠有咁含糊不清措詞嘅 : hai⁶ m⁴ nang⁴gau³ yau⁵ gam³ ham⁴wu⁴-
bat³ching¹ chou³chi⁴ ge³. 어떤 애매모호한 단어도 있을 수 없는 것이다.

★措詞 chou³chi⁴ : 선별한 단어

冚唪吟搞掂晒 ham⁶baang⁶laang⁶ gaau²dim⁶ saai³ : 모두 통틀어서 다
처리하였다.

★冚唪吟은 보통화의 '統統'에 해당되는 전형적인 廣東語 단어 임.

★搞 gaau²와 整 zing²은 모두 "...을 하다"의 의미를 갖고 있지만 整 zing²은 '손질하
다'의 의미가 강하다고 볼 수 있음.

★簽得合同 chim¹dak¹ hap⁶tung⁴ : 계약에 서명할 수 있다. "簽得"의 반대말인 "서명
할 수 없다"는 "唔簽得 m⁴ chim¹dak¹" 이라고 해야 한다.

冚唪吟都冇疏忽到先得 ham⁶baang⁶laang⁶ dou¹ mou⁵ so¹hat¹ dou³ sin¹
dak¹ : 모두 다 소홀함이 없어야만 가능하다.

合同樣本 : 계약견본

銷售條件 ; 판매조건

你哋唔會反對我哋公司嘅協議入便加咗呢個條款啦嘛? Nei⁵dei⁶ m⁴ wui⁵ faan²doey³ ngo⁵dei⁶ gung¹si¹ hai² hip³yi⁵ yap⁶bin⁶ ga¹ zo² ni¹ go³ tiu⁴fun² la¹ma²? 여러분은 우리 회사가 협의 안에 이 조항 넣는 것을 반대 안하시겠죠?

雙方冇咩唔同意見嘅話 soeng¹fong¹ mou⁵ me¹ m⁴ tung⁴ yi³gin³ ge³ wa²* : 쌍방이 다른 특별한 의견이 없으시다면

委託專家同埋律師準備起草要簽訂嘅合同嘞 wai²tok³ zyun¹ga¹ tung⁴ maai⁴ loet⁶si¹ zoen²bei⁶ hei²chou² yiu³ chim¹ding³ ge³ hap⁶tung⁴ laak³ : 전문가와 변호사에게 체결할 계약을 기초하도록 준비할 것을 위탁 하겠습니다.

一定要事先經過雙方嘅同意, 合同先至可以修改 yat¹ding⁶ yiu³ si⁶sin¹ ging¹gwo³ soeng¹fong¹ ge³ tung⁴yi³, hap⁶tung⁴ sin¹zi³ ho²yi⁵ sau¹goi² : 반드시 사전에 쌍방의 동의를 거쳐야 비로서 계약이 수정될 수 있다.

一年期嘅合同都係短得滯 yat¹ nin⁴ kei⁴ ge³ hap⁶tung⁴ dou¹ hai⁶ dyun² dak¹zai³ : 일년 기한의 계약은 그래도 너무 짧다.

★후치부사 得滯 dak¹zai³는 "너무, 지나치게"의 의미를 나타냄.

按照規定喺三個月內交貨 on³ziu³ kwai¹ding⁶ hai² saam¹ go³ yut⁶ noi⁶ gaau¹fo³ : 규정에 따라 삼개월내에 물건을 건네주다.

要將終止協議嘅條件寫入合同 yiu³ zoeng¹ zung¹zi² hip³yi⁵ ge³ tiu⁴gin²* se²yap⁶ hap⁶tung⁴ : 협의를 끝내는 조건을 계약에 삽입토록 하고자 한다.

要經過雙方書面同意之後先至可以生效 yiu³ ging¹gwo³ soeng¹fong¹ syu¹min⁶ tung⁴yi³ zi¹hau⁶ sin¹zi³ ho²yi⁵ saang¹haau⁶ : 쌍방의 서면동의

를 거친 후에야 비로서 효력을 발휘할 수 있다.

呢份協議嘅有效期爲一年, 簽署日起開始生效 ni^1 fan^6 hip^{3}yi^5 ge^3 yau^5 haau^{6}kei^4 wai^4 yat^1 nin^4, chim^{1}chyu^5 yat^6 hei^2 hoi^{1}chi^2 saang^{1}haau^6. 이 협의의 유효기간은 일 년이고 서명 일 부터 효력이 발생된다.

■ 편저자 ■

이영규

한국외국어대학교 중어중문학 박사/석사
대만 국립정치대학 중국지역역사어문학 석사
서울 건국대학교 졸업/학사

상지영서대학교 관광비즈니스중국어과 교수
상지영서대학교 지역개발연구소 소장
중국학연구회 부회장
한국중국언어학회 감사/이사
한국관광공사 중국어 고시위원/자문위원
現) 송교수외국어학원 광동어 담당(since 2013)

저서 및 역서

중국어와 광동어, 도서출판 학고방, 2012.
관광중국어교본, 상지영서대학교 특성화사
업단, 2004.
大韓民國 觀光指南, 한국관광공사, 1987.
(中譯本)

新광동어

초판 인쇄 2016년 6월 20일
초판 발행 2016년 6월 30일

편 저 ㅣ 이 영 규
펴 낸 이 ㅣ 하 운 근
펴 낸 곳 ㅣ 學古房

주   소 ㅣ 경기도 고양시 덕양구 통일로 140 삼송테크노밸리 A동 B224
전   화 ㅣ (02)353-9908   편집부(02)356-9903
팩   스 ㅣ (02)6959-8234
홈페이지 ㅣ http://hakgobang.co.kr/
전자우편 ㅣ hakgobang@naver.com, hakgobang@chol.com
등록번호 ㅣ 제311-1994-000001호

ISBN   978-89-6071-595-0   93720

값 : 18,000원

이 도서의 국립중앙도서관 출판예정도서목록(CIP)은 서지정보유통지원시스템 홈페이지(http://seoji.
nl.go.kr)와 국가자료공동목록시스템(http://www.nl.go.kr/kolisnet)에서 이용하실 수 있습니다.
(CIP제어번호 : CIP2016015534)

■ 파본은 교환해 드립니다.